Die arabische Sprache

Frank Weigelt

Die arabische Sprache

Geschichte und Gegenwart

BUSKE

Frank Weigelt hat Arabistik und semitische Sprachen studiert. Er lehrte und forschte an der Freien Universität Berlin, der Universität Leipzig und der Universität Bergen (Norwegen). Hier promovierte er über mittelalterliche Bibelauslegung in arabischer Sprache. 2017 veröffentlichte er eine *Einführung in die arabische Grammatiktradition*. Zurzeit ist er Mitarbeiter am Centrum für Nah- und Mitteloststudien der Philipps-Universität Marburg.

Bibliografische Information der Deutschen Nationalbibliothek
Die Deutsche Nationalbibliothek verzeichnet diese Publikation in der Deutschen Nationalbibliografie; detaillierte bibliografische Daten sind im Internet über ‹https://portal.dnb.de› abrufbar.

ISBN (Print) 978-3-96769-040-8
ISBN (eBook-PDF) 978-3-96769-052-1

 Umschlaggestaltung: Jens-Sören Mann. Satz: Manuela Gantner – Punkt, STRICH. Druck und Bindung: Beltz Grafische Betriebe, Bad Langensalza. Printed in Germany.

Inhalt

Dank

Ein Buch mit einem so breiten Themenspektrum wäre nicht möglich gewesen ohne vielfache Hilfe. Ich danke besonders Michael Waltisberg, Rainer Voigt, Stephan Guth, Otto Jastrow und Christian Junge. Sie haben die einzelnen Kapitel durchgesehen und mir detaillierte Verbesserungshinweise gegeben. Auf viele Themen und Probleme bin ich so erst aufmerksam geworden. Friederike Sophie Schmidt hat einen großen Teil des fertigen Textes gelesen und mich auf zahlreiche Punkte aufmerksam gemacht, die in den letzten Schliff eingeflossen sind. Die Karten hat mit bewährter Sorgfalt Gerd Gauglitz gezeichnet. Peter Behnstedt hat maßgeblichen Anteil an der Entstehung der Karte „Arabische Dialekte". Ihnen allen gilt mein aufrichtiger Dank.

Zu Dank bin ich auch Stefan Schorch und Alina Tarshina von meiner Hallenser Projektgruppe verpflichtet. Beide haben, während ich mit diesem Buch beschäftigt war, mit Geduld und Wohlwollen über manche Versäumnisse meinerseits hinweggesehen. Von 2018 bis 2020 durfte ich die Gastfreundschaft des Orientalischen Instituts der Universität Leipzig genießen und danke hierfür den Kolleginnen und Kollegen herzlich. Meinen besonderen Dank möchte ich Verena Klemm aussprechen, die mir während dieser Zeit immer wieder Ermutigung und alle erdenkliche Förderung zuteilwerden ließ.

Schließlich gilt mein Dank Michael Hechinger und Tim Oliver Pohl vom Helmut Buske Verlag für die gute Zusammenarbeit bei der Fertigstellung des Buches. Möge es dazu beitragen, die Welt der arabischen Sprache einem breiten Leserkreis zu erschließen.

Leipzig, im Herbst 2021 — Frank Weigelt

I Einführung

In kaum einer Sprache verbinden sich Geschichte und Gegenwart, Alltag und Tradition so eng und spanungsreich miteinander wie im Arabischen. Es ist gleichermaßen Sprache des Korans wie der modernen Medien, es steht für die exotische Welt von Tausendundeiner Nacht genauso wie für Bürgerkrieg und Flüchtlingsschicksale. Für Muslime ist die Vollkommenheit der Hochsprache Beweis für die göttliche Autorität des Korans und Symbol der Einheit aller Gläubigen. Zugleich zerfällt das gesprochene Arabisch in Dutzende Dialekte, die sich von Region zu Region so stark unterscheiden können, dass sie untereinander kaum verständlich sind. Dank der Kontinuität von Schrift und Grammatik des Hocharabischen durch anderthalb Jahrtausende kann sich die arabische Welt auf einen unerschöpflichen Reichtum an gemeinsamer Literatur und Tradition stützen. Dagegen ist sie auf Gebieten wie Wirtschaft, Technik und Naturwissenschaften heute mehr denn je vom Englischen und Französischen abhängig, die dem Arabischen Konkurrenz machen.

Trotz dieser verwickelten Umstände ist das Bewusstsein der Araber von der eigenen Sprache groß und die Freude an ihr weit verbreitet. Zu allen Zeiten spiegeln sich gesellschaftliche und kulturelle Entwicklungen auch in der Sprache wider. So gibt der Blick auf die Eigenart und Geschichte des Arabischen Aufschluss über ein wichtiges, facettenreiches Element der arabischen Identität.

Einführungen: K. Versteegh, *The Arabic Language*, 2. Aufl., Edinburgh 2014; *The Cambridge Companion to Modern Arab Culture*, hrsg. v. D. F. Reynolds, Cambridge 2015; D. E. Kouloughli, *L'Arabe*, Paris 2007 | **Zur Vertiefung:** M. Al-Sharkawi, *History and Development of the Arabic Language*, London 2017; M. Diez, *Introduzione alla lingua araba*, 2. Aufl., Milano 2018; I. Ferrando, *Introducción a la historia de la lengua árabe*, Zaragoza 2001 | **Handbücher und Lexika**: *Grundriß der arabischen Philologie*, hrsg. v. W. Fischer (Bd. 1 und 3) und H. Gätje (Bd. 2), Wiesbaden 1982–1992; *Encyclopedia of Arabic Language and Linguistics*, 1. Aufl. hrsg. v. K. Versteegh, Leiden 2006–2009, 2. Aufl. hrsg. v. L. Edzard u. a. <referenceworks.brillonline.com>.

1 Verbreitung und Bedeutung des Arabischen

Arabisch zählt zu den bedeutendsten Sprachen der Welt. Die genaue Sprecherzahl ist nicht leicht zu ermitteln, doch dürften es an die 300 Millionen Menschen sein, die einen der zahlreichen arabischen Dialekte als Muttersprache sprechen, wie die Fachzeitschrift *Ethnologue* schätzt. Die arabische Schriftsprache, das Hocharabische, ist Amts- oder Verkehrssprache in über 20 Ländern. Es ist außerdem offizielle Sprache der Vereinten Nationen und bildet als heilige Sprache des Islams ein einigendes Band für über eine Milliarde Muslime in der ganzen Welt.

So verschieden die Gebrauchssphären der arabischen Sprache sind, so verschieden sind auch ihre Erscheinungsformen. Während sich die Schriftsprache, die seit dem Beginn der islamischen Ära von denselben Regeln regiert und von den Gelehrten streng überwacht wird, in ihrer Grundstruktur kaum verändert hat und bis heute in allen Ländern fast gleich ist, findet man die gesprochene Sprache in zahlreiche Dialekte aufgespalten.

Für die Länder der „arabischen Welt" ist die gemeinsame Hochsprache der wichtigste und am wenigsten umstrittene vereinende Faktor. Sie hat entscheidenden Anteil daran, dass man sich in einer Region, die sich von Nordafrika bis in den Irak und von Syrien bis zum Indischen Ozean erstreckt, kulturell einigermaßen verbunden fühlt. Die gesellschaftlichen und wirtschaftlichen Unterschiede sind indes erheblich. Einige der wohlhabendsten Länder der Welt (Katar, Vereinigte Arabische Emirate, Kuwait) treffen hier auf die ärmsten (Jemen, Sudan). Eine politische Einheit, wie sie seit dem Beginn des 20. Jahrhunderts die arabische Nationalbewegung anstrebte, liegt heute angesichts wirtschaftlicher Ungleichheit und gegensätzlicher politischer Interessen in weiter Ferne. Es bleiben die gemeinsame Sprache und – für den muslimischen Bevölkerungsteil – die gemeinsame Religion die wichtigsten Zeichen des Zusammenhalts.

Doch die Bedeutung der arabischen Sprache reicht weit über diese Region hinaus und betrifft, so kann man etwas vereinfachend sagen, praktisch die gesamte „islamische Welt", also alle

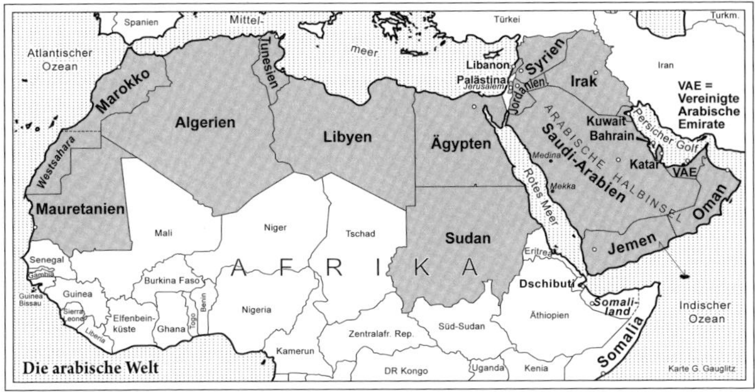

Karte 1: Die arabische Welt. Gekennzeichnet sind alle Länder mit mehrheitlich arabischsprachiger Bevölkerung. Zur Arabischen Liga gehören außerdem die Komoren, Dschibuti und Somalia, die aber weder sprachlich noch kulturell arabisch geprägt sind.

Länder und Völker, in denen im Laufe der Geschichte der Islam zur dominierenden Religion geworden ist. Mit dessen Expansion breiteten sich nämlich auch arabische Sprache und Schrift aus und etablierten sich als Medium von Religion, Bildung, Verwaltung und Kultur. Auch wenn die Bevölkerung in den meisten Fällen nicht dazu überging, Arabisch zu sprechen, sondern die jeweilige Volkssprache beibehielt, hat das Arabische hier tiefe Spuren hinterlassen. Dies zeigt sich besonders deutlich im Wortschatz vieler Sprachen, die zwar mit dem Arabischen nicht verwandt sind, aber so lange unter dessen Einfluss standen, dass sie nun erheblich mit arabischen Elementen durchsetzt sind. Besonders deutlich ist dies im Persischen, das in seiner arabisierten Form als *Neupersisch* schon im 10. Jahrhundert n. Chr., also nur wenig später als das klassische Arabisch zu einer bedeutenden Literatursprache wurde. Der arabische Einfluss betraf alle Bereiche der Sprache und wird besonders an der Schrift und im Wortschatz deutlich. In der heutigen persischen Alltagssprache beträgt der Anteil arabischer Wörter rund 50 %. In der Schriftsprache schwankt er ganz erheblich je nach Textsorte zwischen unter 10 % im Nationalepos *Šāhnāmé* und über 70 % in religiösen Texten. Seiner Herkunft und Struktur nach ist das Persische jedoch nicht mit dem Arabischen verwandt, sondern gehört zur indogermanischen Sprachfamilie. Arabisch ist zwar im Iran an den Schulen Pflichtfach, doch als solches höchst unbeliebt. Abgesehen von den Religionsgelehrten beherrschen es daher die meisten Iraner heute praktisch nicht.

Durch die Vermittlung des Persischen wurde arabisches Wortgut in viele weitere Sprachen des islamischen Asien getragen, darunter in die Turksprachen (wie Türkisch, Usbekisch, Uigurisch) sowie ins Kurdische, Paschto, Urdu und Hindi. Vom direkten Kontakt mit dem Arabischen wurde eine Reihe afrikanischer Sprachen geprägt, darunter Hausa, Somali und Swahili. Allen genannten Sprachen (außer Hindi) ist gemeinsam, dass sie in früheren Zeiten mit dem arabischen Alphabet geschrieben wurden. Welche Bedeutung sie im Laufe der Geschichte jeweils als Schriftsprache hatten, ist allerdings sehr verschieden. Persisch, Urdu, Uigurisch und das Zentralkurdische (Sorani) werden noch heute mit arabischen Buchstaben geschrieben.

		Anzahl Muslime	Anteil an der Gesamtbevölkerung	Anteil an Muslimen weltweit
1	Indonesien	229 Mio.	87%	13%
2	Pakistan	200 Mio.	97%	11%
3	Indien	195 Mio.	14%	11%
4	Bangladesch	154 Mio.	90%	9%
5	Nigeria	99 Mio.	50%	5%
6	Ägypten	88 Mio.	92%	5%
7	Iran	82 Mio.	99%	5%
8	Türkei	80 Mio.	99%	5%
9	Algerien	41 Mio.	99%	3%
10	Sudan	40 Mio.	97%	2%
11	Irak	38 Mio.	96%	2%
12	Marokko	38 Mio.	99%	2%

Tabelle 1: Muslimische Bevölkerung nach Ländern. Nur etwa 20% der Muslime leben in den arabischen Ländern. (Quelle: worldpopulationreview.com)

Bemerkenswert ist der große Einfluss, den das Arabische auf die spanische und die portugiesische Sprache hatte. In Feldzügen zwischen 711 und 718 konnten muslimische Truppen den größten Teil der iberischen Halbinsel unter ihre Herrschaft bringen. Al-Andalus (Andalusien), wie das Gebiet genannt wurde, war für mehrere Jahrhunderte eines der bedeutendsten Zentren arabischer Zivilisation. Deutliche Spuren dieser Zeit finden wir im spanischen Wortschatz, in dem es rund 1200 Entlehnungen aus dem Arabischen gibt, darunter so alltägliche Wörter wie *aceite* ‚Öl' (< *az-zait*), *azúcar* ‚Zucker' (< *as-súkkar*), *algodón* ‚Baumwolle' (< *al-quṭn*), *almohada* ‚Kissen' (< *al-miḫádda*), *baladí* ‚belanglos, trivial' (< *baladī* ‚lokal, volkstümlich'), der Ortsname Almería (< *al-marʾiyya* ‚die Sichtbare' oder ‚die Aussicht') und der Ausruf *¡Ojalá!* ‚Hoffentlich!' (< *ʾin šāʾ Allāh* ‚so Gott will').

In einigen Ländern der arabischen Welt gibt es Bevölkerungsgruppen, die keine arabischen Muttersprachler sind, sondern ihre ursprüngliche Sprache bewahrt haben. Zahlenmäßig sind hiervon besonders die Berber (Eigenbezeichnung: *Amaziġ*) und die Kurden hervorzuheben. Der Anteil der berberisch-sprachigen Bevölkerung beträgt um die 40 % in Marokko und etwa 25 % in Algerien. Kurdisch sprechen in Syrien etwa 10 % und im Irak knapp 20 %. Mit Ausnahme der Kurden des Irak, die in den letzten 20 Jahren weitgehend unabhängig geworden und in Schule und Verwaltung ganz zum Kurdischen übergegangen sind, ist aber auch für diese Gruppen das Arabische die Verwaltungs-, Bildungs- und Kultursprache.

Zum Überblick: K. Versteegh, *The Arabic Language*, 2. Aufl., Edinburgh 2014, S. 313–332; S. Guth, *Die Hauptsprachen der islamischen Welt*, Wiesbaden 2012; H. Halm, *Die Araber. Von der vorislamischen Zeit bis zur Gegenwart*, 5. Aufl., München 2017 | **Einzelthemen**: A. D. Magnusson, „Ethnic and Religious Minorities", in: *The Cambridge Companion of Modern Arab Culture*, S. 36–53 | **Online-Ressource**: Stiftung Wissenschaft und Politik (SWP) <www.swp-berlin.org/forschungsgruppen/naher-mittlerer-osten-und-afrika/>.

2 Arabisch und der Islam

Nicht alles, was arabisch ist, gehört automatisch in die Sphäre des Islams. Den allergrößten Teil des Kulturschaffens in der heutigen arabischen Welt – Literatur, Musik, Film, Fernsehen, Journalismus, neue Medien, Theater, bildende Kunst – wird man nicht in erster Linie als „islamisch" bezeichnen können. Und dennoch kann man sich die Beziehung zwischen arabischer Sprache und muslimischer Religion nicht innig genug denken. Niemand kann sich in der arabischen Welt dem Islam entziehen, ganz gleich, welche Haltung er zu ihm hat. Die arabische Sprache, wie wir sie heute kennen, verdankt ihre Bedeutung wesentlich dem Islam, mit dem zusammen sie geschichtlich gewachsen ist und sich ausgebreitet hat. Die meisten Sprecher des Arabischen, über 90 %, verstehen sich als Muslime, und alle arabischsprachigen Länder sind je in ihrer eigenen Weise vom Islam geprägt. Darüber verbindet das Arabische als Sprache des Gebets und der Religionsgelehrsamkeit Muslime auf der ganzen Welt und genießt unter ihnen ein Ansehen, das allein seiner Rolle als *lingua sacra* zu verdanken ist.

Es muss darauf hingewiesen werden, dass keineswegs alle Muttersprachler des Arabischen Muslime sind. Einen bedeutenden christlichen Bevölkerungsanteil haben der Libanon mit 35–40 %, Ägypten mit wohl um 10 % und auch Syrien mit ehemals rund 10 %. In den meisten arabischen Ländern bildeten außerdem Juden jahrhundertelang einen wichtigen Teil der Gesellschaft. Diese sind jedoch fast alle in der zweiten Hälfte des 20. Jahrhunderts nach Israel ausgewandert. An weiteren religiösen Minderheiten sind u. a. Drusen, Jeziden und Alawiten zu nennen. Die Angehörigen der nichtmuslimischen Religionsgemeinschaften standen allerdings so lange unter dem Einfluss der von Muslimen geprägten Mehrheitskultur, dass sie nun mit dieser nicht nur die Sprache, sondern weitgehend auch Lebensweise, Bräuche und Werte teilen. Hierzu gehört, dass bis heute für die allermeisten Menschen in der arabischen Welt unabhängig von der individuellen Religionszugehörigkeit der Glaube ein ganz selbstverständliches und unbestrittenes Element ihres Daseins ist. In der Art, wie Glaube und

Islam

Das Wort *ʾislām* hat die Grundbedeutung ‚Hingabe; Sich-Unterwerfen'. Früh ergab sich daraus die Bezeichnung für die vom Propheten Muḥammad verkündete Religion, in der die Unterwerfung unter den Willen Gottes ein zentrales Element ist. Dies zeigt folgender Koranvers:

> Sie denken, sie haben dir (dem Propheten) eine Wohltat erwiesen, indem sie sich hingegeben haben (oder: Muslime geworden sind). Sag: Betrachtet eure Hingabe (wörtlich: euren *ʾislām*) nicht als Wohltat mir gegenüber. Nein! Vielmehr ist es Gott, der euch die Wohltat erwiesen hat, euch zum Glauben zu leiten, wenn ihr wahrhaftig seid.
> Sure 49 (*al-ḥuǧurāt* ‚Die Gemächer'), Vers 17

Zur Bezeichnung der Gläubigen wird von der Wurzel des Wortes *ʾislām,* nämlich SLM, ein Partizip gebildet: *múslim* bzw. in der weiblichen Form *múslima* ‚der/die sich Hingebende'. Die Wurzel bedeutet u. a. auch ‚Wohlergehen' und ‚Frieden'.

Auf Deutsch wird oft das Adjektiv *muslimisch* gebraucht, wenn es um individuelle Glaubensdinge geht, während sich *islamisch* eher auf übergreifende Zusammenhänge bezieht. Beide sind aber nicht scharf voneinander getrennt.

Religion erlebt und im täglichen Leben ausgedrückt werden, liegt ein entscheidender Unterschied zwischen arabischer und westlicher Welt. Zwar kann sich die Form der Religiosität zwischen den einzelnen Ländern und den verschiedenen Bevölkerungsgruppen unterscheiden, doch ist zweifellos in der gesamten arabischen Welt die Religion ein wichtiger Faktor im Leben fast jedes Einzelnen wie auch in der Gesellschaft als ganzer.

Die herausragende Bedeutung der arabischen Sprache für den Islam liegt im muslimischen Verständnis von göttlicher Offenbarung begründet. Der Koran, der entsprechend der Tradition zwischen 610 und 632 n. Chr. dem Propheten Muḥammad (ca. 570–632) wortwörtlich eingegeben wurde, wird als das unmittelbare Wort Gottes verstanden, das nicht nur in seinem Inhalt, sondern auch in seiner Form göttlichen Charakter hat. Bereits im Korantext selbst wird betont, dass Gott ausdrücklich die arabische Sprache gewählt habe, um sich den Menschen zu offenbaren, etwa in Sure 43 (*az-zúḫruf* ‚Der Prunk'), Vers 3: „Wir haben es zu einem arabischen Koran gemacht, auf dass ihr ihn verstehen möget". Aneignung, Verstehen und Wiedergabe des heiligen Textes kann deshalb ausschließlich in der Originalsprache erfolgen. So waren die Erforschung und die reine Bewahrung der Sprache des Korans eine der ersten Aufgaben, die sich die frühen muslimischen Gelehrten stellten, und bis heute gehört das Erlernen der arabischen Sprache nach den überlieferten Regeln zu den Grundlagen des traditionellen muslimischen Religionsunterrichts in aller Welt.

Abb. 1: Die Basmala. Die Eröffnungsformel *bi-smi llāhi r-raḥmāni r-raḥīm* ‚Im Namen Gottes, des barmherzigen Erbarmers', nach ihren Anfangsbuchstaben als *Basmala* bezeichnet, ist im muslimischen Alltag allgegenwärtig. Jeder Koransure steht sie voran, jedes Gebet beginnt mit ihr, und je nach Tradition und Religiosität gebrauchen Muslime sie als Segensformel, wenn sie etwas beginnen, z. B. das Essen oder eine Arbeit. Auch Reden und Interviews können mit der Basmala eröffnet werden. Da sie durch die Säkularisierung in der Öffentlichkeit seltener geworden ist, wird sie heute, je nach Kontext, als bewusster Ausdruck religiös-konservativer Haltung aufgefasst.

Auch wer als Lernender lediglich am modernen Sprachgebrauch interessiert ist, kann sich der religiösen Aura des Arabischen nicht entziehen. Sie ist in der Alltagssprache in praktisch jedem Gespräch präsent. Die unzähligen religiös verwurzelten Konversationsfloskeln sind dabei meist keineswegs reine Routine, sondern Ausdruck einer Grundeinstellung. So ist die übliche Antwort auf die Frage nach dem Wohlbefinden, ganz gleich wie es einem geht, *al-ḥámdu li-llāh* (mit verschiedenen dialektalen Varianten) ‚Lob sei

Gott'. Ebenso häufig hört man in Gesprächen *ʾin shāʾ Allāh* ‚so Gott will', ein in seiner Bedeutungsvielfalt unübersetzbarer Ausdruck, der nahezu alles bedeuten kann zwischen inständigem Hoffen und völliger Gleichgültigkeit. Je nach lokalem Brauch und religiöser Einstellung variiert sein Gebrauch stark. So gibt es Sprecher, die ihn vollkommen natürlich in jeden Satz einflechten, der ein Vorhaben oder eine Absicht enthält – denn deren Verwirklichung ist ja stets nur durch die Gnade Gottes möglich und liegt nicht in der Hand des Menschen. Etwa: Heute erkläre ich Ihnen, *ʾin šāʾ Allāh*, die Konjugation der schwachen Verben. Auch als Antwort ist der Ausdruck in einigen Regionen, etwa in den Golfstaaten, geläufig: Einmal volltanken bitte! – *ʾin šāʾ Allāh!*

Um einer Aussage Nachdruck zu verleihen, sagt man *wa-llāhi* (dialektal: *wálla*) ‚Bei Gott!', dass heute mitunter auch in Deutschland von Jugendlichen zu hören ist (wo es etwa das gleiche bedeutet wie *Ischwör*!). Überaus zahlreich sind gute Wünsche mit ihren typischen Repliken. Für Arabischlernende besteht eine hohe Kunst darin, eine Haltung zu entwickeln, die es einem ermöglicht, solche Wendungen zur rechten Zeit in der richtigen Mischung aus Beiläufigkeit und vollster Überzeugung anzubringen. Erwirbt man z. B. ein neues Kleidungsstück, wird man sehr wahrscheinlich vom Verkäufer hören: *mabrūk* ‚es sei dir gesegnet', worauf zu antworten ist (z. B. im syrischen Dialekt): *Allā ybārek fīk* ‚Gott segne dich'. Ist von einem Verstorbenen die Rede, sagt man (ebenfalls syrischer Dialekt): *Allā yə́rḥamo* ‚Gott erbarme sich seiner' und erhält als eine mögliche Antwort *tʿīš* ‚Mögest du leben!'. Spricht jemand von seinen Kindern (oder auch von seinen Eltern), ist es üblich, einzuwerfen: *Allā yḫallí-lak yāhon* ‚Gott erhalte sie dir', Antwort: *Allā yḫallīk* ‚Gott erhalte dich' usw. Mit dem Gebrauch solcher Redewendungen ist eine Grundhaltung verbunden, die in der religiösen Tradition wurzelt und von den meisten Menschen auch von Herzen geglaubt wird. Viele von ihnen werden von Muslimen und Christen gleichermaßen gebraucht. Allerdings gebrauchen die Christen oft abgewandelte Versionen, entweder, weil die zugrundeliegenden Glaubensaussagen verschieden sind oder schlicht, um sich von den Muslimen abzugrenzen. So ist es unter

Christen in Syrien üblich, auf die Frage *kīfak?* ,Wie geht's?' entweder mit dem allgemein verbreiteten *l-ḥámdəllāh* ,Lob sei Gott' zu antworten oder aber mit dem typisch christlichen *nəškor Allā* ,Danken wir Gott'. Statt des als muslimisch geltenden Grußes *as-salāmu ʿalaíkum* ,Friede/Wohlbefinden sei mit dir' sagt man hier *márḥaba* ,Sei gegrüßt'. Auch unter muslimischen Frauen ist übrigens (zumindet in Syrien) *márḥaba* üblich. Es klingt weniger formell und weniger männlich.

Abb. 2: *mā šāʾ Allāh* (,Was Gott will'). Dies wird gesagt, um einen Erfolg zu würdigen, den jemand erlangt hat, etwa im Sinne von „Alle Achtung!". Es geht über das bloße Lob hinaus, denn hinter den Worten steht die Überzeugung, dass es Gott war, der den Erfolg ermöglicht hat, und so bekräftigt man, dass es der betreffenden Person zu gönnen ist. Daher wird *mā šāʾ Allāh* auch vielerorts als Abwehr gegen missgünstige Mächte wie die Jinnen oder den Bösen Blick verstanden.

Handbücher: *Islam. Einheit und Vielfalt einer Weltreligion,* hrsg. v. R. Brunner, Stuttgart 2016; *Der Islam in der Gegenwart,* hrsg. v. W. Ende und U. Steinbach, 5. Aufl., München 2005 | **Einzelthemen**: M. Piamenta, *Islam in Everyday Arabic Speech,* Leiden 1979.

3 Klassisches und modernes Arabisch

Während die westliche Forschung zwischen klassischem und modernem Hocharabisch trennt, betrachten die arabischen Sprachgelehrten bis heute ihre Sprache durch alle Zeiten hindurch als im Prinzip unwandelbare Einheit. Dieser grundlegende Gegensatz soll im Folgenden erklärt werden.

Die traditionelle europäische Sprachwissenschaft, besonders in ihrer deutschen Ausprägung, ist historisch ausgerichtet. Es ist hier selbstverständlich, Sprachen in Epochen zu gliedern, da man davon ausgeht, dass sich jede lebende Sprache im Laufe der Zeit wandelt. Dabei verändern sich nicht nur Wortschatz und Ausdrucksweise, sondern langsam aber sicher auch Formenbildung und Satzbau. Die Epochengliederung ist die Voraussetzung dafür, die Sprache einer bestimmten Zeit angemessen untersuchen und verstehen zu können. Althochdeutsche Texte wird man mit einem althochdeutschen Wörterbuch und einer althochdeutschen Grammatik entschlüsseln, mittelhochdeutsche mit entsprechenden Hilfsmitteln zum Mittelhochdeutschen usw. Diesen Ansatz hat man mit Recht auch auf das Arabische übertragen. Doch hier liegen die diachronen Verhältnisse ganz anders als bei den europäischen Sprachen:

Die arabische Schriftsprache ist in entscheidenden Punkten von ihren Anfängen bis heute gleich geblieben: Schrift, Formenbildung, der größte Teil der Syntax und ein guter Teil des Wortschatzes haben sich über mehr als 1300 Jahre kaum verändert. Es gibt bestimmte Texte aus dem 8. Jahrhundert, die nicht schwerer zu lesen sind als moderne Literatur. Der Hauptgrund für diese beachtliche Kontinuität ist der Status des Arabischen als heilige Sprache des Islams, die die Gelehrten stets in ihrer reinsten Form zu bewahren bestrebt waren. Sie entwickelten eine Norm, die bis heute gilt und dafür sorgt, dass die Grundstrukturen der Hochsprache unverändert bleiben.

Die weitgehende Übereinstimmung zwischen Texten aller Epochen im Bereich der Grammatik und zu einem guten Teil auch im Wortschatz täuscht allerdings leicht darüber hinweg, dass sich bestimmte sprachliche Parameter doch erheblich gewandelt haben. Es haben sich ja die Lebensumstände der Menschen immer wieder grundlegend geändert und mit ihnen die Ausdrucksbedürfnisse. Dass sich dies in Stil, Wortschatz und Satzbau niedergeschlagen hat, ist durch einen Vergleich von Texten verschiedener Genres und Epochen deutlich zu sehen.

Aus diesem Grund ist auch die Gleichsetzung von *Classical Arabic* mit *Qurʾānic Arabic* unzutreffend, die oft auf englischsprachigen Websites anzutreffen ist. Die Sprache des Korans gilt zwar in der muslimischen Tradition als das höchste Vorbild des Arabischen überhaupt, hat aber vor allem im Stil viele Besonderheiten, die sonst in klassischen Texten nicht vorkommen. Sie ist sprachwissenschaftlich betrachtet ein Sonderfall des klassischen Arabisch. Wenn beides gleichgesetzt wird, liegt das daran, dass man den traditionellen arabischen Gelehrten folgt, die davon ausgehen, dass das Hocharabische eine im Prinzip nicht weiter unterteilbare Einheit bildet.

Wie weit ein Muttersprachler des Arabischen heute in der Lage ist, Texte der klassischen Periode zu verstehen, variiert stark. Es hängt in erster Linie von Bildung und persönlicher Leseerfahrung ab. Außerdem ist das Genre der Texte entscheidend. Bestimmte erzählende oder beschreibende Gattungen wie Reiseberichte und Erzählliteratur können stilistisch und wortschatzmäßig der modernen Sprache so ähnlich sein, dass ein Unterschied kaum wahrgenommen wird, während etwa naturwissenschaftliche, philosophische oder religionsgelehrte Texte so fremde Strukturen und Begriffe enthalten können, dass sie ohne eingehendes Studium unverständlich sind. Besonders groß ist die Variation durch die Jahrhunderte bei der Poesie.

Die Menschen in der arabischen Welt lernen heute auf verschiedenen Wegen einen gewissen Teil der klassischen Literatur kennen: in der Schule, durch religiöse Erziehung, kulturelle Aktivitäten und eventuell durch private Lektüre. So bleibt durch Übung und Gewöhnung das klassische Spracherbe lebendig. Es wird als Teil der eigenen Sprache empfunden, auch wenn es bei genauerem Hinsehen oft nur teilweise verstanden wird. Dieser „ganzheitliche“ Zugang bringt es mit sich, dass die z. T. erheblichen Unterschiede zwischen moderner und klassischer Sprache, vor allem in Wortschatz und Syntax, nicht klar wahrgenommen oder zumindest nicht benannt werden. Es herrscht bei Gelehrten wie bei Laien die Überzeugung, die arabische Sprache sei im Prinzip überzeitlich, das heißt nicht von substanziellen diachronen Veränderungen betroffen. Die Unterschiede zwischen den Texten der verschiedenen Epochen interpretiert man als stilistische Varianz innerhalb eines unwandelbaren Rahmens, nicht als diachronen Sprachwandel.

Die Mehrheit der westlichen Forscher befürwortet dagegen auch für das Arabische eine deutliche Epocheneinteilung. Uneinigkeit herrscht allerdings noch darüber, wo die Grenzen im Einzelnen zu ziehen sind. Dies liegt zum einen daran, dass der Charakter der Sprache oft mehr von der Gattung als von der Entstehungszeit eines Textes abhängt und zum anderen, dass es noch nicht genug historisch differenzierte Untersuchungen zur Grammatik gibt.

Unbestritten ist aber die Unterscheidung zwischen klassischem und modernem Hocharabisch. Das klassische Hocharabisch beginnt mit der Ausbreitung des Islams seit dem 7. Jahrhundert und entwickelte sich in den folgenden Jahrhunderten zu einer der bedeutendsten Kultursprachen überhaupt. Das moderne Hocharabisch hat sich seit dem Anfang des 19. Jahrhunderts herausgebildet und erreichte seine heutige Form Anfang des 20. Jahrhunderts. Beide Sprachstufen sind sich so ähnlich, dass man ausgehend von der modernen Variante, die heute in Sprachkursen gelehrt wird, auch mit klassischen Texten arbeiten kann. In stärkerem Maße als bisher wären allerdings systematische Einführungen in das klassische Arabisch zu wünschen, in denen die Besonderheiten dieser Variante sprachwissenschaftlich fundiert vermittelt werden.

4 Das arabische Sprachideal: Fuṣḥā

Wie bereits angedeutet, lehnen es Sprachwissenschaftler in der arabischen Welt bis heute ganz überwiegend ab, das Hocharabische in Epochen oder Entwicklungsstufen einzuteilen. Im Gegensatz zu dem Evolutionsmodell, welches die westliche Forschung für alle lebenden Sprachen annimmt, betrachten die Araber ihre Sprache mit allen ihren Erscheinungen als Kontinuum. Es ist ihnen bewusst, dass das Arabische in vielen Variationen auftreten kann – als Hochsprache oder Dialekt, als klassische Dichtung oder moderner Roman – aber es handelt sich in ihrem Bewusstsein doch stets um ein und dieselbe Sprache, an die als Maßstab nur ein einziges Regelsystem angelegt werden kann, nämlich die arabische Grammatik schlechthin. Von diesem Standpunkt aus ist es unmöglich, die Richtigkeit sprachlicher Phänomene von dem Zusammenhang ihres Auftretens abhängig zu machen, etwa indem man einen bestimmten Ausdruck im „modernen Hocharabisch" für richtig erklärt, während er im „klassischen Hocharabisch" falsch wäre, oder indem man eine grammatische Form als in der Dichtung akzeptabel, aber in der Prosa unüblich deklariert. Das Ziel der traditionellen Gelehrten war und ist stets, die eine, universale arabische Sprache abzubilden und fehlerhafte Abweichungen davon zu korrigieren. Aus diesem Grund ist es für sie undenkbar, separate Grammatiken für das klassische und das moderne Hocharabisch zu schreiben, da sich jede sprachliche Äußerung, egal in welchem Zusammenhang, nach *der* arabischen Grammatik zu richten hat. Offensichtlich vorhandene Unterschiede zwischen klassischer und moderner Sprache werden in den Grammatikbüchern nicht erwähnt, sondern stillschweigend toleriert, solange sie keine eindeutigen Verstöße gegen das Regelsystem bedeuten. Während der westliche Ansatz deskriptiv ist und die Beschreibung der Sprache in ihrer konkreten Erscheinungsform anstrebt, ist die einheimische arabische Grammatik streng normativ. Sie beschreibt nicht die tatsächlich vorkommende Sprache, sondern das Ideal, an dem sich alles auszurichten hat.

Die Bezeichnung dieses Sprachideals ist *fúṣḥā* (sprich: *fuṣ-ḥā*). Das Wort ist ein Vergleichsadjektiv (Elativ) und bedeutet ungefähr ‚die Reinstmögliche'. Darin drückt sich ein entscheidendes Charakteristikum der arabischen Sprachbetrachtung aus: Fuṣḥā bezeichnet die anzustrebende Art zu reden bzw. zu schreiben, einen über allem stehenden Maßstab; wie nahe man diesem kommt, ist eine graduelle Frage. Es gibt Äußerungen, von denen man eindeutig sagen kann, dass sie richtig oder falsch sind, aber auch solche, die man auf einer Skala zwischen diesen beiden Polen einordnen kann, die also z. B. ‚relativ richtig' oder ‚eher falsch' sind. So gelingt es trotz aller offensichtlichen Variation das gesamte Spektrum der arabischen Schriftsprache, vom Koran bis zur Nachrichtenmeldung, unter einem Dach zu vereinen und die Einheit der

Sprache durch alle Zeiten und über Textsorten hinweg formal zu sichern.

Die Regeln der Fuṣḥā wurden im 8. Jahrhundert formuliert und sind bis heute unverändert gültig. In einem Werk, das so bedeutend ist, dass es stets nur *al-Kitāb* ‚Das Buch' genannt wird, hat der Grammatiker Sībawaíh (gestorben ca. 796) nicht nur die Regeln, sondern auch die Methodik der Grammatik bereits nahezu so formuliert, wie sie noch heute jedes Schulkind lernen muss.

Neben dem Koran, dessen sprachliche Erforschung ja ein wichtiger Antrieb für die Grammatiker war, gebrauchten sie als Quellen mündlich überlieferte Gedichte und Sprichwörter aus vor- und frühislamischer Zeit sowie die Rede bestimmter Beduinenstämme, deren Sprache sie für unverfälschtes, korrektes Arabisch hielten. Was sie hieraus ableiteten, war jedoch nicht eine objektive Beschreibung einer bestimmten empirischen Sprachform, sondern die Rekonstruktion eines Idealsystems. Es sollte das Arabische in seiner reinsten und klarsten Form widerspiegeln, eben die Sprache, die Gott erwählt hat, um sich in ihr der Menschheit zu offenbaren. Die Grammatiker mussten also bei der Auswertung der von ihnen zusammengetragenen Sprachbelege immer wieder Entscheidungen darüber treffen, was als korrekt gelten konnte und was abzulehnen war. Dadurch haben sie erheblichen Anteil an der Form, die die Fuṣḥā schließlich angenommen hat.

Im alltäglichen arabischen Sprachgebrauch bezeichnet heute das Wort Fuṣḥā in der Regel die Hochsprache im Kontrast zu den Dialekten. Es entspricht darin unserem Begriff „Hocharabisch". Dennoch sind beide Begriffe nicht austauschbar: „Hocharabisch" ist nach unserer Definition eine empirische Größe, Fuṣḥā eine Sprachnorm.

Zur Einführung: P. Larcher, „Al-lugha al-fuṣḥâ: archéologie d'un concept ‚idéolinguistique'", in: *Revue des mondes musulmans et de la Méditerranée* 124 (2008), S. 263–278.

5 Wie schwer ist Arabisch? – Mythos und Realität

Arabisch gilt als schwere Sprache, nicht nur bei Außenstehenden, sondern auch bei den Muttersprachlern. Die Gründe hierfür liegen jedoch bei beiden Gruppen weit auseinander.

Wer Arabisch als Fremdsprache lernt, hat es zunächst mit reellen linguistischen Problemen zu tun, angefangen bei Schrift und Aussprache, über die Grammatik bis hin zum Wortschatz, der so gut wie keine Parallelen zu europäischen Sprachen bietet. Da in der arabischen Schrift normalerweise Kurzvokale nicht notiert werden, ist es zunächst äußerst mühsam, unbekannte Texte zu lesen. Erst wenn die Strukturen der Wortbildung verinnerlicht sind und ein Grundwortschatz aufgebaut wurde, wird das Lesen leichter. Hat man diese ersten Hürden gemeistert, erweist sich als eine der größten Herausforderungen das Nebeneinander von Hochsprache und Dialekt. Das moderne Hocharabisch (englisch: Modern Standard Arabic), das in Sprachkursen vermittelt wird, ist eine Schriftsprache, die, sieht man einmal von bestimmten Ausnahmen ab, in ihrer Reinform nie im Gespräch verwendet wird. Das bedeutet, dass kaum etwas von dem, was im Unterricht vermittelt wird, im täglichen Umgang zu hören ist. Damit fällt ein entscheidendes Lernelement weg, nämlich die Möglichkeit des alltäglichen Eintauchens in die Sprache. Zwar wird man immer Muttersprachler finden, die sich mit Freude auf die hocharabische Sprache des Ausländers einlassen, doch wer eine natürliche Kommunikation anstrebt, kommt nicht umhin, zusätzlich mindestens einen Dialekt gründlich zu lernen.

Zu den linguistischen Faktoren kommt der kulturelle Abstand zwischen westlicher und arabischer Welt hinzu, der sich nicht zuletzt in bedeutenden Unterschieden in der Kommunikationsstruktur zeigt. Je besser man die rein technische Seite der Sprache beherrscht, desto höher werden die Ansprüche in diesem Bereich. Mit welchen Augen man die Realität sieht, was man wie zum Ausdruck bringt, worüber diskutiert wird und was unausgesprochen bleibt, was als interessant empfunden wird und was auf Befremden stößt, was als höflich und was als ungehörig gilt – all das ist nicht nur im Vergleich zwischen westlicher und arabischer Kultur, sondern auch von Land zu Land und von Person zu Person höchst unterschiedlich.

Arabische Höflichkeit

Zu den zahlreichen Besonderheiten in der arabischen Kommunikation zählen die Begrüßungsrituale. Diese sind im Allgemeinen stärker formalisiert und ausführlicher als im Deutschen, unterscheiden sich aber je nach Land, Situation und gesellschaftlichem Milieu erheblich. Im folgenden Beispiel begrüßen sich zwei Bekannte bei einer Abendeinladung. Sie sprechen marokkanischen Dialekt.

Músa: *s-salámu ʿalaykum*
‚Friede sei mit euch.'

Rašíd: *s-salámu ʿalaykum wa-ráḥmatu llah. tbark llah ʿlík ba Músa. biḫír?*
‚Friede sei mit euch, und Gottes Erbarmen. Gott segne Sie, Vater Musa. Geht's gut?'

Músa: *biḫír? labás? nta labás?*
‚Geht's gut? Wie geht's? Wie geht's Ihnen?'

Rašíd: *aš dayər a si Músa?*
‚Wie läuft's, Herr Musa?'

Músa: *ḥámdu llah*
‚Gott sei gepriesen'

Rašíd: *ki dayər a si Músa?*
‚Wie läuft's so, Herr Musa?'

Músa: *ḥámdu llah*
‚Gott sei gepriesen'

Rašíd: *labás?*
‚Geht's gut, ja?'

Die religiösen Floskeln wirken in der Übersetzung befremdlich und übertrieben, sind aber im Arabischen völlig gewöhnlich. Das häufige Nennen des Namens Gottes gilt im Islam (im Gegensatz zur christlichen und jüdischen Tradition) als positiv und segensbringend.

Quelle: A. Bouchara, *Höflichkeitsformeln in der Interaktion zwischen Deutschen und Arabern,* Tübingen 2002, S. 61

Die Schwierigkeiten, die die arabischen Muttersprachler in ihrer Sprache sehen, sind völlig anderer Art. Es sind weniger die tatsächliche Komplexität der Sprache als vielmehr außersprachliche Umstände, die das Verhältnis der Araber zu ihrer Sprache kompliziert machen. Der wichtigste Faktor ist dabei die bereits erwähnte Spannung von Hochsprache und Dialekt. Nur die Hochsprache (Fuṣḥā) gilt als richtiges Arabisch. Aussagen über die Schwierigkeit der arabischen Sprache beziehen sich fast ausschließlich darauf, wie schwer es sei, deren korrekte Grammatik zu erlernen. Es herrscht die allgemeine Meinung, dass die Fuṣḥā ehrwürdig und bewahrenswert, aber zugleich komplex und selbst für Muttersprachler kaum völlig zu beherrschen ist. An dieser Einstellung ändert auch die objektive Tatsache nichts, dass die hocharabische Grammatik kaum Ausnahmen hat und dass vor allem die Kasusflexion, die unter dem Begriff *iʿrāb* geradezu zum Symbol der Schwierigkeit des Arabischen stilisiert wird, im Vergleich zu anderen flektierenden Sprachen wie dem Russischen oder Lateinischen sehr übersichtlich ist.

Durch die sprachlichen und kulturellen Schwierigkeiten des Arabischen einerseits und die komplexe Sprachsituation in den arabischen Ländern andererseits ergibt sich für das Lernen der Sprache eine schwierigere Ausgangslage als bei vielen anderen Fremdsprachen. Dass man als Lernender zunächst unsicher ist und viele Fehler macht, ist nichts Ungewöhnliches. Doch auch die arabischen Gesprächspartner befinden sich in einer unbequemen Situation. Da sie wissen, dass die meisten Ausländer den Dialekt nicht oder nur unzureichend beherrschen, versuchen sie oft aus Höflichkeit oder praktischer Notwendigkeit, sofern sie können, Hocharabisch zu sprechen. Das ist allerdings für die meisten so ungewohnt, dass ein wirklich natürliches Gespräch in vielen Fällen kaum zustande kommen kann. Trotz der Herzlichkeit und dem großen Wohlwollen der allermeisten Gesprächspartner muss man sich deshalb darauf einstellen, lange Zeit in einem kommunikativen Sonderstatus zu bleiben und immer wieder mit der eigenen Außenseiterrolle und vielfachen sprachlichen Begrenzungen konfrontiert zu werden. Es ist jahrelange Übung erforderlich, um nicht nur sprachlich korrekt, sondern auch kulturell angemessen auf hohem Niveau kommunizieren zu können.

Wir schließen dieses erste Kapitel mit der wenig überraschenden Feststellung, dass Arabisch nicht leicht zu lernen ist. Doch die Mühe lohnt sich. Die Sprache erschließt einen Kulturraum, mit dem Europa seit Jahrhunderten im Austausch steht und der uns in den letzten Jahren so nahe gekommen ist wie nie zuvor. Schon Grundkenntnisse des Arabischen eröffnen den Blick auf eine Welt, die einem ohne diese weitgehend verschlossen bliebe. Mit fortschreitendem Lernen vervielfachen sich nicht nur die Schwierigkeiten, sondern vor allem die Einsichten und Erkenntnisse, sei es im Bereich von Politik und Gesellschaft, Geschichte, Religion, Linguistik oder Literatur. Vor allem aber gibt die arabische Sprache unmittelbaren Zugang zu den Menschen. Herzlichkeit und Gastfreundschaft der Araber sind legendär, und noch immer wird, wer auch nur wenige Worte Arabisch kann, mit Begeisterung empfangen. Die Aussicht darauf, sich immer besser und natürlicher in einem arabischen Umfeld bewegen zu können, ist während des Lernens ständiger Ansporn, der über manche Phase der Frustration hinweghilft.

Zur Einführung: M. K. Nydell, *Understanding Arabs. A Contemporary Guide to Arab Society*, 6. Aufl., Boston 2018.

II Grundstrukturen

An unseren Universitäten wird Arabisch heute der Nachfrage entsprechend fast immer als moderne Sprache unterrichtet, d. h. mit Schwerpunkt auf dem modernen Hocharabisch und ohne Berücksichtigung historischer Entwicklungen. Der wirkliche Reichtum der Sprache erschließt sich aber erst, wenn man auch das klassische Arabisch und die Dialekte einbezieht. Um die grammatischen Strukturen ganz zu durchdringen, ist es außerdem unentbehrlich, auch die Beziehungen zu historisch verwandten Sprachen in den Blick zu nehmen. Man findet dann zu fast allen sprachlichen Phänomenen Parallelen, die helfen, das Arabische besser zu verstehen.

1 Die semitischen Sprachen

Arabisch ist eine semitische Sprache. Das heißt, es gehört zu einer Familie von Sprachen, die historisch miteinander verwandt sind und in Grammatik, Phonetik und Wortschatz zum Teil große Ähnlichkeit haben. Dabei darf man sich nicht davon täuschen lassen, dass sie mit verschiedenen Alphabeten geschrieben werden, denn die Verschriftung ist ja ein relativ spätes Phänomen, das nichts über die genetische Herkunft einer Sprache aussagt.

In früheren Jahrhunderten waren es in Europa vor allem Theologen, die sich mit orientalischen Sprachen befassten. So erklärt sich, dass die Bezeichnungen für einige Sprachfamilien aus der Bibel abgeleitet sind. Nach deren Zeugnis stammt die gesamte Weltbevölkerung seit der Sintflut von den Söhnen Noahs ab: Sem, Ham und Jafet, deren Stammbäume im Buch Genesis, Kapitel 10 nachzulesen sind. Sem ist hier als Stammvater u. a. der Hebräer, Aramäer und Assyrer überliefert. Hierauf bezog sich Anton Ludwig Schlötzer, der 1781 in einem Aufsatz als erster den Begriff *semitische Sprachen* gebrauchte. Mitte des 19. Jahrhunderts entdeckte man mit dem Konzept der semitischen Sprachfamilie im Hintergrund die Verwandtschaft zwischen einer Reihe afrikanischer

Sprachen, die sich auf die Untergruppen Ägyptisch, Berberisch, Kuschitisch und Tschadisch verteilen. Ernest Renan war es, der diesen 1855 nach dem zweiten Sohn Noahs die Bezeichnung *hamitische* Sprachen gab. Man erkannte bald die enge Verbindung zwischen beiden Sprachfamilien und nannte sie zusammen *hamito-semitische* Sprachen. Heute wird hierfür, vor allem in der englischsprachigen Forschung, meist die Bezeichnung *afroasiatische* Sprachen bevorzugt.

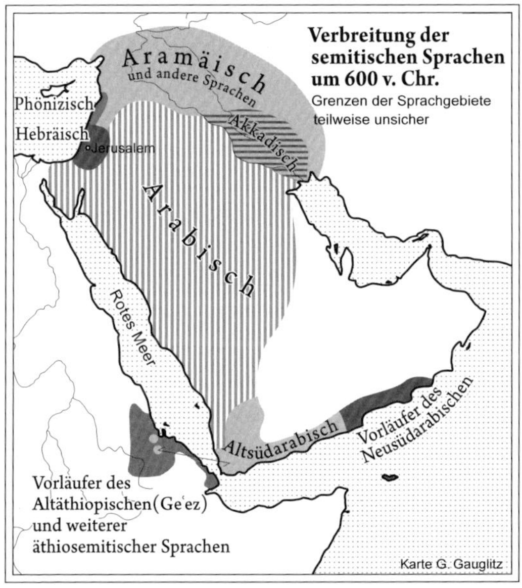

Karte 2: Die semitischen Sprachen um 600 v. Chr. Aramäisch wurde 538 v. Chr. die Verwaltungssprache des persischen Großreiches und blieb bis zum Beginn des Islams die wichtigste Sprache der Region. Es drängte das Spätbabylonische (die letzte Stufe des Akkadischen) zurück, und auch Hebräisch und Phönizisch konnten sich nur in Resten halten. Hiervon unabhängig prosperierten im Süden der arabischen Halbinsel Reiche wie Saba, Qataban und Ḥimyar. Sie sind durch Inschriften bezeugt, deren Sprachen als Altsüdarabisch zusammengefasst werden. Die schriftliche Überlieferung des Altäthiopischen (Geʿez) beginnt erst im 3. Jh. n. Chr.

Die Erforschung der semitischen Sprachen orientierte sich seit dem 19. Jahrhundert an den Methoden, die man in der Indogermanistik entwickelt hatte. Durch das Aufdecken von phonetischen und grammatischen Entwicklungen versuchte man zu rekonstruieren, in welchem Verwandtschaftsverhältnis die Einzelsprachen zueinander stehen. Bis heute ist dies eine wichtige Fragestellung der vergleichenden Semitistik. Das Ergebnis sind u.a. Stammbaummodelle, die von einer angenommenen gemeinsamen Ur- oder Proto-Sprache ausgehen und zeigen, wie sich die Einzelsprachen hieraus entwickelt haben könnten. Spricht man dabei von *Ursemitisch* oder *Protosemitisch,* so ist damit keine völlig einheitliche Sprache gemeint, sondern vielmehr ein Bündel von sprachlichen Merkmalen, von denen aus die Entwicklung der verschiedenen semitischen Sprachen plausibel zu erklären ist. Hierzu gehören Rekonstruktionen des Lautsystems, der grammatischen Struktur und des Wortschatzes.

Eine Hauptschwierigkeit bei der Rekonstruktion des Stammbaums liegt darin, dass sich die semitischen Sprachen durch die Geschichte hindurch recht ähnlich geblieben sind. Das liegt auch daran, dass sie sich räumlich nicht allzu weit voneinander entfernt haben, sodass sich einige von ihnen immer wieder gegenseitig beeinflusst haben. Man kann oft schwer nachvollziehen, welche Erscheinungen auf die interne Entwicklung einer Sprache zurückzuführen sind und welche auf die Einwirkung von semitischen Nachbarsprachen. Dadurch ist es in Einzelfällen schwer zu bestimmen, welchem Abstammungszweig eine Sprache zugehört. Ausgerechnet für das Arabische ist diese Frage am unsichersten zu klären. Unbestritten ist, dass es zu den westsemitischen Sprachen gehört, doch innerhalb dieser ist seine Zuordnung nicht völlig klar. Während es früher von vielen Forschern zusammen mit den äthiopischen Sprachen zum südsemitischen Zweig gezählt wurde, ist man heute größtenteils der Ansicht, dass es zum Zentralsemitischen gehört.

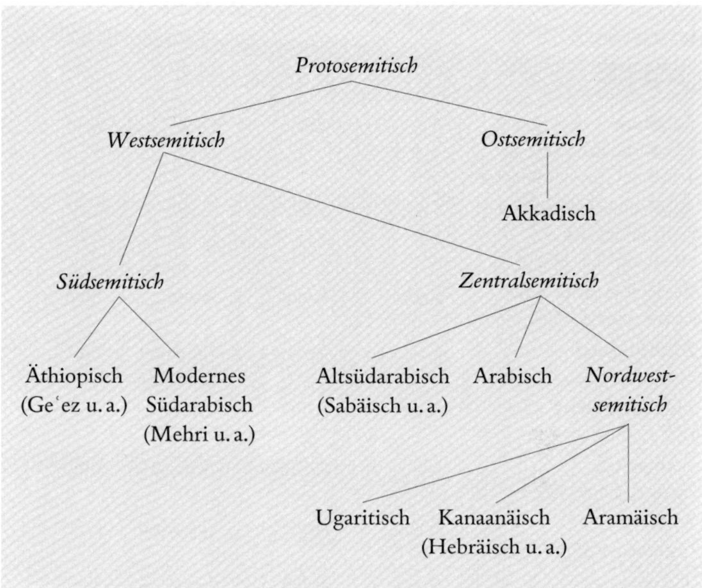

Abb. 3: Stammbaummodell der semitischen Sprachen. *Kursive Schrift* bezeichnet die angenommenen gemeinsamen Vorstufen, normale Schrift die tatsächlich bezeugten Sprachen. Der Übersichtlichkeit halber sind nicht alle Einzelsprachen aufgeführt. Zum Äthiopischen gehören u. a. Altäthiopisch (Geʿez), Amharisch und Tigrinya, zum Aramäischen u. a. Reichsaramäisch, Syrisch-Aramäisch und mehrere moderne Idiome. Arabisch umfasst neben dem Hocharabischen auch frühere Sprachstufen und die modernen Dialekte. Die Gliederung des westsemitischen Zweiges ist noch umstritten, insbesondere was den Platz des Arabischen betrifft.

Die Verwandtschaft zwischen den einzelnen semitischen Sprachen ist besonders deutlich im Grundwortschatz und in der Aussprache der Konsonanten zu erkennen. Verblüffend sind die Ähnlichkeiten besonders angesichts der großen Zeitspannen, die zwischen den Blüteperioden der einzelnen Sprachen liegen. Die folgende Tabelle gibt einen Eindruck hiervon. Der Anschaulichkeit halber sind nur Wörter ausgewählt, die tatsächlich in allen Sprachen übereinstimmen. Daneben gibt es natürlich viele Fälle, in denen die Parallelen nicht so eindeutig sind.

	‚Haus'	‚Hund'	‚Sonne'	‚Vater'
Akkadisch 2500–600 v. Chr	*bītum*	*kalbum*	*šamšum*	*ʾabum*
Sabäisch (Altsüdarabisch) 1000 v. Chr.–700 n. Chr.	*bytm*	*klbm*	*šmsm*	*ʾbm*
Biblisches Hebräisch (Althebräisch) 1000–200 v. Chr.	*bayiṯ/ bēṯ*	*keleḇ*	*šemeš*	*ʾåḇ*
Syrisch-Aramäisch 200–1300 n. Chr.	*baytā*	*kalbā*	*šemšā*	*ʾaḇā*
Altäthiopisch 100 n. Chr.–19. Jh.	*bet*	*kalb*	*(ḍaḥay)*	*ʾab*
Hocharabisch 650 n. Chr.–heute	*baytun*	*kalbun*	*šamsun*	*ʾabun*
Amharisch 1300 n. Chr.–heute	*bēt*	*(wəšša)*	*(ṣaḥay)*	*ʾabat*
Mehri (modernes Südarabisch)	*beyt*	*kawb*	*(ḥe-yám)*	*ḥɛb*
Ṭuroyo (modernes Aramäisch)	*bayto*	*kalbo*	*šəmšo (yawmo)*	*babo*

Tabelle 2: Ähnlichkeiten zwischen den semitischen Sprachen. Zu den Sprachen ist jeweils der ungefähre Zeitraum angegeben, aus dem Schriftzeugnisse vorliegen. Für Altäthiopisch und Syrisch-Aramäisch lässt sich ein Schlusspunkt nicht genau bestimmen. Beide sind bis heute Sprache der Liturgie in der äthiopisch- bzw. syrisch-orthodoxen Kirche. Mehri und Turoyo werden fast nur mündlich gebraucht. Beim Sabäischen sind nur die Konsonanten angegeben, da die Vokalisierung unsicher ist. Die Vokalisierung des biblischen Hebräisch gibt die Aussprache wieder, wie sie von den jüdischen Gelehrten im 9. Jh. n. Chr. aufgezeichnet wurde.

Insbesondere die konsonantischen Laute sind außerordentlich stabil geblieben. Bei den Vokalen gibt es dagegen eine große Variationsbreite. Dies hängt mit dem Funktionsprinzip zusammen, das der Formenbildung in allen semitischen Sprachen zugrunde liegt: das Zusammenspiel von Konsonantengerüst (Wurzel) und Vokalschema. Wir wollen es anhand von Beispielen aus dem Arabischen betrachten, wo es von allen Sprachen am reinsten bewahrt ist:

Die Grundbedeutung eines jeden Wortes wird von den Konsonanten, der sogenannten Wurzel, getragen. Sie besteht in der Regel aus drei Konsonanten und kann eine verbale oder eine nominale Grundbedeutung haben, wie *KTB* ‚schreiben', *ḤSN* ‚schön (sein)' und *ḤQL* ‚Feld'. Zur Wurzel muss ein Vokalschema hinzutreten, damit sich ein Wort ergibt, etwa zu *KTB* das Schema *a-a-a,* das die Vergangenheitsform bezeichnet: *KáTaBa* ‚er schrieb'. Ebenso bildet man zur Wurzel *SKN* ‚wohnen' das Verb *SáKaNa* ‚er wohnte', zur Wurzel *DRS* ‚lernen' das Verb *DáRaSa* ‚er lernte' usw. Wurzel und Schema sind zwei abstrakte Größen, deren Entdeckung und Beschreibung wir den alten arabischen Grammatikern verdanken. Sie sind bis heute eine wichtige Grundlage bei der Beschreibung semitischer Sprachen.

Sowohl für die Verben als auch für die Nomina steht eine große Menge solcher Schemata zur Verfügung, die die Grundbedeutung der Wurzel in vielfacher Weise spezifizieren und abwandeln können. Auch morphologische Kategorien wie z. B. der Plural der Nomina und das Passiv der Verben werden auf diese Weise ausgedrückt. Folgendes sind einige Beispiele für weitere Ableitungen von der Wurzel *KTB* in Arabischen: *KáTaBa* ‚er schrieb', *KúTiBa* ‚er/es wurde geschrieben', *úKTuB* ‚schreib!', *áKTaBa* ‚er diktierte', *KāTiB* ‚Schreiber', *KiTāB* ‚Buch', *KúTuB* ‚Bücher', *KuTTāB* ‚Koranschule', *máKTaB* ‚Büro, Schreibtisch', *máKTaBa* ‚Bibliothek' uvm. Beherrscht man die Grundregeln dieses Systems, lassen sich damit viele Wörter erschließen, wenn man die Bedeutung der Wurzel kennt. Sehr viele Wurzeln und auch ein guter Teil der Vokalschemata sind in vielen semitischen Sprachen identisch.

Zum Überblick: J. Huehnergard, „Arabic in its Semitic Context", in: *Arabic in Context. Celebrating 400 Years of Arabic at Leiden University,* hrsg. v. A. Al-Jallad, Leiden 2017, S. 3–34; R. Voigt, „Semitic Languages", in: *Encyclopedia of Arabic Language and Linguistics,* Bd. 4, S. 170–179; A. D. Rubin, *A Brief Introduction to the Semitic Languages,* Piscataway, NJ, 2010 | **Handbücher**: *The Semitic Languages. An International Handbook,* hrsg. v. S. Weninger, Berlin 2011; *The Semitic Languages,* 2. Aufl., hrsg. v. J. Huehnergard und N. Pat-El, London 2019, darin u. a. J. Huehnergard, „Proto-Semitic", S. 49–78; C. Brockelmann, *Grundriss der vergleichenden Grammatik der semi-*

tischen Sprachen, 2 Bde., Leipzig 1908–1913 | **Einzelthemen**: R. Voigt, „The Classification of Central Semitic", in: *Journal of Semitic Studies,* 32 (1987), S. 1–21; H. G. Mukarovsky, „Hamito-Semitisch, Afro-Asiatisch, Erythräisch. Zum Wandel von Begriffen und Verständnis", in: *Language Typology and Universals* 34 (1981), S. 511–526.

2 Wie alt ist das Arabische?

Die Frage ist cum grano salis zu nehmen, denn ein konkreter Entstehungszeitpunkt lässt sich weder für das Arabische noch für irgendeine andere natürliche Sprache angeben. Die Knotenpunkte des Sprachenstammbaums sind linguistische Rekonstruktionen, die sich, je älter die Sprachstufe ist, umso ungenauer historisch festlegen lassen.

Zwei Dinge sind aber bestimmbar: das Alter der frühesten Schriftzeugnisse und der Entwicklungsstand der Sprache in diesen Schriftzeugnissen im Vergleich mit anderen Vertretern der Sprachfamilie. Das Arabische bietet hier ein äußerst interessantes Bild, denn eine schriftliche Überlieferung in großem Ausmaß beginnt erst mit dem klassischen Arabisch in islamischer Zeit. Aus den Jahrhunderten davor sind zwar in großer Zahl kurze Inschriften (Graffiti) erhalten, die verschiedene Vorläufersprachen des klassischen Arabisch bezeugen, doch war Arabisch vor dem Beginn des Islam keine ausgeprägte Schriftsprache. Dies wurde es erst seit dem 7. Jh. n. Chr. Das klassische Arabisch ist so gesehen eine der jüngsten semitischen Sprachen.

Betrachtet man das grammatische System in den ältesten Quellen, wozu u. a. der Koran gehört, so findet man sehr altertümliche neben progressiven Zügen. Altertümlich ist besonders der Lautbestand. Mit 28 Konsonanten hat das Arabische nahezu den für das Protosemitische angenommenen Zustand bewahrt; es wird in dieser Hinsicht nur vom Altsüdarabischen um einen Laut übertroffen. Dies ist umso erstaunlicher, als in anderen, sehr viel früher bezeugten Sprachen, wie dem Hebräischen und dem Aramäischen, bereits 1500 Jahre zuvor mehrere Konsonanten zusammengefallen waren und sich deren Anzahl dadurch reduziert hatte. Auch bei den Vokalen herrschen im klassischen Arabisch beinahe protosemitische Verhältnisse.

Die zweite bemerkenswerte Altertümlichkeit ist die Bewahrung der Flexionsendungen bei Nomina und Verben. Der oben in der Tabelle erwähnte ‚Hund' heißt im klassischen Arabisch je nach seiner Funktion im Satz (Nominativ, Akkusativ oder Genitiv) *kal****bun****, kalb****an*** oder *kalb****in*** bzw. in der bestimmten Form *al-kalb****u****, al-kalb****a*** oder *al-kalb****i***. Solche Endungen sind auch noch im Akkadischen, eventuell mit Einschränkungen im Altsüdarabischen und in geringem Umfang im Altäthiopischen bewahrt, wurden aber im Hebräischen bereits vor 1000 v. Chr. aufgegeben. Das Arabische hatte zur Zeit seiner Verschriftung ebenfalls bereits die Tendenz, sie fallen zu lassen. Dieser Prozess wurde aber in der Hochsprache durch strenge grammatische Normierung gestoppt. Selbst in der Koranrezitation werden aber die Endungen nur realisiert, wenn danach die Rede noch weitergeht. Am Ende eines Redeabschnittes (also *in Pausa*) fallen sie weg. Das ist ein Zeichen dafür, dass sie ihre grammatische Funktion schon zum Teil aufgegeben hatten und nur noch um des Wohlklangs willen beibehalten wurden.

Progressiv im Vergleich zu den verwandten Sprachen ist das arabische Verbsystem. Während das Akkadische und das Althebräische die beiden sich komplementär gegenüberstehenden Verbformen, nämlich die sog. Perfektform *faʿala* und die sog. Imperfektform *yafʿal*, grundsätzlich zum Ausdruck eines Aspektgegensatzes benutzen (also *abgeschlossene* gegenüber *andauernder* Handlung oder *Zustand* gegenüber *Vorgang*), ist schon im ältesten Arabisch eine Verschiebung in Richtung eines Tempussystems (also *vergangene* gegenüber *nicht vergangener* Handlung) zu beobachten. Es gehört zu den klassischen Streitfragen der Arabistik, ob man zur Erklärung des altarabischen Verbsystems in Analogie zum älteren Semitischen weiterhin das Aspektsystem ansetzt oder von einem neu definierten Tempussystem – mit Relikten des Aspektsystems – ausgehen sollte.

Die Frage nach dem sprachtypologischen Alter des Arabischen ist kaum zusammenfassend zu beantworten, da sich Archaismen und Neuerungen die Waage halten. Die Sprache befand sich gerade in der Zeit, als man begann, ihre Grammatik zu fixieren, also im 8. Jahrhundert, in einer Übergangsphase. In mehreren Bereichen ihres Systems bahnten sich Veränderungen an oder waren bereits im Gang, die auch in anderen semitischen Sprachen passiert waren, wie der Wegfall der Flexionsendungen und der Übergang vom Aspekt- zum Tempussystem.

Die alten arabischen Gelehrten orientierten sich bei der Beschreibung der Grammatik an den ältesten ihnen zugänglichen Zeugnissen. Dabei haben sie im Wesentlichen den archaischen Typ konserviert. Das gilt besonders für die Kasusendungen. Bei den Verben war allerdings das alte Aspektsystem schon so weit in den Hintergrund getreten, dass die Grammatiker dessen Reste im Arabischen nicht erkannt haben und die Verben ausschließlich auf der Grundlage eines Zeitsystems beschrieben.

Zur gleichen Zeit setzten sich in der Umgangssprache die bereits im Gang befindlichen Veränderungen ohne Regulierung fort und führten zur Ausbildung der heutigen Dialekte. Diese haben insgesamt einen deutlich progressiveren Charakter als das klassische Arabisch.

Zum Überblick: A. Denz, „Die Struktur des klassischen Arabisch", in: *Grundriß der arabischen Philologie,* Bd. 1, S. 58–82 | **Einzelthemen**: A. Al-Jallad, „The Earliest Stages of Arabic and its Linguistic classification", in: *Routledge Handbook of Arabic Linguistics,* S. 315–331.

3 Die Aussprache des Arabischen

Kennzeichnend für das Hocharabische ist die große Menge an Konsonanten, denen nur drei Grundvokale (*a, u, i*) gegenüberstehen. Viele Konsonanten werden wie im Deutschen oder Englischen ausgesprochen, und auch die Silbenstruktur bereitet keine Schwierigkeiten, ja, sie ist sogar einfacher und regelmäßiger als die des Deutschen. Als typisch arabisch wird oft der „kehlige" Klang empfunden. Er lässt sich durch zwei einfache phonetische Mechanismen erklären: Zum ersten gibt es zwei Laute, die durch Zusammenpressen des Rachens (lat. *pharynx*) etwa an der Stelle, wo man schluckt, gebildet werden. So entsteht der Hauchlaut *ḥ*, wie in *ḥammām* ‚Bad', und ein stimmhafter Verschlusslaut namens *ʿAin*, der mit dem Zeichen ʿ umschrieben wird, wie in *al-ʿIrāq*. Man bezeichnet die beiden als Pharyngale. Weniger korrekt ist die Bezeichnung als Laryngale, denn *larynx* ist der Kehlkopf, und dieser liegt unmittelbar unterhalb der *pharynx*.

Zum anderen können im Arabischen einige Konsonanten velarisiert werden, d. h. man versteift bei ihrer Aussprache die Zungenwurzel und nähert sie dem Gaumensegel (Velum) an. Das Resultat ist ein dumpferer Klang des Konsonanten und eine Verdunklung

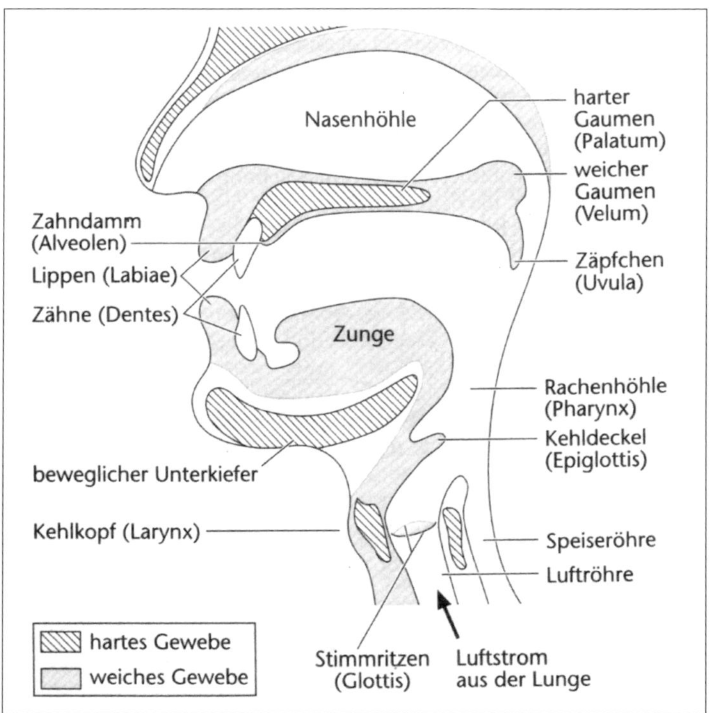

Abb. 4: Schema der Sprechorgane

der ihn umgebenden Vokale. Dies wird in der wissenschaftlichen Umschrift mit einem Punkt unter dem Buchstaben gekennzeichnet. So gibt es im Hocharabischen neben dem gewöhnlichen *t* (wie in *tīn* ‚Feige') ein *ṭ* (wie in *ṭīn* ‚Lehm'), neben dem *s* (wie in *saif* ‚Schwert') ein *ṣ* (wie in *ṣaif* ‚Sommer') usw. Einige Dialekte haben velarisierte Laute, die im Hocharabischen nicht vorkommen, etwa *ṃ*, *ḅ* und *ṛ* in den Dialekten von Kairo und Damaskus. Erwähnenswert ist das Wort für ‚Gott', denn es ist das einzige Wort des Hocharabischen, in dem ein velarisiertes *l* vorkommt: *Aḷḷāh.*

Im Übrigen ist noch das *q* zu nennen, wie in *al-Quds* ‚Jerusalem' oder *Dimášq* ‚Damaskus'. Es ist dem normalen *k* ähnlich, wird aber weiter hinten, im Bereich des Zäpfchens (Uvula) ausgesprochen. Der Stimmabsatz (*glottal stop,* wie in *beʾinhalten* und *aufʾessen*) fungiert ebenfalls als eigenständiger Konsonant und wird mit ʾ umschrieben (wie in *qurʾān* ‚Koran'). Das gilt auch für den Wortanfang (wie in *ʾislām* und *ʾimām*).

Das Hocharabische hat drei Vokalqualitäten, die kurz und lang vorkommen können: *a, i, u* und *ā, ī, ū*. In Kombination mit den Konsonanten *y* und *w* entstehen außerdem die Diphthonge *ay* [aɪ̯] und *aw* [aʊ̯]. Im Deutschen werden sie meist als *ai/ei* bzw. *au* wiedergegeben: *Bahrain / Bahrein* (statt *Baḥrayn*) bzw. *Taufiq* (statt *Tawfīq,* ein männlicher Vorname).

Die Wortbetonung folgt festen Gesetzen und ist immer voraussagbar. Für die Details sind Kenntnisse der Formenbildung nötig, doch können folgende Faustregeln eine grobe Orientierung geben. Sie helfen vor allem, arabische Namen richtig zu betonen.

1. Enthält ein Wort einen langen Vokal, trägt dieser den Ton: *Fā́ṭima, Ḥamī́d, Islā́m, Ramaḍā́n, ʿArafā́t, Ṣaddā́m, Tū́nis, ar-Riyā́ḍ, Bairū́t, Baġdā́d*
2. Ein Diphthong trägt ebenfalls den Ton: *al-Kuwaít, al-Baḥraín, Ḥusaín, Zaínab, daúla* (‚Staat')
3. Enthält ein Wort keinen langen Vokal oder Diphthong, wird es vorne betont: *Qáṭar, al-Yáman* (= Jemen), *al-ʿÁqaba, ʿÚmar, Ḥásan, Máryam, múslima* (‚Muslimin'), *mádrasa* (‚Schule')

Konsonanten			
b, d, f, h, k, l, m, n, t – ähnlich wie im Deutschen			
ṯ	[θ]	stimmloses *th*, wie in *think*	*ṯamr* ‚Frucht‘
ḏ	[ð]	stimmhaftes *th*, wie in *that*	*ḏiʾb* ‚Wolf‘
ǧ	[ʤ]	wie j in Jeans	***Ǧībūtī***
š	[ʃ]	*sch*	***aš-Šām*** (Syrien, historisch)
s	[s]	stimmloses *s*, wie in Essen	***Sūriyā*** (Syrien, modern)
z	[z]	stimmhaftes *s*, wie in Suppe	*zait* ‚Öl‘
w	[w]	wie *w* in *water*	*ʾAswān* (Assuan)
y	[j]	wie *j* in Jahr	*al-Yáman* (der Jemen)
ḫ	[x]	wie *ch* in Krach	*al-Ḫalīl* (Hebron)
r	[r]	gerolltes *r*	***Rabāṭ***
ġ	[ɣ]	französisches *r*, wie *rouge*	*Baġdād*
(zu folgenden Konsonanten siehe die Erläuterungen im Text)			
q	[q]	„kehliges“ *k*	***Qáṭar***
ḥ	[ħ]	pharyngales *h*	*Ḥálab* (Aleppo)
ʾ	[ʔ]	Stimmabsatz wie in beʾinhalten	*al-qurʾān* ‚der Koran‘
ʿ	[ʕ]	kehliger Stimmeinsatz	*ʿAmmān*
ṣ	[sˁ]	velarisierte Konsonanten	*Ṣanʿāʾ* (Sanaa)
ḏ̣/ẓ	[ðˁ]		*ʾAbū Ḏ̣ábī*
ṭ	[tˁ]		*Ṭarābulus* (Tripolis)
ḍ	[dˁ]		*ar-Riyāḍ*
Vokale			
a, i, u		kurze Vokale	
ā, ī, ū		lange Vokale	

Tabelle 3: Die Laute des Hocharabischen. Erste Spalte: Umschrift der Deutschen Morgenländischen Gesellschaft (DMG), zweite Spalte: Aussprache nach dem International Phonetic Alphabet (IPA). Bei den Vokalen sind nur die phonemisch relevanten Grundformen berücksichtigt.

Wir markieren im Folgenden nur auf kurzen Vokalen den Wortakzent. Lange Vokale sind immer betont; bei mehreren langen Vokalen in einem Wort wird i. d. R. der letzte betont. Schließlich ist zu beachten, dass doppelt geschriebene Konsonanten auch doppelt ausgesprochen werden, z. B. in *Aḷḷāh, Muḥámmad, ʿAmmān, ḥammām*.

Die Tabelle zeigt die in Deutschland übliche wissenschaftliche Umschrift. Oft trifft man aber auf abweichende Schreibungen nach englischem Vorbild, nämlich *j* für *ǧ*, *kh* für *ḫ*, *sh* für *š* und gelegentlich *gh* für *ġ*. So liest sich der Name des berühmten Schriftstellers meist Khalil Gibran (statt Ḫalīl Ǧibrān) und der des großen ägyptischen Schauspielers Omar Sharif (statt ʿUmar Šarīf). Die muslimische Pilgerfahrt findet sich im Englischen als *hajj* und im Deutschen als *Haddsch* (statt *ḥaǧǧ*). Der westliche Teil der arabischen Welt ist der Maghreb (statt *al-máġrib*, wörtlich: ‚wo die Sonne untergeht‘), der östliche übrigens der Maschrek (*al-mášriq*, wörtlich: ‚wo die Sonne aufgeht‘).

Das Präfix *al-* fungiert als bestimmter Artikel, also z. B. *ǧámal* ‚ein Kamel‘, *al-ǧámal* ‚das Kamel‘. Es tritt auch in Länder- und Städtenamen auf: *al-Kuwáit, al-Yūnān* (‚Griechenland‘), *an-Nímsā* (‚Österreich‘). An Laute, die mit der Vorderzunge (Apex) ausgesprochen werden, gleicht man das *l-* an: *aš-šams* (< *al-šams*) ‚die Sonne‘, *aṭ-ṭāwila* (< *al-ṭāwila*) ‚der Tisch‘, ebenso bei der Hauptstadt Saudi-Arabiens: *ar-Riyāḍ* (< *al-Riyāḍ*). Der Artikel ist auch in einer Reihe von Wörtern zu erkennen, die aus dem Arabischen in die europäischen Sprachen eingegangen sind, z. B. Alkohol (von *al-kuḥl*, eigentlich ‚Antimonpulver zum Schwärzen der Augen‘), Alkali (von *al-qíly* ‚Pottasche‘ oder ‚Soda‘), Algebra (von *al-ǧábar*, eigentlich ‚das Einrichten gebrochener Knochen‘) und Alchimie (von *al-kīmiyāʾ* ‚die Chemie‘ < griechisch *chêmeía*). Das *a* des Artikels entfällt im Satzzusammenhang, wenn vorher ein Vokal steht: *fī l-ḥammām* ‚im Bad‘.

Die wichtigste Besonderheit des Arabischen im Bereich der Formenlehre ist zweifellos das bereits beschriebene Zusammenspiel von Konsonantenwurzel und Vokalschema. Zwei Eigenarten der arabischen Morphologie lassen sich aus diesem Prinzip erklären:

1. Die Konsonantenwurzeln sind im Hocharabischen wie in den Dialekten äußerst stabil und werden auch bei der Bildung der verschiedenen grammatischen Formen kaum verändert. 2. Bei den Vokalen gibt es dagegen vor allem in den Dialekten einen sehr breiten Spielraum. So heißt z. B. ‚Brot' in Jerusalem und Tunis wie auf Hocharabisch *ḫubz* [xubz], auf Maltesisch *ħobż* [hɔps] und in Damaskus *ḫəbᵊz* [ˈxəbəz] Auch in der Umschrift arabischer Eigennamen spiegelt sich diese Flexibilität wider und man findet etwa *Muhammad* neben *Mohammed, Umar* neben *Omar* und *Mahir* neben *Maher.* Besonders variabel ist das lange *ā,* das je nach Dialekt und je nachdem nach welchem Konsonanten es steht, sehr verschieden realisiert wird. Das Wort *bāb* ‚Tür' lautet in Damaskus wie im Hocharabischen [ba:b], in Bairut [bɛ:b], in Baḥrain [bɔ:b] und auf Malta gar [bi:ᵊp].

Zur Einführung: K. C. Ryding, *Arabic. A Linguistic Introduction,* Cambridge 2014; J. Watson, *The Phonology and Morphology of Arabic,* Oxford/ New York 2002 | **Einzelthemen**: A. Unger, *Von Algebra bis Zucker. Arabische Wörter im Deutschen,* Stuttgart 2006.

III Die arabische Schrift

Mit der arabischen Sprache ist ihre Schrift auf das Engste verbunden. Sie hat ihre heutige Form in den ersten Jahrhunderten des Islams erhalten und ist seitdem eines der wichtigsten Symbole der arabisch-islamischen Kultur. Die alten arabischen Grammatiker betrachten Sprache und Schrift als Einheit, und die Logik vieler ihrer Regeln lässt sich nur vor dem Hintergrund der Besonderheiten der Schrift verstehen. Beim Erlernen der arabischen Sprache stellt die Schrift eine gewisse Anfangshürde dar, doch ist, wie wir gleich sehen werden, ihr Aufbau einfacher, als es auf den ersten Blick scheint. Die Schrift an sich ist schnell gelernt. Schwierig ist sie aber dadurch, dass sie nicht alle Informationen enthält, die zum Lesen nötig sind: Kurze Vokale und Konsonantenverdopplung werden normalerweise nicht angezeigt. Es sind gute Kenntnisse von Wortschatz und Formenbildung sowie Konzentration und kontinuierliche Übung nötig, bis man Texte einigermaßen fließend lesen kann. Nur wenige Lernende erreichen dabei eine Leseroutine, die annähernd mit der von Muttersprachlern vergleichbar ist.

1 Funktionsweise

Das arabische Alphabet besteht aus 28 Buchstaben, von denen jeder genau einen Konsonanten repräsentiert. Drei von ihnen dienen außerdem dazu, lange Vokale und Diphthonge anzuzeigen. Geschrieben wird entgegen unseren Gewohnheiten, aber in Übereinstimmung mit den meisten anderen semitischen Schriften (mit Ausnahme des Äthiopischen und der babylonischen Keilschrift), von rechts nach links. Da sich die Schriftsprache durch alle Zeiten hindurch auch in Aussprache und Orthographie am klassischen Standard orientierte, kann man bis heute arabische Texte aus allen Epochen – zumindest was die Konsonanten betrifft – problemlos lesen. Diese äußere Kontinuität ist ein wichtiges Element der traditionellen Doktrin der Unwandelbarkeit der arabischen Sprache. Sie täuscht aber darüber hinweg, dass keineswegs alle alten Texte gleichermaßen verständlich sind.

Das entscheidende Merkmal der arabischen Schrift ist nun, dass sie zwar die Konsonanten sehr genau, die Vokale aber nur teilweise und nicht sehr differenziert wiedergibt. Während lange Vokale (*ā, ī, ū*) und Diphthonge (*ai, au*) konsequent ausgeschrieben werden, muss der Leser die kurzen Vokale (*a, i, u*) im Geiste ergänzen. Dass dies für Fremde eine große Hürde, für Muttersprachler dagegen in den meisten Fällen kein Problem ist, kann man sich leicht an einem konstruierten deutschen Beispiel klarmachen: *Dsn Stz kn mn trtzdm nch lsn*. Wie sehr man aber bei solchem Lesen vom Kontext abhängig ist, zeigt dieses Beispiel auch. Das hier genannte Wort *lsn* haben wir ausgehend vom Sinn des Satzes als *lesen* identifiziert, es könnte aber dem Schriftbild nach ebenso gut *lasen, läsen, losen, leasen, lösen* oder *lausen* heißen. Man muss also bereits eine Vorstellung vom Sinn des Wortes haben, um es zu erkennen. Vor genau diesem Problem steht man besonders bei klassisch-arabischen Texten, die inhaltlich oft so schwierig sind, dass man gerade nicht weiß, welches Wort zu erwarten ist, sodass man zunächst mit einer Auswahl ganz unterschiedlicher Bedeutungsmöglichkeiten jonglieren muss, bis sich die Stelle erschließt.

Es liegt in der Struktur der Sprache begründet, dass sich die Schrift ausgehend von den Konsonanten entwickelte und diese sehr konsequent wiedergibt: Wie oben erläutert bilden die Konsonanten die „Wurzeln", die jeweils die Grundbedeutung eines Wortes tragen. Abgesehen von gelegentlichen Assimilationen unterliegen sie keinen Veränderungen. Die Vokale sind zwar nicht weniger wichtig, schwanken aber in viel stärkerem Maße. Auch die meisten anderen Schriften, die für semitische Sprachen verwendet werden, wie die phönizische, die altsüdarabische und die aramäische mit ihren zahlreichen Varianten, bauen auf dem Konsonantenprinzip auf. Eine wichtige Ausnahme bildet die äthiopische Schrift: Ausgehend von der altsüdarabischen Konsonantenschrift hat sie eine eigene Methode zur durchgehenden Schreibung von Konsonanten *und* Vokalen hervorgebracht.

Ein charakteristisches Merkmal im Erscheinungsbild der arabischen Schrift sind die Punkte über und unter dem Buchstaben. Ihre typische Form ist durch das traditionelle Schreibgerät, ein schräg angeschnittenes Schilfrohr (*Phragmites australis*), bedingt. Die Punkte sind fester Bestandteil der Buchstaben und dienen dazu, ansonsten gleich aussehende Buchstaben voneinander zu unterscheiden (daher: diakritische, also ‚unterscheidende' Punkte). So werden beispielsweise *f* (ـفـ) und *q* (ـقـ) oder *r* (ر) und *z* (ز) auseinandergehalten. Eine vergleichbare Erscheinung gibt es übrigens auch in der alten deutschen Schreibschrift, wo ein kleiner Strich das *u* vom *n* und ein Punkt das *i* vom *c* trennt.

Schon früh erfanden die Gelehrten Zeichen, um auch die kurzen Vokale zu markieren, und zwar zunächst in Form von Punkten, dann von Strichen und Kringeln über und unter den Konsonantenbuchstaben: ـَ *a*, ـِ *i*, ـُ *u*, ـْ Vokallosigkeit. Diese werden jedoch nicht als eigentlicher Teil der Schrift angesehen, denn nur Konsonanten gelten in der traditionellen arabischen Grammatik als Buchstaben. Regelmäßige Verwendung finden die Vokalzeichen im elementaren Schulunterricht, im Koran, in Gedichten sowie in wissenschaftlichen Ausgaben klassischer Texte. Das moderne Hocharabisch wird dagegen zumeist „unvokalisiert" geschrieben. Nur bei seltenen oder mehrdeutigen Wörtern und zu pädagogischen Zwecken fügt man gelegentlich Vokalzeichen hinzu.

Was dem Unkundigen die Schrift zunächst kompliziert erscheinen lässt, ist die Tatsache, dass fast alle Buchstaben miteinander verbunden werden, ganz ähnlich unserer lateinischen Schreibschrift. Derselbe Buchstabe hat in diesem System verschiedene Formen, je nachdem, an welcher Position im Wort er steht. So wird z. B. das arabische *f* am Wortanfang فـ geschrieben, in der Wortmitte ـفـ und am Schluss ـف (man beachte die Leserichtung von rechts nach links). Steht es separat, schreibt man ف, ohne Verbindung nach rechts. In arabischen Schrifttabellen werden aus diesem Grunde für jeden Buchstaben verschiedene Varianten angegeben, von denen sich aber die meisten aus dem Schreibfluss automatisch ergeben.

Name		Wort-ende	Wort-mitte	Wort-anfang	einzeln	Um-schrift
ʾAlif	أَلِف	ـا	ـا	ا	ا	*ʾ/ā*
Bāʾ	باء	ـب	ـبـ	بـ	ب	*b*
Tāʾ	تاء	ـت	ـتـ	تـ	ت	*t*
Ṯāʾ	ثاء	ـث	ـثـ	ثـ	ث	*ṯ*
Ğīm	جيم	ـج	ـجـ	جـ	ج	*ğ*
Ḥāʾ	حاء	ـح	ـحـ	حـ	ح	*ḥ*
Ḫāʾ	خاء	ـخ	ـخـ	خـ	خ	*ḫ*
Dāl	دال	ـد	ـد	د	د	*d*
Ḏāl	ذال	ـذ	ـذ	ذ	ذ	*ḏ*
Rāʾ	راء	ـر	ـر	ر	ر	*r*
Zāy	زاي	ـز	ـز	ز	ز	*z*
Sīn	سين	ـس	ـسـ	سـ	س	*s*
Šīn	شين	ـش	ـشـ	شـ	ش	*š*
Ṣād	صاد	ـص	ـصـ	صـ	ص	*ṣ*
Ḍād	ضاد	ـض	ـضـ	ضـ	ض	*ḍ*
Ṭāʾ	طاء	ـط	ـطـ	طـ	ط	*ṭ*
Ẓāʾ	ظاء	ـظ	ـظـ	ظـ	ظ	*ḏ̣/ẓ*
ʿAin	عين	ـع	ـعـ	عـ	ع	*ʿ*
Ġain	غين	ـغ	ـغـ	غـ	غ	*ġ*
Fāʾ	فاء	ـف	ـفـ	فـ	ف	*f*
Qāf	قاف	ـق	ـقـ	قـ	ق	*q*
Kāf	كاف	ـك	ـكـ	كـ	ك	*k*
Lām	لام	ـل	ـلـ	لـ	ل	*l*
Mīm	ميم	ـم	ـمـ	مـ	م	*m*
Nūn	نون	ـن	ـنـ	نـ	ن	*n*
Hāʾ	هاء	ـه	ـهـ	هـ	ه	*h*
Wāw	واو	ـو	ـو	و	و	*w/ū*
Yāʾ	ياء	ـي	ـيـ	يـ	ي	*y/ī*

Tabelle 4: Das arabische Alphabet

Zum Einstieg: I. Schumacher, *Einführung in die arabische Schrift,* 2. Aufl., Hamburg 2020 | **Einzelthemen**: P. Daniels, „Scripts of Semitic Languages", in: *The Semitic Languages,* hrsg. v. R. Hetzron, S. 16–45.

2 Herkunft

Der erste längere Text, der uns schriftlich auf Arabisch überliefert ist, ist der Koran. Seine ältesten Handschriftenfragmente stammen wahrscheinlich aus der Zeit zwischen 650 und 690. Etwas früher, nämlich 643 n. Chr., wurde das erste datierte arabische Papyrusdokument geschrieben (siehe Kap. IV, Punkt 1.2 und 1.3). Die in diesen Quellen verwendete Schrift ist der heute gebräuchlichen arabischen Schrift bereits sehr ähnlich. Sie muss, ehe sie für diese Schriftzeugnisse verwendet wurde, bereits eine längere Entwicklung durchlaufen haben, denn sowohl die Buchstabenformen als auch die bereits einigermaßen einheitliche Orthographie lassen auf eine längere Schreibpraxis schließen. Der Koran setzt außerdem bei seinen Hörern ein Bewusstsein für die besondere Bedeutung des Schreibens voraus, etwa in Sure 82 (*al-infitār* ‚Das Zerbersten'), Vers 10–11: „Es sind Hüter über euch gesetzt, edle, mit dem Schreiben betraut". Sure 68 trägt sogar *Das Schreibrohr* (*al-qalam*) als Titel und beginnt: „Beim Schreibrohr und bei dem, was sie schreiben!" Beide Fälle beziehen sich wahrscheinlich auf Engel, die die guten und schlechten Taten der Menschen in Register eintragen.

Wie sich die arabische Schrift bis dahin entwickelt hat, lässt sich nicht leicht nachvollziehen, da uns aus vorislamischer Zeit nur wenige Inschriften auf Stein erhalten sind. Völlig fehlen Schriftstücke, bei denen mit Tinte auf weiches Material, wie etwa Papyrus oder Pergament geschrieben wurde. Dabei wären diese besonders wichtig, um nachvollziehen zu können, wie sich die für die arabische Schrift typische Zusammenschreibung der Buchstaben entwickelt hat, die schon in den Steininschriften zu sehen ist. Denn sie kann nur durch das Schreiben mit Stift und Tinte entstanden sein, nicht aus einer reinen Steinschrift (Lapidarschrift).

2.1 Schriften und Sprachen auf der arabischen Halbinsel

Um Licht in die Vorgeschichte der Verschriftung des Arabischen zu bringen, müssen wir einen Schritt zurückgehen und zunächst die historische Sprachsituation auf der arabischen Halbinsel betrachten. Dabei ist wichtig, zwischen *Sprache* und *Schrift* zu trennen. Eine Sprache kann mit verschiedenen Schriften geschrieben werden, wie wir gleich am Beispiel des Arabischen sehen werden.

Der Ursprung der für die semitischen Sprachen gebrauchten Alphabetschriften ist in Inschriften von der Sinai-Halbinsel und aus Ägypten greifbar, die aus der Zeit um 1800 v. Chr. stammen. Sie gehen wahrscheinlich auf Semiten zurück, die die ägyptische Hieroglyphenschrift kannten und unter deren Einfluss ein Konsonantenalphabet hervorbrachten, mit dem sie ihre eigene, dem Hebräischen und Phönizischen verwandte Sprache schrieben. Diese älteste Stufe der Alphabetschrift bezeichnet man als *Proto-Sinaitisch.* Sie gelangte auch in das Land Kanaan, d. i. Palästina, wo die entsprechenden Inschriften *Proto-Kanaanäisch* genannt werden. Von der Proto-Sinaitischen oder Proto-Kanaanäischen Schrift aus haben sich zwei Zweige entwickelt, die man nach der geographischen Verbreitung ihrer Ableger in einen südlichen und einen westlichen teilt: Zum südlichen Zweig gehört die südarabische und die hiervon abgeleitete äthiopische Schrift, zum stärker aufgegliederten nördlichen Zweig u. a. die phönizische, die aramäische und die heutige arabische Schrift. Wichtigster Unterschied zwischen beiden ist neben den recht verschiedenen Buchstabenformen die Buchstabenreihenfolge, nämlich *ʾ(a), b, g, d ...* in westsemitischer und *h, l, ḥ, m ...* in südsemitischer Tradition. Interessanterweise ist die Reihenfolge von Alphabeten äußerst stabil. Sogar das griechische und das lateinische Alphabet, die aus der westsemitischen Schrifttradition, nämlich vom phönizischen Alphabet abgeleitet sind, haben deren Anordnung übernommen.

Verlassen wir nun kurz die Schriften und wenden uns den *Sprachen* zu: Drei verschiedene semitische Sprachen haben ihre Wurzeln auf der arabischen Halbinsel: das Nordarabische (zu dem auch das klassische Arabisch gehört), das Altsüdarabische und

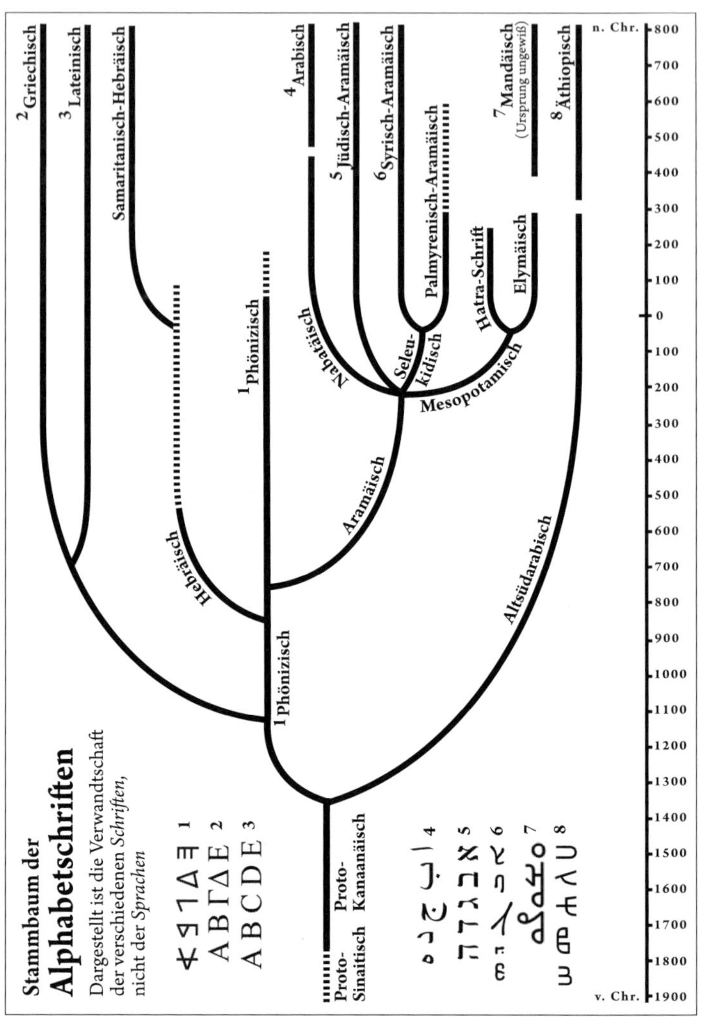

Abb. 5: Stammbaum der Alphabetschriften

ein schriftlich nicht bezeugter Vorläufer des Neusüdarabischen (vgl. den Stammbaum Abb. 3, S. 31). Die Bezeichnung aller drei als *-arabisch* ist nur deren Lage auf der arabischen Halbinsel ge-

Abb. 6: Inschrift in qatabanischer Sprache. Zusammen mit Sabäisch, Minäisch und Hadramitisch gehört das Qatabanische zu den altsüdarabischen Sprachen, die alle mit dem südarabischen Alphabet geschrieben wurden. Die Schreibrichtung verläuft wie beim (Nord-)Arabischen von rechts nach links, senkrechte Striche markieren die Wortgrenzen. Es handelt sich hier um eine Weiheinschrift aus dem 1. Jh. v. Chr. Sie wurde in Marib (Jemen) gefunden.

schuldet und heißt nicht, dass sie Dialekte einer einzigen Sprache sind. Vielmehr sind es eigenständige Sprachen, die jeweils selbst eine Reihe von Dialekten hatten. *Nordarabisch* war in ältester Zeit die Sprache von Stämmen in der Mitte und im Norden der arabischen Halbinsel (*arabia deserta* ‚verlassenes, wüstes Arabien'). *Altsüdarabisch* mit seinen Hauptdialekten Sabäisch, Minäisch und Qatabanisch wurde am südlichen Rand der arabischen Halbinsel, im heutigen Jemen gebraucht (*arabia felix* ‚glückliches, fruchtbares Arabien'). Es war in der Zeit von etwa 800 v. Chr. bis 570 n. Chr. die Schriftsprache einer bedeutenden Hochkultur, von der große

Mengen von Inschriften auf Stein, Holz und Metall überliefert sind. Sie sind alle in südarabischer Schrift geschrieben. Das *Neusüdarabische* und seine Vorläufer wurden nie verschriftet, sondern ausschließlich mündlich gebraucht. Es zerfällt in verschiedene Sprachen, darunter Mehri, Jibbali und Soqotri, die heute noch von insgesamt rund 250 000 Menschen im Jemen und im Oman gesprochen werden.

Zum Überblick: G. Endreß, „Die arabische Schrift", in: *Grundriß der arabischen Philologie,* Bd. 1, S. 165–190; M. C. A. Macdonald, „Ancient Arabia and the Written Word", in: *The Development of Arabic as a Written Language,* hrsg. v. M. C. A. Macdonald, Oxford 2010, S. 5–27 | **Einzelthemen**: P. Stein, *Lehrbuch der sabäischen Sprache,* 2 Bde., Wiesbaden 2013; K. Schippmann, *Geschichte der altsüdarabischen Reiche,* Darmstadt 1998; J. Watson, *The Structure of Mehri,* Wiesbaden 2012.

2.2 Nordarabische Dialekte in südarabischer Schrift

Die Nordaraber waren überwiegend Nomaden, teils aber auch in Oasen sesshaft. Ihre Kultur war mündlich geprägt, doch muss es zumindest in gewissen Perioden unter ihnen eine große Zahl von Leuten gegeben haben, die schreiben konnten. Sie bedienten sich verschiedener, untereinander sehr ähnlicher Alphabete, die alle eng mit dem altsüdarabischen Alphabet verwandt sind. Das Verhältnis dieser beiden Traditionen zueinander ist allerdings unklar. Entweder stammen sie von einem gemeinsamen Vorläufer ab, oder aber die Nordaraber sind in früher Zeit in Kontakt mit der südarabischen Schrift gekommen und haben sie sich für ihre Zwecke angeeignet. Die älteste datierbare Inschrift stammt von ca. 650 v. Chr. Viele Jahrhunderte hindurch gebrauchten die Menschen in den verschiedenen nordarabischen Stämmen diese Schrift, um in ihren jeweiligen Dialekten zu schreiben. Man bezeichnet diese heute nach den Orten, an denen entsprechenden Inschriften zum ersten Mal gefunden wurden, z. B. Safaitisch (nach aṣ-Ṣafāʾ in Süd-Syrien), Liḥyanisch und Taimanisch (nach Liḥyān und Taimāʾ im

Norden der arabischen Halbinsel). Zusammenfassend nennt man diese Dialekte *Frühnordarabisch* (vgl. Kap. IV, Punkt 1.1).

Abb. 7: Graffito in frühnordarabischer Sprache (Safaitisch), geschrieben in südarabischer Schrift. Es wurde im Nordosten Jordaniens gefunden. Der Inhalt lautet: „Bei FDY, Sohn von ĠṮ, Sohn von YʿLY, und er wässerte dieses Tal während der ersten Regenfälle in dem Jahr, da ṢLḪD und ʾTR Krieg führten". Da Vokale nicht mitgeschrieben sind, kann man die Eigennamen nicht sicher rekonstruieren.

Abb. 8: Fundort des Graffito, im Hintergrund das erwähnte Tal

Überliefert sind fast ausschließlich Graffiti, also private Inschriften auf Steinen und Felswänden, die oft nur aus wenigen Wörtern bestehen, dafür aber in überaus großer Zahl erhalten sind. Das verwendete Alphabet verfügt über 28 Buchstaben, sodass jeder Konsonant des Arabischen eindeutig wiedergegeben werden kann. Vokale und Diphthonge werden allerdings, außer im dadanischen Dialekt, grundsätzlich nicht angezeigt. Die Schrift wurde nicht von professionellen Schreibern oder Gelehrten vermittelt und gepflegt, sondern informell weitergegeben. Daher tritt sie in vielen verschiedenen Ausführungen von ganz unterschiedlicher Qualität auf. Auch eine feste Alphabetreihenfolge scheint sich nicht etabliert zu haben.

Beachtlich ist, über welch großen Raum die frühnordarabischen Inschriften verteilt sind, von Syrien bis in den Jemen und von Ägypten bis in den Irak. Die Schrift muss also weithin bekannt gewesen sein. Umso erstaunlicher ist es, dass diese Tradition im 3. oder 4. Jahrhundert n. Chr. abbricht und das Schreiben offenbar in Vergessenheit geriet. Der jüngste sicher datierbare Fund eines nordarabischen Dialekts in südarabischer Schrift stammt von 267 n. Chr.

Zum Überblick: M.C.A. Macdonald, „Ancient North Arabian", in: *The Cambridge Encycopedia of the World's Ancient Languages,* hrsg. v. R. D. Woodard, Cambridge 2002, S. 488–533 | **Zur Vertiefung**: A. Al-Jallad, „Safaitic", in: *The Semitic Languages,* 2. Aufl., hrsg. v. J. Huehnergard und N. Pat-El, London 2019, S. 342–366; ders., *An Outline of the Grammar of the Safaitic Inscriptions,* Leiden 2017 | **Datenbank**: *Online Corpus of the Inscriptions of Ancient North Arabia* (OCIANA) <http://krcfm.orient.ox.ac.uk/fmi/webd/OCIANA> Sammlung aller bekannten frühnordarabischen Inschriften.

2.3 Von der nabatäischen zur arabischen Schrift

Mit dem südarabischen Alphabet war eigentlich ein ideales Medium vorhanden, um die nordarabischen Dialekte zu schreiben. Offenbar war dieses jedoch unter den arabischen Stämmen in der

Zeit unmittelbar vor dem Islam nicht mehr bekannt. Stattdessen entwickelte sich das arabische Alphabet, wie wir es heute kennen, auf anderem Wege. Es geht auf einen Zweig der aramäischen Schrifttradition zurück. Wahrscheinlich waren die Nabatäer die ersten, die diese Schrift dazu gebrauchten, die arabische Sprache aufzuzeichnen.

Die Nabatäer waren ein Volk arabischer Abstammung, das am Nordrand der arabischen Wüste, etwa im Gebiet des heutigen Jordanien ansässig war. Die Hauptstadt ihres Reiches, das von 169 v. Chr. bis 106 n. Chr. bestand, war Petra, das heute eine der bedeutendsten archäologischen Stätten Jordaniens ist. Die Alltagssprache der Nabatäer war Arabisch, ihre Schriftsprache hingegen ein Dialekt des Aramäischen, den sie mit aramäischen Buchstaben schrieben. In diese aramäische Schriftsprache mischten sich, soweit das aus den Inschriften zu rekonstruieren ist, zunehmend arabische Elemente aus der Alltagssprache ein, sodass nach derzeitigem Kenntnisstand die ursprünglich aramäische Schriftsprache der Nabatäer nach und nach in eine arabische überging. Auf diese Weise wurde gewissermaßen unbemerkt die Schrift der Nabatäer zur arabischen Schrift. Zwar gibt es bisher, das muss man einräumen, nur eine Handvoll Inschriften, an denen sich die „Arabisierung“ der nabatäischen Schrift eindeutig nachvollziehen lässt, doch anhand der Buchstabenformen lässt sich nachvollziehen, wie aus der nabatäisch-aramäischen Schrift die früheste Stufe der arabischen Schrift entstanden ist.

Nicht nur Buchstabenformen und Duktus der nabatäischen Schrift wurden auf diesem Wege auf das Arabische übertragen, sondern auch die Orthographie. Hierzu zählt u.a. die Markierung der Laute *ī* und *ū* mit den Buchstaben *y* und *w*. Auch die wenigen orthographischen Unregelmäßigkeiten, die sich bis heute in der arabischen Schriftsprache gehalten haben, lassen sich teilweise auf alte nabatäisch-aramäische Schreibungen zurückführen, z.B. die Schreibung des Namens ʿAmr mit einem nicht ausgesprochenen *w* am Schluss: عمرو <ʿmrw>.

Bislang ist noch nicht geklärt, zu welcher Zeit der Übergang zwischen nabatäischer und arabischer Schrift genau anzusetzen

Abb. 9: Inschrift von Jabal Ramm. Die Inschrift besteht aus zwei fragmentarischen Graffiti, deren Lesung nicht völlig zu klären ist. Sie lauten etwa: (1) „... Sohn von ʿAliyyū schrieb (dies) mit eigener Hand in Iram" (2) „Ḥabību, Sohn von ..., in bestem Wohlbefinden".

ist, da die meisten Inschriften sehr kurz und formelhaft sind und man nicht immer unterscheiden kann, ob die darin gebrauchte Sprache Arabisch oder Aramäisch ist. An dieser Nahtstelle befindet sich die kurze Felsnotiz, die am Berg Jabal Ramm nahe Petra gefunden wurde und vielleicht aus der Zeit um 300–360 n. Chr. stammt: Ihre Sprache könnte bereits Arabisch sein, doch Schriftduktus und Phraseologie sind noch deutlich nabatäisch-aramäisch.

Sicher datierbar und zweifelsfrei in arabischer Sprache *und* Schrift sind erst drei Inschriften aus Syrien, die mindestens 150 Jahre später geschrieben wurden: die Bauinschrift aus Zebed (512 n. Chr.), die Felsnotiz von Jabal Usais (528 n. Chr.) und die Bauinschrift von Ḥarrān (568 n. Chr.). Darüber hinaus gibt es aus vorislamischer Zeit kaum sichere Quellen, die die arabische Sprache in arabischer Schrift wiedergeben. Die Funde aus dieser Zeit stammen zudem ausschließlich aus dem nördlichen Teil des arabischen Siedlungsgebietes, also dem Einzugsgebiet der Nabatäer, keiner dagegen aus der Region des Naǧd, am Westrand der arabischen Halbinsel, wo ab der Mitte des 7. Jahrhunderts der Islam

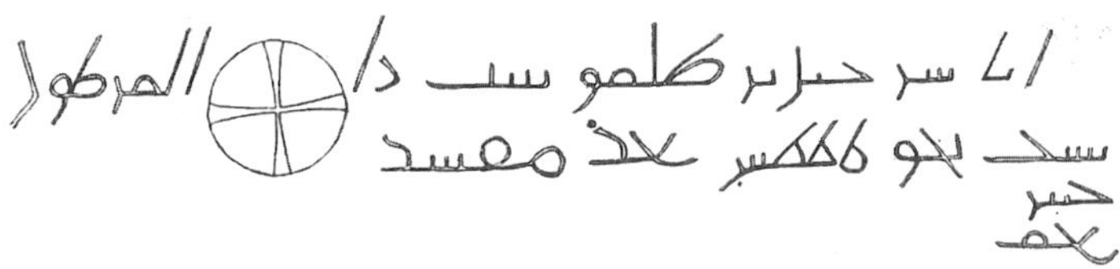

Abb. 10: Ausschnitt aus der Inschrift von Ḥarrān. Die vollständige Inschrift ist zweisprachig arabisch und griechisch und befindet sich über dem Portal einer christlichen Reliquienkapelle. Der arabische Text lautet: „Ich, Šarāḥīl, Sohn des Ẓalimu, baute diese Kapelle im Jahr 463 (= 568/69 n. Chr.), ein Jahr nach der Zerstörung von Ḫaibar."

entstand und die arabische Schrift plötzlich auf Papyri und in Inschriften auftaucht. Wie sie dorthin gelangt ist und wie sie sich währenddessen entwickelt hat, können wir nur bruchstückhaft nachvollziehen.

Trotz der großen Überlieferungslücken erscheint die Herleitung des arabischen Alphabets aus dem nabatäischen heute am wahrscheinlichsten. Sowohl die alten arabischen Gelehrten als auch eine Reihe von europäischen Forschern des 19. und frühen 20. Jahrhunderts nahmen dagegen die syrisch-aramäische Schrift als Ursprung an. Diese war, als der Islam entstand, in der Region weit verbreitet und stimmt in vielem mit der späteren arabischen Schrift überein. Vor allem in der Art, wie die einzelnen Buchstaben miteinander verbunden werden, sind sich beide sehr ähnlich. Da syrische Sprache und Schrift weithin im Gebrauch waren, lässt sich leicht vorstellen, wie die Schrift auf das Arabische übertragen worden sein kann. Allerdings sind keinerlei Quellen bekannt, an denen sich der Übergang von syrischen zu arabischen Buchstabenformen beobachten ließe. Eine Entwicklung der arabischen Schrift aus der syrischen ist daher derzeit nicht zu belegen.

Zum Überblick: B. Gründler, *The Development of the Arabic Scripts,* Atlanta 1993; Ch. Robin, „Les plus anciens monuments de la langue arabe", in: *Revue du monde musulman et de la Méditerranée* 61 (1991), S. 113–125 | **Einzelthemen**: A. Spitaler: „واو عمرو und Verwandtes", in: *Philologica. Beiträge zur Arabistik und Semitistik,* hrsg. v. H. Bobzin und S. Weninger, Wiesbaden 1998, S. 351–369.

2.4 Die arabische Schrift seit dem Beginn der islamischen Zeit

Es waren sowohl religiöse als auch administrative Gründe, die dazu führten, dass mit der raschen Ausbreitung des muslimischen Reiches auch die arabische Schrift an Bedeutung gewann. Die wichtigsten schriftlichen Quellen aus den ersten 150 Jahren des Islams sind Inschriften auf Stein, also Grabsteine, Bauinschriften und Graffiti, außerdem Papyrusdokumente, Münzen und Koranfragmente. Die ältesten datierten Zeugnisse sind der o.g. Papyrus aus Ahnās/Heliopolis (Ägypten, 22 d. H. (= [im Jahr] der Hiǧra) / 643 n. Chr.) und ein von einem gewissen Zuhair geschriebenes Graffito in Madāʾin Ṣāliḥ (Ḥiǧāz, 24 d. H. / 644/45 n. Chr.) mit folgendem Inhalt:

> *Im Namen Allāhs. Ich, Zuhair schrieb [dies], zu der Zeit als [der Kalif] ʿUmar starb, im Jahr vierundzwanzig.*

Von Anfang an enthalten viele der Inschriften religiöse Floskeln und Begriffe, die als islamisch gelten können. Sie lassen gewisse Schlüsse darauf zu, wie weit Glaubensvorstellungen verbreitet waren, die später als typisch für den Islam angesehen wurden. Wie weit dieser bereits im Detail ausgeprägt war, lässt sich daraus nicht erschließen. Vielleicht enthalten diese frühen Inschriften Material, das bereits vor dem Islam bekannt war und später in die islamische Tradition und den Korantext integriert wurde. Erst ab etwa 690 n. Chr. machen Koranzitate, die z. T. vom kanonischen Korantext leicht abweichen, einen wichtigen Teil der Inschriften aus. Wichtige Zeugnisse hiervon sind Münzen, da sie sich sehr genau datieren lassen (Abb. 19 und 20, S. 85). Stücke aus verschiedenen Koranversen enthält auch die Mosaikinschrift im Jerusalemer Felsendom aus dem Jahr 72 d. H. / 691 n. Chr.

Neben den Inschriften und Papyri sind Koranfragmente die wichtigsten Quellen für die Schriftgeschichte. Diese sind allerdings nur unsicher zu datieren, da man als nahezu einziges Kriterium die Paläographie, d. h. den Entwicklungsstand der Schrift heranziehen kann. Man dreht sich also im Kreis, wenn man keine weiteren Anhaltspunkte hat. Hilfe bietet die Radiokarbon-Analyse des Schreibmaterials, die mit einer gewissen Wahrscheinlichkeit Aussagen darüber zulässt, in welchem Zeitraum das Material hergestellt wurde. Zu den ältesten Handschriften zählen ein

Abb. 11: Koranhandschrift vor 700. Seite aus einem der ältesten Koranfragmente. Eine Untersuchung des Materials mit der C14-Methode hat eine Datierung Mitte des 7. Jahrhunderts ergeben. Nach der Region, in der die Kopie vermutlich angefertigt wurde, dem Ḥiǧāz, wird der Schrifttyp *ḥiǧāzī* genannt.

Palimpsest, also ein ausradiertes und wiederbeschriebenes Pergament aus dem jemenitischen Sanaa, deren untere Schriftschicht aus der Zeit vor 660 stammen könnte, und der Codex Parisino-Petropolitanus, der vor 690 entstanden sein dürfte. Sie sind unvollständig, umfassen aber beide immerhin etwa die Hälfte des Korantextes.

Die genannten Schriftzeugnisse bieten die arabische Schrift in sehr verschiedenen Formen dar. In allen Fällen ist sie aber der heutigen Schrift so ähnlich, dass man sie, gute Sprachkenntnis vorausgesetzt, durchaus entziffern kann. Bemerkenswert ist, dass die Orthographie bereits völlig ausgeprägt ist und nur minimale Unterschiede zur späteren klassischen Norm aufweist.

Eine Schwierigkeit beim Lesen dieser Quellen besteht jedoch darin, dass sehr viele Buchstaben mehrdeutig sind. Dies erklärt sich zum einen daraus, dass sich durch die kursive Schreibweise bestimmte Buchstaben in Anfangs- oder Mittelstellung völlig einander angeglichen haben, etwa *b*, *n*, *t* und *y*, die allesamt ـٮـ geschrieben werden. Andererseits verfügte das nabatäische Alphabet nicht über genug Buchstaben, um alle Laute des Arabischen zu repräsentieren. Daher wurden einige von ihnen für je zwei verschiedene, jedoch phonetisch verwandte Laute verwendet: د für *d/ḏ*,, ـسـ für *s/š*, ط für *ṭ/ẓ*, ص für *ṣ/ḍ*, ح für *ḥ/ḫ*, ع für *ʿ/ġ*. Nur wenn man bereits eine Ahnung vom Inhalt des Textes hat, kann man ihn unter solchen Voraussetzungen entschlüsseln.

Um diesem Missstand abzuhelfen, setzten die Schreiber schon früh, teilweise bereits in vorislamischer Zeit, zur Unterscheidung Punkte auf oder unter gewisse Buchstaben, eine Praxis, die wahrscheinlich von der syrisch-aramäischen Schrift beeinflusst war. Dies geschah allerdings zuerst ganz unregelmäßig und nach individuellem Geschmack. Ab etwa 700 stand die bis heute gültige Schreibweise der Buchstaben mit ihren Punkten fest. Doch auch danach wurden noch mehrere Jahrhunderte lang in bestimmten Textsorten, etwa in den Naturwissenschaften, die unpunktierten, mehrdeutigen Formen verwendet. Auch Gebrauchstexte, wie sie in Papyrusdokumenten erhalten sind, sind fast immer unpunktiert.

Eine Besonderheit der arabischen Schrift ist, wie eingangs erläutert, dass kurze Vokale nicht mitgeschrieben sind und in der Regel automatisch beim Lesen ergänzt werden. Im Zusammenhang mit der Überlieferung des Korantextes entstand zum ersten Mal das Bedürfnis nach einem System, mit dem auch die Kurzvokale eindeutig aufgezeichnet werden konnten. Hierzu führte man farbige Punkte über, unter und neben den Buchstaben für die Laute *a*, *i* und *u* ein. Die Tradition schreibt diese Erfindung verschiedenen großen Gelehrten zu, etwa dem legendären ersten Grammatiker Abū l-Aswad ad-Dūʾalī (gest. 688). Das ist sicher zu früh angesetzt, doch kann man festhalten, dass Mitte des 8. Jahrhunderts die Vokalpunkte in Koranhandschriften weit verbreitet waren.

Seit dem 9. Jahrhundert wurden diese durch die bis heute üblichen Vokalzeichen (ـَ ، ـِ ، ـُ) ersetzt und um weitere Hilfszei-

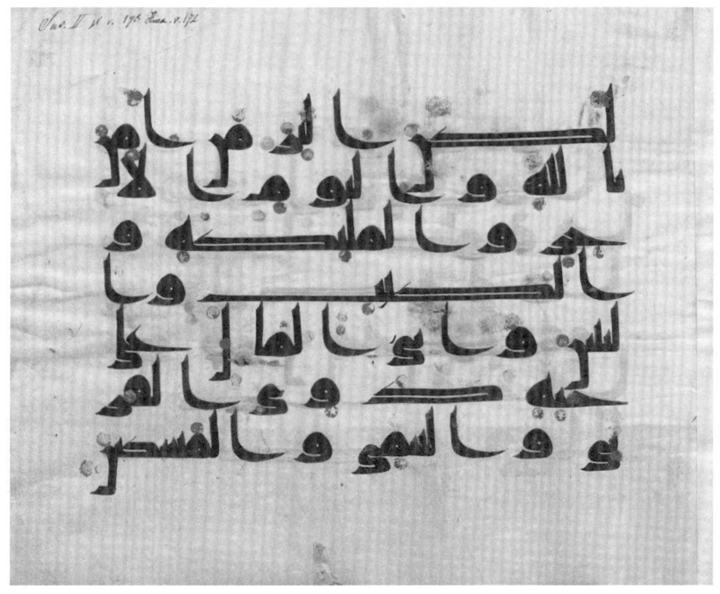

Abb. 12: Koranhandschrift in Kūfi-Schrift, 9. Jh. Die Vokale sind mit roten Punkten markiert: über dem Buchstaben = *a*, unter dem Buchstaben = *i*, im Buchstaben = *u*. Zu sehen ist Sure 2 (*al-baqara* ‚Die Kuh'), Vers 177.

chen ergänzt. Für den *glottal stop* wurde ein kleines *ʿain* gesetzt (ء, genannt *hamza*), zur Markierung der Konsonantenverdopplung ein kleines *šīn* (ـّ, genannt *šadda*), für die Vokallosigkeit eine Art Null (ـْ) und zur Kennzeichnung des Buchstaben *kāf* in Einzel- oder Endstellung ein kleines *kāf* (ك). Damit hatte die arabische Orthographie ihre bis heute gültige Form erreicht.

Abschließend ist ein Wort über die jetzige Reihenfolge des arabischen Alphabets zu sagen, denn sie weicht von der ansonsten in der nordsemitischen Tradition üblichen ab. Die Sprachgelehrten haben sie wahrscheinlich im 8. Jahrhundert teils nach phonetischen und teils nach graphischen Gesichtspunkten neu arrangiert, sodass das arabische Alphabet nun lautet: *ʾ b t ṯ ǧ ḥ ḫ d ḏ r z s š ṣ ḍ ṭ ẓ ʿ ġ f q k l m n w h y*. Die alte nordsemitische Reihenfolge *ʾ b g d h w z ḥ* … wird gelegentlich noch bei Aufzählungen verwendet, wenn die Buchstaben als Zahlzeichen dienen.

Zum Überblick: R. G. Hoyland, „The Content and Context of Early Arabic Inscriptions", in: *Jerusalem Studies in Arabic and Islam,* vol. 21, no. 3 (1997), S. 77–102 | **Einzelthemen**: I. Lindstedt, „Who's In, Who's Out? Early Muslim Identity through Epigraphy and Theory", in: *Jerusalem Studies in Arabic and Islam* 46 (2019), S. 147–246 [enthält eine Liste aller Inschriften von 640 bis 740 n. Chr.]; W. Diem, „Untersuchungen zur frühen Geschichte der arabischen Orthographie", in: *Orientalia* 48 (1979), S. 207–257; 49 (1980), S. 67–106; 50 (1981), S. 332–383; 52 (1983), S. 357–404.

3 Kalligraphie und Schriftgestaltung

Von den frühesten Schriftzeugnissen an kann man beobachten, wie sich unterschiedliche Schreibstile herausbildeten. Die Entwicklung der Buchstabenformen und des Schriftduktus wurde vom Material, vom Verwendungsbereich des Dokuments und in der Frühzeit in nicht geringem Maße auch vom jeweiligen Schreiber bestimmt. So unterscheidet sich beispielsweise die Schrift der frühen Koranhandschriften von derjenigen, die wir in der Geschäftskorrespondenz auf Papyrus antreffen, und auch innerhalb einzelner Koranhandschriften kann man den Stil verschiedener Schreiber erkennen. Wiederum eine andere Schriftform weisen die ersten Münzen und Bauinschriften auf. Beschleunigt wurde die Entwicklung von der in der Umayyadenzeit (also ab 750) enorm ansteigenden schriftlichen Produktion in Bereichen wie Verwaltung, Korrespondenz, Literatur und Wissenschaft.

Ebenso wichtig war das religiöse Moment: Die Schrift wurde für den Islam, der ansonsten an kultischen Symbolen nicht reich ist, zu der Repräsentationsform schlechthin. Als zweites konstitutives Element der göttlichen Offenbarung war und ist die Schrift nichts weniger als der sichtbare Ausdruck des Wortes Gottes. Während aufgrund der Kontroverse um die Zulässigkeit von bildlichen Darstellungen Bilder als religiöse Ausdrucksform im sunnitischen Islam keine große Rolle spielten, galt die Kalligraphie neben der Koranrezitation durch alle Zeiten hindurch als die vornehmste Repräsentation göttlicher Schönheit und Perfektion. Sie wurde vom Beginn des Islams bis weit in die osmanische Zeit hinein stetig gepflegt und weiterentwickelt.

Neben den Manuskripten und Schriftzeugnissen der verschiedensten Arten sind uns Abhandlungen zu Theorie und Praxis dieser Kunst überliefert. Besonders zu merken ist in diesem Zusammenhang der Bagdader Verwaltungsbeamte, Gelehrte und Kalligraph Ibn Múqlā (885–940). Sein vielgepriesener Stil zeichnete sich besonders durch die genau aufeinander abgestimmten Buchstabenproportionen aus. Als Maßeinheit dienten dabei wahrscheinlich, wie noch heute, mit dem Schreibrohr nebeneinandergesetzte rautenförmige Punkte.

Von den vielen verschiedenen Schrifttypen, die im Laufe der Zeit für die unterschiedlichen Zwecke entwickelt wurden, können wir nur ein paar Beispiele herausgreifen. Früh bildete sich der Unterschied zwischen einer senkrechten, eckigen Monumentalschrift und einer flüssigeren, schrägen Schrift für den täglichen Gebrauch heraus. Das herausragende Beispiel für erstere ist die Kūfī-Schrift. In ihre Richtung deuten bereits die Legenden auf den Münzen des Kalifen ʿAbd al-Malik vor 700 (Abb. 20, S. 85). Sie setzte sich in den ersten beiden Jahrhunderten des Islams als

Abb. 13: Schale mit Kūfi-Schrift. Östliches Iran oder Zentralasien, 10. Jh. Der Text lautet: al-ḥurru ḥurr ʾin *massa-hu ḍ-ḍurr, al-yumn* ‚Der Freie ist frei, selbst wenn die Not ihn trifft. Viel Glück!'

typische Koranschrift (Abb. 12, S. 59) und für Inschriften verschiedener Arten durch. Da es bei diesen weniger auf die Lesbarkeit als auf den dekorativen Effekt ankam, hatten hier Kalligraphen und Handwerker große künstlerische Freiheit und entwickelten eine Ornamentik, die zu einer der herausragenden Leistungen der klassischen islamischen Kultur wurde.

Im Laufe des 10. Jahrhunderts wurden die abgerundeten Schriften weiterentwickelt, die ein flüssigeres, schnelleres Schreiben erlaubten und leichter zu lesen waren. Weiter wurde die Lesbarkeit dadurch verbessert, dass man konsequenter diakritische Punkte setzte. Auch Korankopien wurden nun in runden Schriften angefertigt. Als großer Meister dieser Schriften gilt der Perser Ibn Bawwāb (gest. um 1022). Er stellte auch die Systematik der *Sechs Schriften* (*al-ʾaqlām as-sítta*) auf, die fortan festlegte, welche Schriftfamilien miteinander in welcher Weise kombiniert werden konnten.

Eine eigene Schriftentwicklung hat der Westen der arabischen Welt aufzuweisen. Hier entwickelte man aus der statischen Kūfī-Schrift eine Kursive, die man als *Maġribī*-Schrift bezeichnet. Sie verrät ihre Verwandtschaft mit dem alten Kūfī dadurch, dass sie im Vergleich mit anderen Kursivschriften merkwürdig ungeordnet und weniger flüssig erscheint. In den heute in Marokko gedruckten Koranausgaben wird diese Schrift noch immer verwendet. Die in den Ländern des Maghreb gebräuchliche Handschrift ist eine Abwandlung der alten *Maġribī*-Schrift.

Abb. 14: Koranpult aus Nussbaumholz. In der Mitte steht in Flecht-Kūfi *al-mulku* ‚die Herrschaft' (ergänzt auf der Rückseite durch *li-llāhi* ‚… ist Gottes'). Umlaufend Sure 2 (*al-baqara* ‚die Kuh'), Vers 255, der sog. Thronvers: „Gott: Kein Gott ist außer ihm, dem Lebendigen und Beständigen. Ihn fasst nicht Schlummer und nicht Schlaf. Ihm gehört, was in den Himmeln und auf Erden ist […]". Das knapp einen Meter hohe Pult wurde um 1250 in Anatolien gefertigt.

Abb. 15: Koranhandschrift in *maġribī*-Schrift, Sevilla 1226. Sie ist eine der wenigen erhaltenen Koranhandschriften des muslimischen Spanien. Die goldfarbebne Überschrift (Sure 76 *al-ʾinsān* ‚Der Mensch') ist in *kūfī*-Schrift.

Im Rest der arabischen Welt ist dagegen als Handschrift die *Rúqʿa* üblich. Sie ist erst Ende des 18. Jahrhunderts im osmanischen Reich entstanden. Ganz darauf ausgelegt, auch bei hoher Schreibgeschwindigkeit gute Lesbarkeit zu gewährleisten, setzte sie sich im 19. Jahrhundert allgemein durch. Sie ist so effizient, dass sich neben ihr kein Stenographie-System durchsetzen konnte.

Ebenfalls auf die osmanische Schreibtradition geht die jetzige Form der *Nasḫ*-Schrift zurück, die heute die normale arabische Schrift schlechthin ist und für praktisch alle Zwecke gebraucht wird. Der große Istanbuler Kalligraph Šaiḫ Hamdullah (1436–1520) brachte sie zur Perfektion. Sie ist heute in Koranausgaben

الكاف واللام :

• الكاف في البدء ترسم مثل اللام بزيادة رأس مستقيم مائل من اليمين إلى اليسار وتسمى لامية ، وإذا اتصلت بألف ولام أو لام ألف رسمت كدال مفردة بزيادة رأس ترتبط بما بعدها .. وإذا جاءت متوسطة ترسم مثل البدئية .

• الكاف في النهاية مثل الكاف المفردة وتتصل بما قبلها على ارتفاع مناسب .

أما اللام فهي مثل الكاف اللامية في البدء والوسط بدون رأس والنهائية كالمفردة

الفاء والقاف والواو :

فيها أجزاء مشتركة وأجزاء مختلفة : الرأس في كل منها مطموس بخلاف النسخ إذا كانت مفردة ، أو إذا كانت الفاء والقاف في البدء .. أما الواو فلا تتصل بما بعدها ، وحرف الفاء الوسطى مفتوح وداخله أشبه بنقطة مائلة جهة اليمين والقاف مثله .. أما في النهائي فرأس الفاء مثل الوسطى والطرف مثل المفرد أما الواو والقاف في الطرف مثل المفرد بالكامل :

Abb. 16: Modernes Schriftlehrbuch. Auf dieser Schrift (*ruqʿa*) basiert die alltägliche Handschrift im Maschrek.

ebenso zu finden wie in fast allen Büchern und als Standardschrift in Textverarbeitungsprogrammen. Dass sich ausgerechnet diese Variante durchgesetzt hat, hängt mit dem großen Einfluss zusammen, den osmanische Kultur und Ästhetik über Jahrhunderte in der arabischen Welt hatten.

Eine besondere kalligraphische Tradition hat sich in Persien entwickelt. Etwa zur gleichen Zeit wie das osmanische *Nasḫ* entstand hier die typische *Nastaʿlīq*-Schrift. Sie zeichnet sich durch ihren schrägen Duktus und den unregelmäßigen, rhythmischen Wechsel von auseinandergezogenen und dicht gedrängten Buchstaben aus. Sie ist heute im Iran sowohl als alltägliche Handschrift wie auch in der Kalligraphie weit verbreitet. In Pakistan ist sie für das Urdu die übliche Druckschrift.

Noch immer sind kalligraphische Texte und Schriftzüge in der arabischen Welt allenthalben anzutreffen: auf Schildern und Plakaten, als Buchtitel und als Firmenlogo, an historischen Gebäuden und auf Dekorationsartikeln. Die praktische Beherrschung dieser Kunst ist aber, im Gegensatz zum Iran, in der arabischen Welt nicht sehr verbreitet. Neben professionellen Kalligraphen

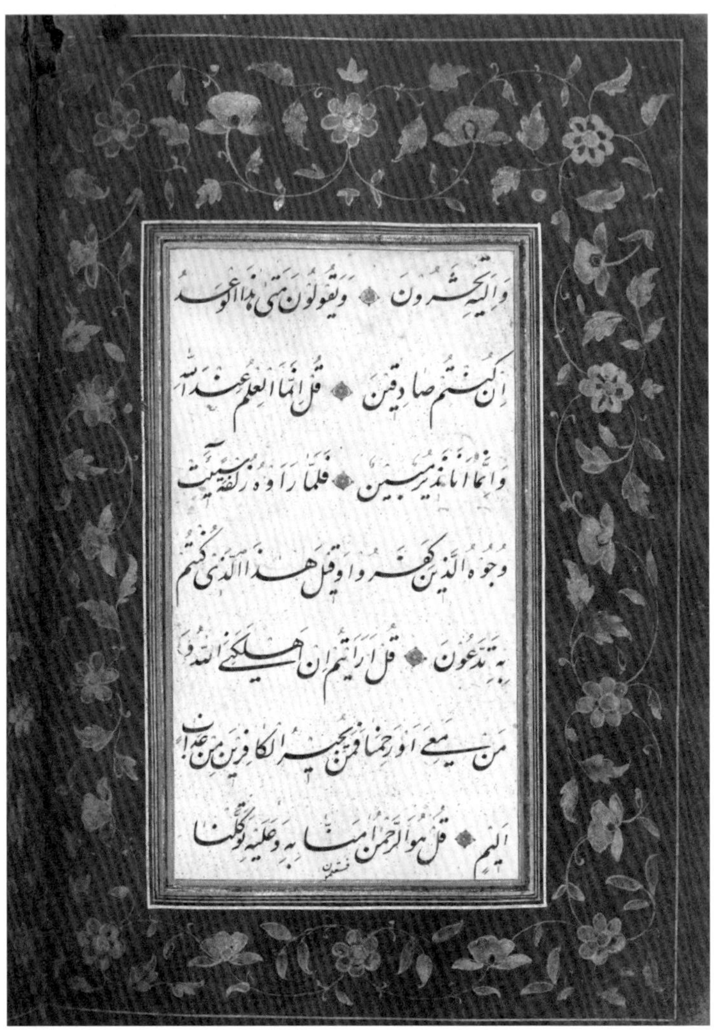

Abb. 17: Persische Koranhandschrift in *nastaʿlīq*-Schrift. Geschrieben von ʿAlī Riḍā ʿAbbāsī 1611. Sure 76 (*al-mulk* ‚Die Herrschaft'), Verse 24–28: „Sprich: Er ist es, der euch verteilte auf der Erde, und zu ihm werdet ihr wieder zurückgeschart * Sie sagen: Wann ist denn diese Verheißung, wenn ihr wahrhaftig seid? * Sprich: Das Wissen ist allein bei Gott. Ich aber bin nur ein klarer Mahner."

und Schildermalern, deren Arbeitsfeld durch die Konkurrenz der Computertechnik immer schmaler geworden ist, sind es heute vor allem Grafiker und bildende Künstler, die sich der Schreibkunst widmen.

Eine neue Ära des Schriftdesigns hat auch für das Arabische mit den neuen Medien begonnen, wo es galt, eine ganz auf Handschrift basierte Schreibtradition in bildschirm- und displaygerechte Formen zu bringen. Auch bei kleiner Schrift sollen außerdem die Buchstaben gut lesbar sein. Dabei sind zum Teil sehr originelle Schriften entstanden, die sowohl Elemente der alten eckigen Kūfī-Schriften wieder aufleben lassen als auch ganz neue Buchstabenformen enthalten.

Zum Überblick: Sh. Blair, *Islamic Calligraphy,* Edinburgh 2006; A. Schimmel, *Calligraphy and Islamic Culture,* London 1990; H. Rebhan, *Die Wunder der Schöpfung. Handschriften der Bayerischen Staatsbibliothek aus dem islamischen Kulturkreis,* Wiesbaden 2010 | **Einzelthemen**: R. Abdullah, *Typobau. Arabische Schriften und Typographie,* Leipzig 2012; T. Nemeth, *Arabic Type-Making in the Machine Age,* Leiden 2017.

IV Das klassische Arabisch

In den vorausgehenden Kapiteln wurde der weitere Rahmen abgesteckt, nun soll es um die verschiedenen historischen Erscheinungsformen der arabischen Sprache gehen. Spätestens seit Beginn der islamischen Ära existieren eine schriftlich-formelle Form, das Hocharabische, und eine in verschiedene Varianten aufgespaltene alltagssprachliche Form, die Dialekte, nebeneinander. Wir beginnen mit dem klassischen Hocharabisch.

Die Blüte des klassischen Arabisch lag, so kann man vereinfacht sagen, zwischen dem Beginn der Abbasidenherrschaft 750 und dem Fall Bagdads 1258. Das Schrifttum, das uns aus dieser Epoche überliefert ist, bildet bis heute einen wichtigen Teil der arabischen Kultur. Dies gilt besonders für die klassische Dichtung und für Traditionswissenschaften wie Koranauslegung, Religionsgelehrsamkeit (*fiqh*) und Grammatik, wo die alten Werke zeitlose Autorität haben. Es gibt auf Arabisch keine zusammenfassende Bezeichnung für diesen Zeitraum, sondern man gebraucht, wenn man sich auf entsprechende Texte bezieht, Ausdrücke wie „die frühen Koranausleger“, „die Grammatiker der Baṣra-Schule“ oder „die Dichter der Abbasidenzeit“. Dadurch kommt zum Ausdruck, dass man dieses Erbe als lebendigen Bestandteil der gegenwärtigen Kultur begreift und es nicht pauschal einer vergangenen, fremdgewordenen Ära zuordnet. Dass eine solche Kontinuität über einen so langen Zeitraum aufrechterhalten und kultiviert werden konnte, ist wesentlich der arabischen Schriftsprache zu verdanken. Sie hat sich, da sie stets am klassischen Vorbild ausgerichtet war, formal so wenig verändert, dass sich die alten Texte auch heute noch scheinbar nahtlos in das Sprachganze einfügen.

Westliche Forscher behelfen sich zur Bezeichnung von Werken aus jener Blütezeit oft mit dem Sammelbegriff *mittelalterlich*. Doch hier ist Vorsicht geboten: Er weist zwar ungefähr in die richtige Zeit, weckt aber mitunter falsche Assoziationen. Die im europäischen Mittelalter entstandenen Schriften haben für unsere Gegenwart kaum die Bedeutung wie sie die zur selben Zeit entstandenen klassischen Werke für die modernen arabischen Gelehrten haben. Ihnen gelten nämlich die ersten Jahrhunderte des Islams als ein goldenes Zeitalter, in dem die Grundlagen der muslimischen Zivilisation für alle Zukunft gelegt wurden. Eine Aura der „Mittelalterlichkeit" haftet dieser Epoche nicht an. Eher nimmt sie in ihrer zeitlosen Relevanz zumindest für die Traditionswissenschaften eine Position ein, wie sie in den modernen europäischen Kulturen der griechisch-römischen Antike zugeschrieben wird.

1 Woher kommt das klassische Arabisch?

Das klassische Arabisch hat sich in den ersten 150 Jahren der islamischen Ära herausgebildet. Einen wichtigen Anteil hatten daran die alten Grammatiker, die vor der Aufgabe standen, ein Regelsystem zu entwerfen, das zum einen die göttliche Perfektion der Sprache widerspiegelte und zum anderen didaktisch gut zu vermitteln war. Dazu sammelten sie reichlich Material, das es zu beurteilten und zu sortierten galt. Sie hatten zum Ziel, die Fuṣḥā, das reinstmögliche Arabisch, zu definieren und mussten dabei vielfach entscheiden, was in diesem Rahmen als richtig gelten konnte und was falsch war (vgl. Kap. 1.4). Die Sprachform, die in den Werken der Grammatiker dargestellt wird, stimmt recht weitgehend mit älteren Stufen des Arabischen überein, die uns aus Inschriften bekannt sind. Sie stellt aber nicht, wie die arabische Tradition es annimmt, das ursprüngliche Arabisch dar, das ehemals von bestimmten Stämmen genau in dieser Form gesprochen wurde.

Denn so einheitlich und systematisch, wie die Fuṣḥā im Regelwerk der Grammatiker erscheint, hat sie zuvor nie existiert. Zum einen bildete das Arabische in vorislamischer Zeit keine Einheit. Es war vielmehr aufgespalten in Dialekte und verfügte wahrscheinlich über getrennte Register für Alltagssprache und für feierlich-kultische Anlässe. Zum anderen ist es unwahrscheinlich, dass irgendeine Form des vorislamischen Arabisch so glatt und ausnahmenfrei war wie die Fuṣḥā. In den ältesten Texten, auch im Koran, gibt es Hinweise darauf, dass die Sprache, bevor die Grammatiker ihre Regeln festschrieben, eine größere Variationsbreite hatte. Auch in modernen Dialekten sind einige Erscheinungen bewahrt, die sehr altertümlich sind, aber nach den hocharabischen Regeln als falsch gelten, weil die Grammatiker sie offenbar nicht anerkannt haben. Hierunter fällt der Gebrauch der sogenannten gebrochenen Pluralformen für unbelebte Dinge, der im Hocharabischen unzulässig, in vielen Dialekten dagegen üblich ist.

Während also nach Meinung der arabischen Gelehrten am Anfang zumindest der Theorie nach die eine, reine Fuṣḥā stand, die im Laufe der Zeit verderbt wurde und sich in Dialekte aufspaltete, lief die Entwicklung in Wirklichkeit genau anders herum: In vorislamischer Zeit waren verschiedene Formen des Arabischen nebeneinander im Gebrauch. Aus der Vielfalt machten die Grammatiker dann eine Einheit. Ausgehend von der prestigereichsten und altertümlichsten Form, der Sprache der Dichter, formulierten sie das Regelwerk der Fuṣḥā, das fortan maßgeblich für korrektes Sprechen und Schreiben war. Ihr Bestreben war es, den Sprachbau so logisch und perfekt wie möglich erscheinen zu lassen, um so den göttlichen Charakter der Sprache zu bekräftigen. Sie haben diese Aufgabe in genialer Weise gelöst und bereits Strukturen aufgedeckt, die sich teilweise mit den Erkenntnissen der Semitistik und der modernen Sprachwissenschaft decken. Allerdings haben sie dabei die Sprache in Teilen überformt und einen gewissen Anteil an grammatischer Variation ausgeschieden.

Es ist nicht leicht, Aufschluss darüber zu erlangen, wie das Arabische in seinen verschiedenen Erscheinungsformen vor dieser Normierung ausgesehen hat. Folgende Quellen können aber Hinweise geben:

1.1 Vorislamische Inschriften auf Stein (Frühnordarabisch und Altarabisch)

Von den frühnordarabischen Inschriften war schon im Zusammenhang mit der Schriftentwicklung die Rede. Sie umfassen verschiedene Idiome, die mit dem klassischen Arabisch verwandt sind, aber nicht dessen unmittelbare Vorläufer, sondern eher Schwestersprachen sind. Ein Unterscheidungsmerkmal ist der bestimmte Artikel, der im klassischen Arabisch *al-*, im Frühnordarabischen dagegen meist *h(n)-* lautet. Die Inschriften sind ganz überwiegend Graffiti. Sie sind von ca. 650 v. Chr. bis 267 n. Chr. bezeugt und enthalten meist nur wenige Wörter, in der Regel Namen mit Abstammungslinien und ganz kurze Mitteilungen aus dem Umfeld des Schreibers. Folgendes ist ein recht langes Beispiel einer safaitischen Inschrift, in der die Göttin Allāt angerufen wird:

Von Saʿdallāh, Sohn des Aus, Sohn des Ẓannʾel, Sohn des Ḥayyān, aus dem Geschlecht Moʿayyer und aus dem Geschlecht Faraṯ: Er sehnt sich nach seiner Familie, und so, o Allāt, möge es ein Wiedersehen und Beute geben. Er baute das Grabmal und rief Allāt an gegen einen jeden, der es zerstören würde.

Inschrift HaNSB 307, übersetzt nach A. Al-Jallad, *An Outline of the Grammar of the Safaitic Inscriptions,* Leiden 2015, S. 248

Manche solcher Inschriften enthalten zusätzlich Text in griechischer Sprache und Schrift, worin die arabischen Namen in griechischen Buchstaben wiedergegeben sind. Außerdem ist eine Inschrift bekannt, in der ein kurzer arabischer Text nur in griechischen Buchstaben geschrieben ist. Solche Funde sind überaus wertvoll, da in der griechischen Schrift auch die Vokale mitgeschrieben werden und man daraus erschließen kann, wie das Arabische zu jener Zeit ausgesprochen wurde.

Die frühnordarabischen Graffiti sind ansonsten oft schwer zu deuten, da die verwendete Schrift nur Konsonanten wiedergibt und zudem oft undeutlich geschrieben oder schlecht erhalten ist. Sie sind dennoch eine einzigartige Quelle für die Sprache und die Lebenswelt der arabischen Stämme in vorislamischer Zeit. Unklar ist, welchem Zweck sie eigentlich gedient haben. Die formelhafte Sprache könnte auf einen rituellen Zusammenhang hindeuten, doch vielleicht wurde auch hauptsächlich zum Zeitvertreib geschrieben.

Die erste Inschrift, deren Sprache ein direkter Vorläufer des klassischen Arabisch ist, stammt aus dem Jahr 100 v. Chr. und wurde in Qáryat al-Fāu im Südwesten der arabischen Halbinsel gefunden. Ihre Sprachform nennt man *Altarabisch,* womit genauso wie beim Frühnordarabischen eine Gruppe von mehreren Dialekten gemeint ist. Weitere altarabische Inschriften stammen aus der Zeit zwischen ca. 300 und 512 n. Chr. und wurden im nördlichen Teil der arabischen Halbinsel und im Gebiet der syrischen Wüste, dem Gebiet der Nabatäer, gefunden. Ihre Gesamtzahl ist mit rund 20 äußerst gering, ein Befund, der noch nicht zufriedenstellend erklärt werden kann. Denn auch wenn die Kultur der Araber bis in die islamische Zeit hinein sicher ganz überwiegend von Mündlichkeit geprägt war, muss man davon ausgehen, dass in einem gewissen Umfang auch geschrieben wurde, etwa Verträge, Briefe oder geschäftliche Dokumente. Es ist möglich, dass dafür meist andere Sprachen gebraucht wurden, vermutlich Griechisch oder Aramäisch. Doch darauf, dass es auch eine längere Schreibpraxis in arabischer Sprache gegeben haben muss, deuten u. a. die frühislamischen Papyrusdokumente hin: Sie belegen sowohl eine bereits ausgeformte Schrift als auch schriftsprachliche Konventionen, die sich über einen längeren Zeitraum entwickelt haben müssen. Entsprechende Zeugnisse aus vorislamischer Zeit scheinen aber sämtlich verschollen zu sein. Besonders fällt auf, dass keine einzige altarabische Inschrift in der Gegend von Mekka und Medina gefunden wurde, wo später der Koran aufgezeichnet wurde.

Zum Überblick: M. C. A Macdonald, „Reflections on the Linguistic Map of Pre-Islamic Arabia“, in: *Arabian Archeology and Epigraphy* 11 (2000), S. 28–79; P. Zemánek, *Vývoj arabštiny* [Geschichte der arabischen Sprache], Prag 2008 | **Zur Vertiefung**: M. Al-Sharkawi, „Arabic Language. Pre-Classical“, in: *Encylocpaedia of Islam,* THREE; M. C. A Macdonald, „Old Arabic (Epigraphic)“, in: *Encyclopedia of Arabic Language and Linguistics,* Bd. 3, S. 464–478; A. Al-Jallad, „The Earliest Stages of Arabic and its Linguistic Classification“, in: *The Routledge Handbook of Arabic Linguistics,* S. 315–331 | **Einzelthemen**: R. Hoyland, „Epigraphy and the Linguistic Background to the Qur'ān“, in: *The Qur'ān in its Historical Context,* hrsg. v. G. S. Reynolds, London 2008, S. 51–69.

1.2 Der reine Konsonantentext des Korans

Die genaue Datierung des Korans ist ein umstrittenes Thema. Schließt man sich der von vielen deutschen Forschern vertretenen frühen Datierung an, kann man davon ausgehen, dass ein guter Teil des Textes bereits in der ersten Hälfte des 7. Jahrhunderts schriftlich aufgezeichnet war. Die ältesten Handschriften zeigen, dass der gesamte (Konsonanten-)Text spätestens um 690, vielleicht auch schon 20–30 Jahre früher, ungefähr in der Form vorlag, wie er heute in den modernen Ausgaben erscheint. Da er niedergeschrieben wurde, bevor es Gelehrte gab, die normierend eingriffen, vermittelt er uns ein authentisches Bild des Sprachgebrauchs und der Orthographie zur Zeit seiner Entstehung. Allerdings ist die dabei verwendete arabische Schrift noch unvollkommen: Viele Buchstaben sind mehrdeutig, und nur selten werden Vokale wiedergegeben, sodass man aus dem Schriftzug nicht alle Einzelheiten der Lesung ableiten kann.

Um die richtige Rezitation des Textes sicherzustellen, hat die muslimische Tradition verschiedene Lesetraditionen hervorgebracht, die fortan die Interpretation des Textes und auch die Analyse seiner Sprache bestimmt haben. Dabei ist zu bedenken, dass die Gelehrten, die die Zulässigkeit der verschiedenen Lesetraditionen beurteilten, bereits unter dem Einfluss der normierenden Grammatik standen und nur solche Lesungen zuließen, die mit den bereits etablierten Regeln in Einklang standen. In einigen Punkten wurde der Text dabei anders gelesen, als er zur Zeit seiner Entstehung wahrscheinlich gelautet hat. So ist der feste Stimmabsatz (*glottal stop*, arabisch: *hamza*), wenn er in der Mitte oder am Ende eines Wortes vorkommt, im Korantext nicht bezeichnet, weil er ursprünglich nicht realisiert wurde. Erst in der späteren Lesetradition wurde er zunächst mündlich und dann in Form von Zusatzzeichen dort ergänzt, wo er nach den Grammatikregeln zu stehen hat. Ferner gibt es Indizien dafür, dass das ursprüngliche Arabisch des Korans neben den standardmäßigen Langvokalen *ū*, *ā* und *ī* in bestimmten grammatischen Positionen auch noch ein *ē* und ein *ō* besaß. Und schließlich deutet der reine Konsonantentext darauf hin, dass die Kasusflexion ursprünglich in geringerem Grad realisiert wurde, als es die späteren Lesetraditionen bezeugen.

Einzelthemen: M. v. Putten, „Inferring the Phonetics of Quranic Arabic from the Quranic Consonantal Text", in: *International Journal of Arabic Linguistics*, vol. 5, no. 1 (2019), S. 1–19; M. v. Putten / Ph. W. Stokes, „Case in the Qurʾānic Consonantal Text", in: *Wiener Zeitschrift für die Kunde des Morgenlandes* 108 (2018), S. 143–179.

1.3 Papyrusdokumente aus dem ersten islamischen Jahrhundert

Papyri sind originale Schriftstücke, die so erhalten sind, wie sie ursprünglich aufgeschrieben wurden. Sie enthalten geschäftliche und private Korrespondenz, Verträge, Rechnungen und andere Gebrauchstexte. Aus vorislamischer Zeit sind Papyri in arabischer Sprache nicht bekannt, doch setzen sie gleich zu Beginn der muslimischen Expansion ein. Das älteste datierte Dokument stammt aus dem Jahr 22 der islamischen Zeitrechnung (= 654 n. Chr.) und ist eine Quittung über die Requirierung von Schafen für die muslimischen Truppen in Herakleopolis (arabisch: Ahnās) in Unterägypten. Es ist in arabischer und griechischer Sprache verfasst.

Die Papyri fallen bereits in die Epoche des Islams, sind aber wie der Konsonantentext des Korans noch nicht von den strengen Richtlinien der Grammatiker beeinflusst, die erst rund 100 Jahre später feststanden. Damit vermitteln sie uns ein authentisches Bild vom Stand der arabischen Korrespondenz- und Verwaltungssprache in frühislamischer Zeit. Und auch nachdem die klassische Sprachnorm festgelegt war, haben sich die Sekretäre im geschäftlichen und administrativen Bereich nicht streng nach ihr gerichtet, sondern offenbar eine eigene Schreibtradition weitergeführt, sodass die Sprache der Papyri auch Jahrhunderte später nicht völlig den offiziellen Regeln entsprach. Sie enthielt von Anfang an auch Elemente, die nach den Regeln der Grammatiker unzulässig sind, und sie zeigt, dass zu Beginn der islamischen Zeit die schriftliche

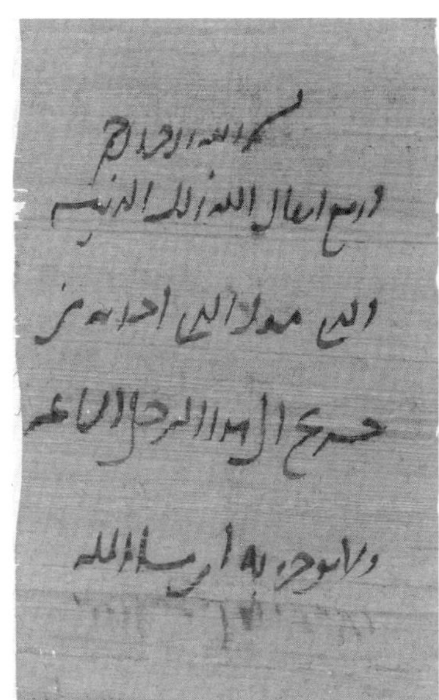

Abb. 18: Papyrus aus Ägypten, 9. Jh. „Im Namen Gottes, des barmherzigen Erbarmers. Gib – Gott erhalte dich – diesen Dinar, den du hast und den du von Ḫarīǧ genommen hast, diesem Manne umgehend zurück und halte ihn damit nicht hin – so Gott will!"

Gebrauchssprache nicht die altertümliche Dichtersprache war, auf der das klassische Arabisch basiert, sondern eine Variante, die sich in Richtung der heutigen Dialekte bewegte. Folgendes sind einige ihrer Merkmale:

- Der *glottal stop* in der Wortmitte und am Wortende wird nicht bezeichnet, da er schon geschwunden war (wie im Konsonantentext des Korans).
- Das Kasussystem war in Auflösung begriffen, daher wird beim maskulinen Plural oft durchgehend die Genitiv-/Akkusativform (*-īna*) gebraucht, auch wo eigentlich der Nominativ (*-ūna*) erforderlich wäre (Spuren hiervon auch im Koran: Q 2,177 und Q 4,162). Bei *'abū* … ‚Vater von …' wird dagegen oft durchgehend die Nominativform gebraucht, auch wenn ein Genitiv (*'abī*) oder Akkusativ (*'abā*) erforderlich wäre.
- Die Modusunterscheidung bei der Imperfektform der Verben wurde aufgegeben. Man findet daher z. B. *lam arā-hu* ‚ich habe ihn nicht gesehen' statt klassisch-arabisch *lam 'ára-hū*.

– Als Relativpronomen dient oft unveränderliches *allaḏī* oder *illī* anstatt des klassisch-arabischen *allaḏī*, das je nach Satzkontext konjugiert werden muss.

Ein besonders wertvolles Zeugnis ist eine Übersetzung des biblischen Psalms 73 aus dem 8. Jahrhundert. Sie enthält neben dem arabischen Text auch eine Umschrift des Arabischen in griechischen Buchstaben, die uns insbesondere zeigt, wie die kurzen Vokale gelautet haben, die ansonsten in der arabischen Schrift nicht festgehalten sind. Man sieht hier, dass die Kasus- und Modusendungen bis auf wenige Ausnahmen bereits nicht mehr realisiert wurden.

Man bezeichnet diese Sprachform als *Mittelarabisch*. Sie ist seit frühester islamischer Zeit nachweisbar und wahrscheinlich ein unmittelbarer historischer Nachfolger des Altarabischen. Auch während der Blütezeit des klassischen Arabisch wurde parallel zur normgerechten Sprache weiterhin in bestimmten Zusammenhängen (v. a. in der Korrespondenz und unter nichtmuslimischen Gelehrten) Mittelarabisch geschrieben. Wie weit sich dieses vom klassischen Standard unterscheidet, ist je nach Textsorte, Anlass und Autor sehr verschieden.

Zum Überblick: G. Khan, „Middle Arabic", in: *The Semitic Languages. An International Handbook,* hrsg. v. S. Weninger, Berlin 2011, S. 817–835; S. Hopkins, *Studies in the Grammar of Early Arabic,* Jerusalem 1984; J. Blau, *A Handbook of Early Middle Arabic,* Jerusalem 2002 | **Texte**: P. M. Sijpensteijn, *Shaping a Muslim State. The World of a Mid-Eighth-Century Egyptian Official,* Oxford 2013.

1.4 Die vorislamische Dichtung

Völlig anderer Art ist diese Quelle. Die Dichtkunst spielte in der Stammesgesellschaft der Araber bis in die Epoche unmittelbar vor dem Islam eine große Rolle. Neben der reinen Unterhaltung war es eine ihrer Funktionen, den Stamm zu repräsentieren und die kollektive Identität zu stärken. Die muslimischen Gelehrten sahen in der vorislamischen Dichtung die unverfälschte, reine arabische

Sprache bewahrt. Sie nutzten daher Gedichte und Heldenerzählungen aus vorislamischer Zeit als Hauptquellen für ihre Grammatik.

Allerdings wurden diese Texte ursprünglich nur mündlich überliefert und erst ab der Mitte des 8. Jahrhunderts von den Sprachgelehrten schriftlich fixiert. So ist die gesamte vorislamische Gedichtüberlieferung, die wir kennen, durch die Schreibrohre der Gelehrten gegangen. Dabei sind in Wortschatz und Satzbau durchaus Altertümlichkeiten erhalten geblieben. Da aber die Gelehrten bereits von dem grammatischen System geprägt waren, zu dessen Bestätigung die gesammelten Belege dienen sollten, kann man annehmen, dass bei der Verschriftung ein Teil der grammatischen Vielfalt, die in den Texten ursprünglich vorhanden war, der Normierung unterlegen war. Sie zeichneten die Sprache so auf, wie sie ihnen zu ihrer Zeit und mit der sich bereits herausbildenden Norm im Hintergrund richtig erschien. Wir kommen jedoch an diesen Sammlungen nicht vorbei und haben keine Möglichkeit, uns ein Bild vom tatsächlichen Zustand der vorislamischen Dichtersprache zu machen.

2 Der Koran

Im gleichen Sprachtyp wie die altarabische Dichtung ist der Koran verfasst, wenn er davon in Stil und Form auch wesentlich abweicht. Er ist der älteste schriftlich überlieferte arabische Text von bedeutender Länge, oder einfach gesagt: Er ist das erste arabische Buch. Daher ist er eine unserer Hauptquellen für die früheste Phase des klassischen Arabisch.

2.1 Eine Hoch- und Dichtersprache?

Die Grammatiker gingen, wie oben erwähnt, davon aus, dass der Koran im reinstmöglichen Arabisch verfasst ist, welches ihrer Meinung nach in der Zeit vor dem Islam so auch von einigen Stämmen im Alltag gesprochen worden sei. Westliche Forscher sind dagegen überwiegend der Ansicht, dass sich bereits in vorislamischer Zeit eine eigene Sprachform für Dichtung, Kulthandlungen und feierliche Anlässe herausgebildet hatte, eine Hoch- und Dichtersprache, die Dialektunterschiede ausglich und sich von der Alltagssprache aller Stämme abhob. Sie zeichnete sich durch besondere Altertümlichkeit in der Grammatik aus, u. a. im Gebrauch der Kasus- und Modusendungen, die in der Alltagssprache – je nach Dialekt in verschiedenem Ausmaß – bereits im Rückgang begriffen waren. Da unmittelbare Aufzeichnungen aus dieser Zeit spärlich sind, ist es nicht mehr möglich, letzte Klarheit über die arabische Sprachlandschaft unmittelbar vor dem Islam zu erlangen. Gerade in der Zeit, als sich das Arabische als Schriftsprache etablierte, befand es sich in einer Phase des Umbruchs. Altertümliche Merkmale waren auf dem Rückzug, progressive setzten sich durch. Dadurch, dass die Grammatiker die altertümliche Dichtersprache als Ideal festhielten, wurde die natürliche Sprachentwicklung aufgehalten und ein Teil der bereits im Schwinden begriffenen konservativen Merkmale bewahrt, allen voran das System der Kasus- und Modusendungen. In anderen Bereichen setzte sich der Wandel noch in der Schriftsprache fort. Dies ist vor allem am Übergang des Verbsystems von einem ursprünglichen Aspektsystem zu einem fast ausschließlichen Tempussystem zu sehen.

Ein Indiz dafür, dass sich die Alltagssprache zu der Zeit, als der Koran verschriftet wurde, von der Hochsprache unterschied, gibt uns die Orthographie des Arabischen, wie wir sie in Inschriften, Papyri und nicht zuletzt im Koran vorfinden: Ausgerechnet eines der charakteristischsten Merkmale der Hochsprache, die Markierung der indefiniten Nomina mit *-n* (Nunation), ist hier nämlich nicht wiedergegeben. So sieht man beispielsweise im Schriftzug des Korans قران عربى *<qrʾn ʿrby>* ‚ein arabischer Koran', spricht aber nach den Regeln des klassischen Arabisch ***qurʾānun ʿarabiyyun***. Das Fehlen des *-n* in der graphischen Wiedergabe könnte darauf hindeuten, dass diese Endung in der Sprachform, aus der heraus sich die Schrift entwickelt hatte, nicht mehr vorhanden war. Dafür ist folgende Erklärung möglich: Die arabische

Schrift hatte sich über einen längeren Zeitraum in vorislamischer Zeit herausgebildet. Man nutzte sie, um Gebrauchstexte wie Geschäftsdokumente und Inschriften aufzuschreiben, aber keinesfalls für literarische und kultische Texte, denn diese wurden nur mündlich überliefert. Die Sprache der Gebrauchstexte muss progressiver gewesen sein als die Dichtersprache und hatte die *n*-Endung bereits aufgegeben. Daher ist diese in den Inschriften (und dementsprechend im Konsonantentext des Korans) nicht wiedergegeben. Wäre sie noch vorhanden gewesen, hätte man sie sicher mitgeschrieben. Dies ist im Sabäischen gut zu sehen, wo in den meisten Dialekten eine entsprechende *m*-Endung noch regelmäßig in der Schrift erscheint, in einigen Dialekten aber im Schwinden begriffen ist.

In der mündlich gepflegten Dichtersprache wurde dagegen ein älterer Sprachstand bewahrt, der sich u. a. durch den Gebrauch von Kasusendengen und *n*-Endung auszeichnete. Als man nun erstmals vor der Aufgabe stand, einen Text in der Dichtersprache aufzuschreiben, nämlich den Koran, bediente man sich der bereits etablierten Orthographie aus der Gebrauchssprache und ergänzte die fehlenden Endungen im Geiste beim Lesen. Eine andere Erklärung für die Differenzen zwischen Schreibung und Aussprache des Korantexts wäre, dass in der ursprünglichen Sprache des Korans die *n*-Endungen gar nicht mehr vorhanden waren. Sie müssten dann von der späteren Lesetradition nach dem Vorbild der Dichtersprache ergänzt worden sein. Bei dieser These geht man davon aus, dass der Konsonantentext des Korans die Sprache so wiedergibt, wie sie tatsächlich gesprochen wurde. Am weitesten ging dabei Karl Vollers, der in seinem Buch *Volkssprache und Schriftsprache im alten Arabien* (1906) annimmt, dass der Koran ursprünglich im Dialekt des Ḥiǧāz formuliert gewesen sei, der weder über Kasusendungen noch über *n*-Endungen verfügt habe. Später hätten ihn die Grammatiker in dem Bestreben, eine einheitliche Hochsprache festzulegen, bewusst überarbeitet.

Das Rätsel ist nicht mit letzter Sicherheit zu lösen. Die Vollerssche These wurde mehrfach zurückgewiesen, und man geht heute allgemein davon aus, dass der Koran von Anfang an in einer Hoch-

und Dichtersprache verfasst war. Diese wich aber mit Sicherheit in einigen Punkten von der erst später definierten Fuṣḥā ab. Es ist daher in jedem Fall nötig, den reinen Konsonantentext des Korans ernst zu nehmen und sich bewusst zu machen, dass die heute überlieferte Lesetradition zu einem gewissen Grad späterer Normierung unterlag.

Zum Überblick: J. Retsö, „Arabs and Arabic in the Age of the Prophet", in: *The Qurʾān in Context,* hrsg. v. A. Neuwirth u. a., Leiden 2009, S. 281–292; K. Versteegh, „Poetic Koine", in: *Encyclopedia of Arabic Language and Linguistics,* Bd. 3, S. 644–647 | **Einzelthemen**: R. Voigt, „Zur Nominal- und Verbalnasalierung im Semitischen", in: *Wiener Zeitschrift für die Kunde des Morgenlandes* 87 (1997), S. 207–230.

2.2 Bedeutung, Stil und Charakter des Korans

Die Bedeutung des Korans für die muslimische Religion und Kultur kann man nicht überschätzen. Sie unterscheidet sich erheblich von der Rolle der Bibel in Judentum und Christentum. Bei aller Wertschätzung, die diese dort erfahren kann, herrscht schon bei den antiken Gelehrten darüber Einigkeit, dass darin die göttliche Botschaft in menschlicher Form vermittelt wird. So gilt in der jüdischen und altkirchlichen Tradition der Prophet Mose, und nicht Gott, als Verfasser der Tora. Der Koran ist dagegen nach muslimischem Verständnis Gottes wörtliche Rede. Er lag seit Urzeiten als „Mutter der Schrift" (*ʾumm al-kitāb*) bei Gott vor, der sie, als die Zeit dafür reif war, dem Propheten Muḥammad abschnittweise wörtlich übermitteln ließ. Der Prophet gilt als Verkünder des Korans, aber nicht als dessen Urheber. Gleich einer Brücke zwischen zwei Dimensionen treffen in den Worten des Korans göttlicher und menschlicher Bereich zusammen. Gott lässt sich hier unmittelbar begegnen, näher kann man ihm kaum kommen. Die arabische Sprache ist dadurch mit einer Heiligkeit aufgeladen, die bis heute dem Bewusstsein der meisten Araber fest eingeprägt ist.

Eine objektive Beschreibung des Stils der Koransprache ist eine delikate Angelegenheit. Die Islamwissenschaftler früherer Zeiten hielten mit ihrer Meinung nicht hinter dem Berg, wenn sie sich etwa über „die schauerliche Öde weiter Strecken des heiligen Buches" mokierten (F. Schwally, *Geschichte des Qorāns*, Bd. 2, Leipzig 1919, S. 219). Der Koran ist in der Tat sprachlich und inhaltlich nicht leicht zugänglich. Obwohl der Text meist nicht sehr komplex gebaut ist, ist er oft schwer zu deuten, weil beispielsweise die Bedeutung von Wörtern unklar ist oder grammatische Bezüge nicht eindeutig sind. Die muslimische Tradition hat eine Vielzahl von Kommentaren hervorgebracht, die schwierige Stellen besprechen und Erklärungen anbieten. Diese vermitteln uns einen Eindruck davon, wie der vorhandene Text ausgelegt und rezipiert wurde, geben aber gerade bei zweifelhaften Stellen keine sicheren Informationen darüber, wie er in seinem ursprünglichen historischen Kontext gemeint war.

Der Stoff des Korans ist nur zu einem geringen Teil thematisch geordnet. Stilistisch fallen die vielen Wiederholungen und die oft emphatische Ausdrucksweise auf. Dies lässt sich aus seiner Entstehungssituation erklären: Der Text wurde zunächst in kleineren Portionen mündlich vorgetragen und hatte besonders in der frühen Phase zum Ziel, den Menschen ihre Verderbnis vor Augen zu führen und sie zur Gottesfurcht zu rufen, daher ist der mahnende Charakter fast durchgehend präsent.

Formal handelt es sich bei der Sprache des Korans um Reimprosa (*sağʿ*), bei der sich die Enden der Verse reimen, aber der Text keinem Versmaß folgt. Diese Form gebrauchten auch die vorislamischen Weissager.

Große Unterschiede bestehen zwischen den frühen und den späteren Suren: In der ersten Phase der Verkündigung war die Rede eindringlich und rhythmisch, die Verse waren kurz, und der Endreim fiel stark ins Gewicht. Später wurde der Stil ausladender und prosamäßiger und die Verse länger. Die Thematik verschob sich von energischen Aufrufen zur Bekehrung und Visionen von Weltende und Gericht hin zu längeren Erörterungen und gesetzartigen Passagen, in denen sich die Herausbildung der frühen Gemeinde widerspiegelt.

Die Fātiḥa

Der Koran beginnt mit der Sure *al-fātiḥa* ‚Die Eröffnung'. Sie hat kein Versmaß, aber einen einprägsamen Rhythmus, der hier zur Verdeutlichung mit (´) gekennzeichnet ist:

1 *bi-smi l-lā́hi r-raḥmā́ni r-raḥī́m*
2 *al-ḥámdu li-llā́hi rábbi l-ʿā́lamī́n*
3 *ar-raḥmā́ni r-raḥī́m*
4 *mā́liki yaúmi d-dī́n*
5 *ʾiyyā́ka náʿbudu wa-ʾiyyā́ka nastaʿī́n*
6 *ʾihdínā ṣ-ṣirā́ṭa l-mustaqī́m*
7 *ṣirā́ṭa l-lad̲ī́na ʾanʿámta ʿalaíhim*
ġaíri l-maġḍū́bi ʿalaíhim
wa-lā ḍ-ḍā́llī́n

1 Im Namen Gottes, des barmherzigen Erbarmers.
2 Lobpreis sei Gott, dem Herrn der Weltbewohner,
3 dem barmherzigen Erbarmer,
4 dem Herrscher am Tag des Gerichts!
5 Dir dienen wir, dich rufen wir um Hilfe an.
6 Leite uns den rechten Weg,
7 den Weg derer, denen du gnädig bist,
nicht derer, denen gezürnt wird,
noch derer, welche irregehn! (Übersetzung nach Bobzin)

In jedem rituellen Gebet (*ṣalāt*), das für Muslime täglich fünfmal vorgeschrieben ist, wird die *fātiḥa* rezitiert. Sie ist damit in ihrer Bedeutung für die religiöse Praxis, z. T. aber auch im Aufbau, mit dem christlichen Vaterunser vergleichbar. Die Metapher der beiden „Wege" hat darüber hinaus eine interessante Parallele in Psalm 1, der seinerseits den Psalter eröffnet: „Selig der Mensch, der nicht dem Rat der Frevler folgt, der nicht betritt den Weg der Sünder, der vielmehr seine Lust hat an der Weisung des HERRN."

Von einem muslimischen Standpunkt aus verbietet sich freilich alle Kritik an Sprache, Stil und Inhalt des Korans. Eventuelle Verständnisschwierigkeiten können hier nur auf die Unzulänglichkeit des Menschen zurückgehen, nicht auf Mängel im Text, der ja göttliches Wort ist. Die Gelehrten des 10. Jahrhunderts entwickelten aus dieser Grundannahme das Dogma der Wunderhaftigkeit und Unnachahmbarkeit (*ʾiʿǧāz*) des Korans. Gerade die besondere sprachliche Form einschließlich ihrer scheinbaren Unklarheiten deuteten sie als Beweis seiner göttlichen Autorität. Wenn Muslime heute die Sprache des Korans als einzigartig und unübertrefflich an Schönheit und Kraft empfinden, so lässt sich dies kaum an objektiven Parametern messen. Der Koran ist als Gottes Wort vielmehr *per definitionem* gut und schön. In ihm ist der Höhepunkt aller göttlichen Offenbarung erreicht, die sich in der bestmöglichen aller sprachlichen Gestalten präsentiert.

Zum Überblick: N. Sinai, *Der Koran. Eine Einführung,* Stuttgart 2017; H. Bobzin, *Der Koran. Eine Einführung,* 9. Aufl., München 2015; F. Déroche, *Le Coran,* 6. Aufl., Paris 2019 | **Handbücher**: *The Cambridge Companion to the Qurʾān,* hrsg. v. J. Dammen McAuliffe, Cambridge 2006; *Le Coran des historiens. Études sur le contexte et la genèse du Coran,* hrsg. v. M. A. Amir-Moezzi und G. Dye, 3 Bde., Paris 2019; *Oxford Handbook of Qurʾānic Studies,* hrsg. v. M. Shah und M. Abdel Haleem, Oxford 2020; *Encyclopaedia of the Qurʾān,* hrsg. v. J. Dammen McAuliffe, Leiden 2001–2006 | **Lehrbücher und Hilfsmittel**: K. Amirpur / P. Köppel / F. Jäckel, *Lehrbuch Koranarabisch,* Münster 2021; *Der Koran,* neu übertragen von H. Bobzin, 2. Aufl., München 2017; R. Paret, *Der Koran. Kommentar und Konkordanz,* 2. Aufl., Stuttgart 1978 | **Einzelthemen**: F. Weigelt, „Textgeschichte des Korans“, in: *Saeculum,* vol. 72, no. 1 (2022); R. Brunner, *Mohammed. Wissen, was stimmt,* Freiburg 2011.

3 Auf dem Weg zur Weltsprache

Nachdem der Koran verkündet war und sich das vom Propheten begründete Gemeinwesen etabliert hatte, begann sich das muslimische Herrschaftsgebiet rasch auszuweiten. Bereits um 750 erstreckte es sich von Andalusien über Nordafrika, die arabische Halbinsel und Mesopotamien bis in den Iran und nach Vorderindien. So wurde die Bevölkerung des islamischen Reiches, deren Kern zunächst aus Arabern bestanden hatte, um ein Vielfaches an Nichtarabern erweitert. Es gab jedoch in dieser Periode noch keinen Zweifel daran, dass die Herrschaft über den im Aufbau befindlichen Staat ausschließlich in der Hand der arabischen Eroberer liegen sollte. Doch erhielten auch Nichtaraber die Möglichkeit, sich in das neue Gemeinwesen einzubringen. Anders wäre es gar nicht möglich gewesen, in den eroberten Gebieten das gesellschaftliche und wirtschaftliche Leben aufrechtzuerhalten. Hierzu mussten die Unterworfenen den Islam annehmen und sich als „Schutzbefohlene“ (*al-maúlā*, pl. *al-mawālī*) einem arabischen Patron unterordnen. So wurden sie formell in die immer noch nach dem Stammessystem aufgebaute arabische Gesellschaft eingegliedert. Während die politische Macht zunächst weiter bei den Arabern lag, gewannen die Schutzbefohlenen in fast allen anderen Bereichen rasch an Bedeutung. Schon von den frühesten bedeutenden Gelehrten waren viele nichtarabischer Abstammung, unter ihnen der berühmte Verfasser der Prophetenbiographie Ibn Isḥāq, der erste bekannte Korankommentator Muqātil ibn Sulaimān und der Religionsgelehrte Abū Ḥanīfa (alle drei starben um 769).

Ein wichtiges Mittel zur Integration des entstehenden Großreiches war die arabische Sprache. Die Eroberer hatten in den eingenommenen Gebieten verschiedene Sprachen vorgefunden, von denen einige auf bedeutende Traditionen zurückblicken konnten, darunter Griechisch, Syrisch-Aramäisch, Mittelpersisch und Koptisch. Wie lange sich diese als Volkssprachen jeweils gegenüber dem Arabischen behaupten konnten, lässt sich schwer rekonstruieren. Der Wechsel der Verwaltungssprache hin zum Arabischen ist dagegen aus Papyrusdokumenten und Münzen nachzuvollziehen. Ein entscheidender Schritt auf diesem Weg war die Verwaltungsreform unter dem Kalifen ʿAbd al-Málik (reg. 685–705). Nachdem die Eroberer zunächst die lokalen Behörden in ihren Landessprachen hatten weiterarbeiten lassen, sodass etwa in Ägypten die Steuerakten auf Griechisch und im Iran auf Mittelpersisch geführt wurden, stellte ʿAbd al-Málik ab etwa 690 das System im gesamten Reich auf die arabische Sprache um. Ein anschauliches Beispiel für diesen Vorgang sind die zeitgenössischen Münzen: Zunächst hatte man vorhandene Prägungen mit ihren regional

Abb. 19: Umayyadische Goldmünze (*dīnār*) vor 693

Abb. 20: Dīnār nach der Münzreform des ʿAbd al-Malik, 697–698

Die Münzen illustrieren die schrittweise Einrichtung einer arabisch-muslimischen Verwaltung: Die erste Münze knüpft an frühere Gestaltungsmuster an. Sie zeigt einen byzantinischen Kaiser mit zwei Söhnen. Die Kreuze, die sich ursprünglich auf den Kronen befanden, sind weggelassen, die in den Händen durch Kugeln ersetzt. Der auf der Rückseite abgebildete Stab mit Kugel ist auf byzantinischen Münzen ein Kreuz. Die Inschrift lautet: „Im Namen Gottes. Es gibt keinen Gott außer Gott allein. Muḥammad ist Gottes Gesandter." Auf der zweiten Münze sind die byzantinischen Symbole durch Koranverse ersetzt, darunter Sure 112 (*al-ʾiḫlāṣ* ‚Die reine Gottesverehrung'), Vers 1–3: „Gott ist Einer, ein ewig Reiner, hat nicht gezeugt und ihn gezeugt hat keiner, und nicht ihm gleich ist einer".

verschiedenen Währungseinheiten und einschließlich des jeweils typischen Bildprogramms übernommen. Sie wurden lediglich oberflächlich islamisiert, indem man eine religiöse Floskel oder einen Koranvers hinzusetzte. Mit der Verwaltungsreform wurden diese durch reichsweit einheitliche Münzen ersetzt, die statt mit Bildern ausschließlich mit muslimisch-arabischen Inschriften geschmückt waren.

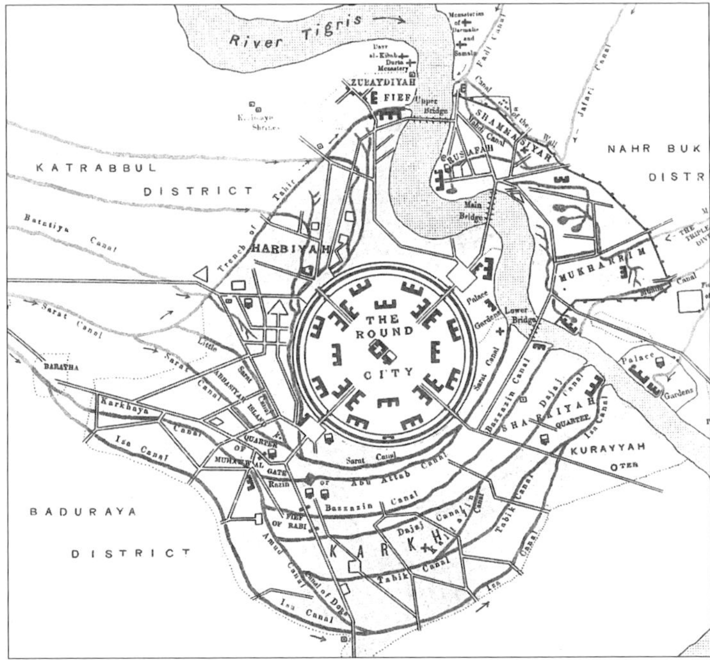

Abb. 21: Rekonstruktion Bagdad ca. 770–920. Das im Jahr 145 der muslimischen Zeitrechnung (762 n. Chr.) von al-Manṣūr gegründete Baġdād (offizieller Name: Madīnat as-Salām ‚Stadt des Friedens') wurde gemäß dem Bericht des Historikers Ṭabarī (839–923) kreisrund angelegt. Jedoch gibt es aus dieser Zeit fast keine archäologischen Spuren, da die Stadt mehrfach stark zerstört wurde. Die Karte basiert auf Ṭabarīs Bericht.

Die Umstellung der Verwaltung bescherte der arabischen Sprache einen erheblichen Zuwachs an Bedeutung. Wer von nun an im öffentlichen Bereich tätig sein wollte, musste zunächst die Sprache beherrschen. Die Schreiber (*kātib*, pl. *kuttāb*), die an den verschiedenen staatlichen Stellen tätig waren, hatten großen Einfluss auf die Sprachentwicklung, denn ihnen kam die Aufgabe zu, für sämtliche Kommunikationsanlässe, die zuvor auf Persisch oder Griechisch abgewickelt worden waren, die passende arabische Form zu finden. Ihre wichtige Position machte sie im Staat zu einer neuen Elite. Einer der bekanntesten Vertreter dieser Zunft war der gebürtige Perser Ibn al-Muqáffaʿ (gest. 759). Er war nicht nur Verwaltungsbeamter, sondern hat auch die bekannte Fabelsammlung *Kalīla und Dímna* aus dem Persischen ins Arabische übersetzt, das früheste Werk arabischer schöngeistiger Prosaliteratur.

Im Jahr 750 übernimmt die Dynastie der Abbasiden die Macht. Das Zentrum des Reiches verschiebt sich von Damaskus, von wo aus rund 100 Jahre regiert worden war, nach Osten: 762 gründet der Kalif al-Manṣūr (reg. 754–775) die neue Hauptstadt Bagdad. Die Verlagerung des Zentrums steht symbolhaft für die folgende Entwicklung des muslimischen Großreiches. Dieses bekommt nun ein multiethnisches Gepräge: Das Patronats-System wird aufgehoben, Nichtaraber stehen gleichberechtigt neben den Arabern und übernehmen in noch stärkerem Grad als zuvor führende Rollen im kulturellen, wissenschaftlichen, religiösen und politischen Leben. Einen besonders großen Beitrag leisten – wohl meist zum Islam übergetretene – Perser, die auch iranisches, indisches und hellenistisches Wissensgut einbringen. Es beginnt nun eine einzigartige Blütezeit der arabischen Sprache und Kultur.

Zum Überblick: *The New Cambridge History of Islam*, Bd. 1: *The Formation of the Islamic World*, hrsg. v. Ch. F. Robinson, Cambridge 2010; P. Franke, *Bamberger Einführung in die Geschichte des Islams (BEGI)* <https://de.wikiversity.org/wiki/Bamberger_Einführung_in_die_Geschichte_des_Islams_(BEGI)>.

4 Das klassisch-arabische Schrifttum

Unzählige Werke zeugen von der Originalität der Dichter und Gelehrten in den ersten Jahrhunderten des Islams. In der *Geschichte des arabischen Schrifttums* von Fuat Sezgin nimmt die Auflistung und Beschreibung aller bekannten Werke von etwa 750 bis 1050 ganze 17 Bände ein. Bemerkenswert ist die Geschwindigkeit, mit der sich das Arabische in dieser Zeit entwickelt hat – von einer fast ausschließlich mündlichen Stammessprache im 7. Jahrhundert zur Verwaltungs- und Kultursprache eines Weltreiches gut 100 Jahre später. Nicht nur Dichtung und Unterhaltungsliteratur blühten auf, sondern auch Wissenschaft und Religionsgelehrsamkeit.

4.1 Dichtung und schöngeistige Prosa

Die herausragende Bedeutung der Dichtkunst für die Araber der vorislamischen Epoche wurde bereits angesprochen. Diese Tradition hat man in der islamischen Zeit fortgeführt und weiterentwickelt. Bereits das erste Jahrhundert hat darin zu großen Leistungen geführt. Man behielt die alten Formen während der Herrschaft der Umayyaden (661–750) zunächst bei und ließ sich durch Entwicklungen, die sowohl die Gesellschaft als auch die arabische Sprache nun durchmachten, zu großen schöpferischen Leistungen beflügeln.

Eine neue Epoche bricht mit dem Beginn der Abbasidenherrschaft 750 an. Sie bringt sowohl die bewusste Reflexion über die Dichtkunst als auch neue dichterische Formen mit sich. Zum einen sammelte und verschriftete man nun die vor- und frühislamische Poesie, die bis dahin nur mündlich weitergegeben worden war. Die alten Gedichte waren ganz von der Lebens- und Gefühlswelt des beduinischen Milieus bestimmt, das die Araber der vorislamischen Zeit zu einem großen Teil bestimmte. Als aber die Texte gesammelt wurden, ab etwa 800, hatten sich die gesellschaftlichen Verhältnisse bereits grundlegend geändert: Die Menschen, die die Gedichtsammlungen zusammentrugen bzw. diese lasen, waren gebildete Städter. Sie standen dem Beduinenleben fern, begannen es aber als die urtümliche Lebensart der wahren Araber zu idealisieren. Die Sammlung der altarabischen Dichtung diente damit zweierlei Zweck: Sie festigte das kulturelle Fundament der sich formierenden arabisch-islamischen Gesellschaft und hielt zugleich die echte, unverfälschte arabische Sprache fest, deren Reinheit zu bewahren religiöse Pflicht war.

Die prominenteste Gattung altarabischer Dichtung ist die Qaṣīde, eine lange epische Form, in der nach festen Konventionen und unter Verwendung stets wiederkehrender Motive eine bestimmte Abfolge von Themen behandelt wird. Liebesklage, Kamelbeschreibungen, Eigenlob und das Lob vortrefflicher Persönlichkeiten nehmen darin den größten Raum ein. Immer ist auch ein Abschnitt enthalten, in dem der Dichter seinem Schmerz über die Trennung von seiner Geliebten Ausdruck gibt. Dabei wird regelmäßig die Trauer geschildert, die beim Anblick eines verlassenen Lagerplatzes aufsteigt, welcher Erinnerungen an glückliche Stunden weckt. So im Anfangsteil der folgenden Qaṣīde des vorislamischen Dichters Nābiġa (gest. nach 602):

Ich suchte nach der Erinnerung Zeichen von ihr und erkannte sie
nach sechs Jahren, und dies ist das siebte Jahr.
Aschenreste, wie Augenschwärze, mit Mühe unterscheide ich sie,
und ein Zeltgraben, wie ein Zisternengrund, flach,
mit eingefallenem Rand.
Es ist, als sei der Ort, an dem die Winde ihre Schleppe ziehen, mit
einer Matte bedeckt, welche die Mattenflechter verziert haben;
sie liegt auf einer Lederdecke mit neuen Riemen, darauf schreitet
inmitten des Parfümmarktes der Verkäufer hin und her.
Da versuchte ich meine Tränen zu bekämpfen und hielt sie zurück,
schon flossen sie über die Brust in Strömen in einzelnen Tropfen,
zu einer Zeit, da ich mein weißes Haar wegen der jugendlichen
Leidenschaft tadelte und sprach: „Bin ich denn noch nicht geheilt,
obwohl das Alter enthaltsam zu sein pflegt?“

Übersetzung von R. Jacobi, *Studien zur Poetik der altarabischen Qaṣīde*, Wiesbaden 1971, S. 24, 42, 164

Man kann an diesem durchaus typischen Beispiel, das in einer philologisch genauen Übersetzung wiedergegeben ist, erahnen, mit welchen Herausforderungen man es bei solchen Texten zu tun hat: Ungewohnte Ästhetik, eine fremdartige Bildsprache, durch Verszwang erschwerter Satzbau und viele seltene oder mehrdeutige Wörter machen den Zugang zu dieser Kunstform nicht leicht.

Bereits die Städter im islamisch-arabischen Großreich hatten das Bedürfnis, sich in anderen Formen, die weniger von altertümlichen Konventionen bestimmt waren und einem veränderten Geschmack Rechnung trugen, auszudrücken. Während daher einerseits noch die alten Gedichte gesammelt wurden, entwickelten sich andererseits bereits neue Formen und neue ästhetische Maßstäbe. Inhalt und Stil wandelten sich bedeutend, denn es lagen Welten zwischen den vorislamischen Wüstenarabern und der gebildeten, aus verschiedenen Ethnien zusammensetzten Stadtbevölkerung. Als kleine Geschmacksprobe aus der vielfältigen literarischen Produktion dieser Zeit seien aus dem Genre der Weindichtung einige Verse des Abū Nuwās (ca. 756–815) zitiert, diesmal in poetischer Übertragung:

O Suleiman, sing mir und bringe Wein,
Und tränke mich mit schnell bereiter Hand,
Siehst du denn nicht, des Morgens gold'nen Schein,
Der schon annaht in seinem Lichtgewand?
Die Flasche stelle du mir gleich herein,
Ergreif sie, fülle mir das Glas zum Rand;
Den Mueddin zum Beten lasse schrei'n,
Und gib zum Trost den Becher mir zur Hand.
Ich trinke offen Wein,
Mir deucht's nicht Schand,
Und heimlich treib ich ärg're Schelmerei'n.

Übersetzung von A. v. Kremer, *Diwân des Abû Nuwâs,* Wien 1855, S. 57

Viele solcher Übersetzungen haben uns die Dichterorientalisten des 19. Jahrhunderts hinterlassen. Wenn sie auch in ihrer Ästhetik ganz verschieden vom arabischen Original sind, geben sie doch lebendige Einblicke in das Schaffen der größten arabischen Dichter. Zu ihnen gehört auch al-Mutanábbī (ca. 915–965). Von ihm stammt das *Gedicht zum Lobe Abū l-Farağ ibn Ḥusains, des Richters,* das wie folgt beginnt:

Ist's Engel oder Weib, das hoch den Schleyer schlägt?
Gaselle? Nein – Gaselle Ohrgehäng' nicht trägt.
Sie muß sich wohl von mir und auf die Seite wenden,
Weil Schmuck den Hals beschwert, und Dicke ihre Lenden.
Ich bild' mir ein, wenn ich sie angekleidet seh,
Ich sehe Doppelzweig im Wuchs, im Blicke scheues Reh'.
Mehr wird mein Alter, mehr dadurch auch die Gebrechen,
Und meine Lieb' wird mehr aus Stärke meiner Schwächen.
Mein Blut vergießet sie durch Lieberaserey,
Durch Sehnsucht, welche ihrer Seele wohnet bey.
Sie zieht sich aus und saget Lebewohl dem Kleide;
Was braucht sie es, gehüllt in ihrer Haare Seide?
Granaten bot mir der Myrabolanenast,
Auf dem der Mond sich wiegt, von Hügeln eingefaßt.
Ist es Betrug, der mir verhieß Genuß und Liebe?
Denn nimmer naht sie sich, und meine Brust bleibt trübe.

Übersetzung von J. v. Hammer-Purgstall, *Motenebbi, der größte arabische Dichter,* Wien 1824, S. 73

Natürlich wurden auch ernstere Themen besungen. Begleitet wurde die literarische Produktion von einer wissenschaftlichen Literaturkritik, die die poetischen Genres beschrieb und analysierte, Beurteilungsmaßstäbe festlegte und damit wiederum auf die Dichter einwirkte.

Auch eine Prosaliteratur entstand. Sie hat ihren Ursprung bei den oben bereits genannten Schreibern (*kātib,* pl. *kuttāb*), in deren Umfeld Werke zur sittlichen und kulturellen Belehrung entstanden, die mit den Fürstenspiegeln des europäischen Mittelalters zu vergleichen sind. Das arabische Wort für diese Gattung (*ádab*) bedeutet ursprünglich ‚guter Brauch, Sitte der Vorfahren'. Auch wenn in der weiteren Entwicklung dieses Genres Formen mit fiktiven Inhalten entstanden, hat die *adab*-Literatur stets einen bildenden Anspruch bewahrt. Ein relativ spätes Beispiel sind die berühmten, in kunstvoller Reimprosa geschriebenen *Maqāmen* von al-Ḥarīrī (1054–1122). Sie beginnen wie folgt:

> *Es trieb mich, seit ich die Kinder-Amulette abgebunden * und den männlichen Turban umgewunden * ein Verlangen nach Bildung und Sitte * die ich mit scharfem Ritte * gieng suchen durch aller Länder Mitte * daß sie mir würde zu einem Schmuck vor dem Volke * vor Mittagsbrand zu einer Schattenwolke * und so begierig war ich, auf ihrer Trift zu weiden * und mich in ihr Gewand zu kleiden * daß ich fragte bei hohen und niedrigen * befreundeten und widrigen * wo ihre Spur mir möchte begegnen * wo ihre Milde mich möchte segnen * mit Tröpfeln oder mit Regnen.*
>
> Übersetzung von F. Rückert, *Die Verwandlungen des Abu Seid von Serug. Oder: Die Makamen des Hariri,* Stuttgart 1844, Bd. 1, S. 11–12

Keine besondere Rolle spielten für die literarische Hochkultur die bei uns so bekannten Erzählungen aus Tausendundeiner Nacht. Man hatte sie zwar schon früh aus dem Persischen ins Arabische übersetzt und an die muslimisch-arabische Kultur angepasst, doch gehören sie der sprachlichen Form nach nicht in den Bereich der Hochkultur, sondern eher zur Volksliteratur, die bei den Gelehrten in keinem Ansehen stand. Dass diese Sammlung heute in der arabischen Welt zumindest dem Namen nach genauso bekannt ist wie bei uns, ist auf ihre Popularität im Westen zurückzuführen.

Zum Überblick: R. Jacobi, „Omaijadische Dichtung“ und „Abbadisische Dichtung“, in: *Grundriß der arabischen Philologie,* Bd. 2, S. 32–63 | **Zur Vertiefung**: E. Wagner, *Grundzüge der klassischen arabischen Dichtung,* 2 Bde., Darmstadt 1987. *The Cambridge History of Arabic Literature,* 6 Bde., Cambridge 1983–2006 | **Texte**: A. Jones, *Early Arabic Poetry,* 2. Bde., Reading 1992–1996.

Abb. 22: Seite aus den Maqāmen des Ḥarīrī. Handschrift von 1236.

4.2 Wissenschaftliche Literatur

Nach diesem Einblick in den unterhaltenden Bereich dürfen die Wissenschaften nicht unerwähnt bleiben, denn deren Buchproduktion übertraf die der Unterhaltungsliteratur um ein Vielfaches. Von Anfang an war die wissenschaftliche Literatur strikt in zwei Sparten getrennt, nämlich auf der einen Seite die genuin islamischen Disziplinen wie Koranauslegung, Religionsgelehrsamkeit (*fiqh*), Geschichtsschreibung und arabische Sprachwissenschaft, und auf der anderen Seite diejenigen Wissenschaften, die die hellenistische Tradition fortführten, wie Medizin, Astronomie, Biologie, Mathematik und Philosophie.

Um letztere voranzubringen, ließen die Kalifen seit al-Manṣūr (reg. 754–775) systematisch alle griechischen Werke, die sie für nützlich hielten, ins Arabische übersetzen. Die Übersetzer waren in der Hauptsache Christen, die über die notwendigen Sprachkenntnisse verfügten. Sie übersetzten sowohl über den Umweg des Syrisch-Aramäischen als auch direkt aus dem Griechischen ins Arabische und hatten dabei großen Einfluss auf den Ausbau der arabischen Schriftsprache. Denn auch auf diesem Gebiet mussten sprachliche Mittel vielfach erst geschaffen werden, um die neuen Inhalte auszudrücken. Die Übersetzungen legten sowohl sprachlich als auch stoffmäßig die Grundlage für eine überaus originelle und produktive Phase der arabischen Geistesgeschichte.

Die Aktivität der Gelehrten war so umfassend, dass sie kaum mit wenigen Sätzen umrissen werden kann. Zu ihren herausragenden Vertretern gehören etwa in der Medizin der syrische Christ Ḥunain ibn Isḥāq (809–874), in der Geographie der in Ceuta (arab.: *Sabta*) geborene Muḥammad al-Idrīsī (1100–1166) und in der Astronomie der Perser Naṣīraddin aṭ-Ṭūsī (1201–1274). Ein bedeutender Mathematiker war Abū Ǧaʿfar Muḥammad al-Ḫwārizmī (780–846), der ebenfalls persischer Herkunft war. Durch sein Buch über die indischen Zahlen wurde die Verwendung der Dezimalzahlen einschließlich der Null (arabisch: *ṣifr*, daher das deutsche Wort *Ziffer* und das französische *chifre*) in der

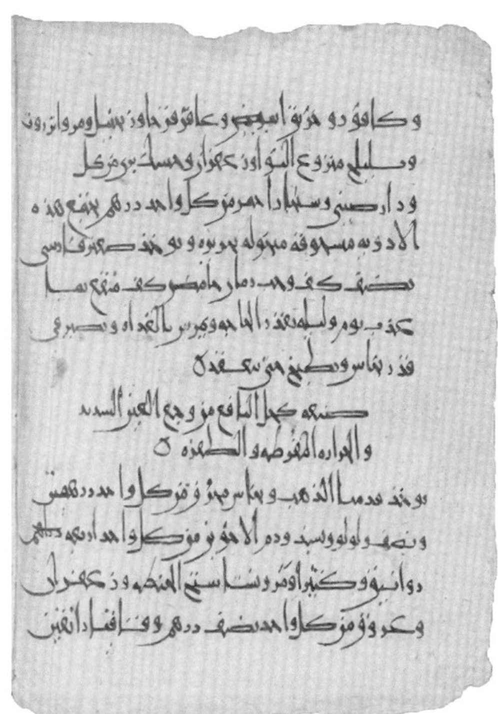

Abb. 23: Apothekerbuch von Sābūr ibn Sahl (gest. 869). Handschrift vom Anfang des 10. Jh. in einer für die Zeit typischen „eckigen" Schrift. Die abgerundeten Schriften setzten sich erst im Laufe des 10. Jahrhunderts durch. In der Mitte beginnt der Abschnitt *Herstellung eines Pulvers (kuḥl), das gegen starke Augenschmerzen hilft.*

Mathematik allgemein üblich. Von der latinisierten Form seines Namens *Algorismi* leitet sich unser Begriff *Algorithmus* ab.

Da es aufgrund mangelnder technischer Möglichkeiten empirische Forschung nur sehr begrenzt gab, waren alle Wissenschaften in erster Linie theoretischer Art und auf diese Weise methodisch eng miteinander verbunden. Die Wissenschaftler waren oft Universalgelehrte. Eine besondere Rolle kam der Philosophie zu, die

Abb. 24: Lehrvortrag in einer Bibliothek. Im Hintergrund die Bücher in Regalen liegend. Illustration zu den Maqāmen des Ḥarīrī.

alle Bereiche miteinander verknüpfte. An großen arabischen Philosophen, die alle auch in anderen Feldern bewandert waren, seien genannt al-Kindī (ca. 800–865), ar-Rāzī (lateinisch: Rhazes, 865–952), al-Farābī (872–950), Ibn Sīna (lateinisch: Avicenna, 980–1037) und Ibn Rušd (lateinisch: Averroes, gest. 1198). Nachdem philosophisches Denken und Schreiben zuvor fest an die griechische Sprache gebunden waren, entstand nun, gleichzeitig mit dem Aufblühen des Islams, erstmals eine eigenständige philosophische Tradition in einer anderen Sprache, nämlich auf Arabisch.

Die hellenistische Wissenschaftstradition wurde zumindest in den großen Zentren der Gelehrsamkeit, wie Bagdad, Kairo und Córdoba, zu einem wesentlichen Bestandteil des intellektuellen Lebens, wenn auch die Religionsgelehrten ihr stets reserviert gegenüberstanden. Sinnbildlich für die Trennung zwischen islamischen und hellenistischen Wissenschaften mag stehen, dass sich im Arabischen kein eigenes Wort für ‚Philosoph' durchgesetzt hat, sondern man stets das aus dem Griechischen entlehnte *failasūf* (< syr.-aram. *filōsōfā* < griech. *philósophos*) gebrauchte, was bis heute als Fremdwort aufgefasst wird.

Zum Überblick: W. Madelung / M. Muranyi / A. Schimmel, „Religiöse Literatur in arabischer Sprache“ und G. Endress, „Die wissenschaftliche Literatur“, in: *Grundriß der arabischen Philologie*, Bd. 2, S. 298–506; U. Rudolph, *Arabische Philosophie*, München 2004 | **Zur Vertiefung**: P. Adamson, *Philosophy in the Islamic World*, Oxford 2016; D. Gutas, *Greek Thought, Arabic Culture. The Graeco-Arabic Translation Movement in Baghdad and Early ʿAbbāsīd Society*, London 1998 | **Texte**: Al-Bīrūnī, *In den Gärten der Wissenschaft*, übers. und erläutert von G. Strohmaier, Leipzig 1988.

4.3 Jüdische und christliche Gelehrte

Die Einwohner der Gebiete, die die arabischen Eroberer bis zum Jahr 750 eingenommen hatten, waren mit Ausnahme der Perser größtenteils Christen gewesen. Diese traten keineswegs alle mit einem Schlag zum Islam über, sondern bildeten noch mindestens 300 Jahre lang in vielen Gegenden die Bevölkerungsmehrheit und hatten, wenn sie auch den Muslimen nicht in jeder Hinsicht gleichgestellt waren, als *ḏimmī* (‚Schutzbürger‘) einen gesicherten rechtlichen Status. Erst später ging ihre Zahl durch Übertritte zum Islam u. a. als eine Folge der Kreuzzüge bedeutend zurück. Auch jüdische Gemeinden waren vielerorts anzutreffen und prosperierten. Man kann nicht genau nachvollziehen, wann die einzelnen Gemeinschaften das Arabische als Umgangssprache übernommen haben, doch steht fest, dass sie sich dem Einfluss der neuen Sprache und Kultur auf Dauer nicht entziehen konnten. Fragmente von Bibelübersetzungen ins Arabische sind bereits für das 8. Jahrhundert belegt. Seit dem 9. Jahrhundert spielen christliche Gelehrte, wie eben erwähnt, eine entscheidende Rolle bei der Übertragung der spätantiken Wissenschaftstradition ins Arabische.

Ein entscheidender Schritt war es, als Juden und Christen begannen, auch ihre eigene Religionsgelehrsamkeit, die ja auf Traditionen in anderen Sprachen aufbaute, auf Arabisch zu formulieren. Die Christen setzten dabei eine theologische Tradition fort, die auf eine lange Vorgeschichte in griechischer und aramäischer Sprache zurückblicken konnte. Bei den Juden entstand dagegen eine exegetische und religionsphilosophische Literatur, die es vorher in dieser Art nicht gegeben hatte. Ihr wichtigster Vertreter war Saʿádia Gaón (882–942). Er stammte aus Ägypten und wirkte später in Sura im Iraq, einem Zentrum jüdischer Gelehrsamkeit. Bedeutende Gelehrte gab es auch in Andalusien, unter ihnen Salomon ibn Gabirol (1021–1058) und der bei uns unter dem Namen Maimonides bekannte Moses ibn Maimūn (1138–1204).

Folgende Passage ist ein typisches Beispiel der Religionsphilosophie der Zeit. Sie stammt aus den *Grundlagen der Glaubenslehre* (*Kitāb at-tauḥīd*) des Samaritaners Ṣádaqa ibn Munáǧǧā (gest. 1223), der hier über das Verhältnis zwischen Schöpfer und Geschöpf reflektiert. Darin zeigt sich, wie die Religionsgelehrten vermittelt durch die arabische Sprache traditionelle Glaubenssätze mit philosophischer Argumentation zu verbinden gelernt hatten:

> Viele Stellen der göttlichen Schrift betonen die Einzigkeit Gottes, allen voran Exodus 20,3: *Du sollst keine anderen Götter haben neben mir in meiner Welt.* Und dies aus folgendem Grund: Die Welt das ist alles Existierende außer Gott – doch ihre Existenz ist keineswegs eine Notwendigkeit, oder mit anderen Worten: Die Welt ist *kontingent*. Sie könnte genauso gut nicht existieren, wenn es nicht einen gäbe, der sie in die Existenz ruft. Die Möglichkeit zur Existenz hat sie aus sich heraus, aber die Existenz selbst verdankt sie einem Anderen. Eine Sache aber, die ihre Existenz einem Anderen verdankt, ist erschaffen. So ist also die Welt erschaffen, und der sie erschaffen hat, ist ewig. Die Anbetung des Ewigen aber ist der Anbetung des Erschaffenen vorzuziehen, weil es ja der Ewige ist, der das Erschaffene hervorgebracht hat.
>
> Handschrift Leiden Acad. 218,4, S. 224–225

Viele nichtmuslimische Gelehrte haben in *Mittelarabisch* geschrieben, also einer Form des klassischen Arabisch mit gewissen Abweichungen von der hochsprachlichen Norm. Die Christen verwendeten dabei in der Regel das arabische Alphabet, während die Juden grundsätzlich mit hebräischen Buchstaben schrieben.

Zum Überblick: *Encyclopedia of Jews in the Islamic World,* hrsg. v. N. A. Stillman; G. Graf, *Geschichte der christlichen arabischen Literatur,* 5 Bde., Rom 1944–1953 | **Einzelthemen**: R. Brody, *Sa'adya Gaon,* Oxford 2013; S. H. Griffith, *The Church in the Shadow of the Mosque. Christians and Muslims in the World of Islam,* Princeton 2008 | **Texte**: J. Blau, *Judaeo-Arabic Literature.* Jerusalem 1980.

Abb. 25: Mischna-Kommentar von Maimonides (1138–1204). Die Mischna ist eine der Grundlagen jüdischer Religionsgelehrsamkeit. Nach der Überschrift (Traktat *Kelim*, Abschnitt 7) steht der Mischna-Text in hebräischer Sprache, dann der Kommentar in Arabisch, beides in hebräischer Schrift. Handschrift aus dem Jemen 1499.

4.4 Wann endet diese Epoche?

Während man die Anfänge der klassisch-arabischen Literatur gut nachvollziehen kann, ist es kaum möglich, anzugeben, wann diese Epoche endet. Mehr als 1000 Jahre lang, vom 8. bis zum 19. Jahrhundert, war der klassische Standard stilistisch maßgebend, und zu allen Zeiten wurde geschrieben und gelesen. Unser Wissen ist jedoch je nach Epoche, Genre und Region sehr unterschiedlich. Während die ersten islamischen Jahrhunderte sowohl durch arabische als auch durch westliche Wissenschaftler gut erforscht sind, werden die Kenntnisse mit fortschreitender Zeit immer dünner. Die Sichtung und Würdigung der Literatur der Mamlukenzeit (1250–1518) ist erst seit einigen Jahren im Gange, die literarische Erforschung der osmanischen Periode (ab 1518) hat gerade begonnen.

Um eine Übersicht über einen so langen Zeitraum zu gewinnen, scheint es unerlässlich, nach Anhaltspunkten für eine übergreifende Epochengliederung des gesamten literarischen und intellektuellen Schaffens zu suchen. Es sind allerdings die Entwicklungen in den einzelnen Genres und Fachgebieten so verschieden, die regionalen Unterschiede so groß und unser Wissen auf vielen Gebieten so lückenhaft, dass es ein befriedigendes Epochenmodell für das gesamte klassisch-arabische Schrifttum noch nicht gibt. Wir müssen uns vorläufig mit der Beschreibung von Ausschnitten begnügen.

In den ersten Jahrhunderten der islamischen Ära wurde Bedeutendes geschaffen, wovon vieles fortan maßgeblich war und es bis heute ist. Dies trifft insbesondere für die „islamischen Wissenschaften" zu, deren normgebende Texte und Methoden alle aus dieser Zeit stammen. Auch die Leistungen in den hellenistischen Wissenschaften wurden schon erwähnt. Diese Entwicklung war auch eine Folge günstiger Umstände: Von 750 bis etwa 850 war das muslimische Großreich geeint und hatte eine starke Zentralregierung in Bagdad. Untertanen verschiedenster Herkunft wurden integriert. Die Kalifen setzten sich für die Förderung von Künsten und Wissenschaften ein und schufen gute Bedingungen für das Aufblühen der klassisch-arabischen Kultur. Schon bald aber begannen sich einzelne Regionen herauszulösen. Die Regierung in Bagdad geriet ab der Mitte des 9. Jahrhunderts unter den Druck der iranischen Buyiden, die hier ab 945 die Politik bestimmten. Die Dynastie der Fatimiden rief 969 in Ägypten ein Gegenkalifat aus. Einen eigenen Weg nahm das muslimische Spanien, wo ab 756 für mehrere Jahrhunderte Nachfahren der Umayyaden regierten. In jedem dieser Zentren verlief die Entwicklung anders.

Als Epochengrenzen werden in älteren Darstellungen oft zwei Ereignisse aus der Geschichte Bagdads angegeben, der Stadt, die in den ersten Jahrhunderten die kulturelle Führung in der islamisch-arabischen Welt innehatte: 1055 übernahm die türkische Dynastie der Seldschuken die Macht, 1258 wird die Stadt von den Mongolen erobert und dem Erdboden gleichgemacht. Dem Osten des ehemaligen muslimischen Großreiches wurde damit ein schwerer Schlag versetzt. Ausgehend von diesen Daten bezeichnen ältere arabische Literaturgeschichten die Zeit von 750 bis 1055 als „goldenes" oder „klassisches" Zeitalter und bis 1258 als „silbernes" oder „nachklassisches" Zeitalter. So wichtig diese Ereignisse für die historische Entwicklung sind, so problematisch sind sie allerdings als pauschale Epochengrenzen. Denn zum einen berücksichtigen sie weder die regionale Zersplitterung der arabischen Welt noch die Vielfalt der Genres und Fachgebiete.

Zum anderen, und das ist gravierender, ist fraglich, ob es überhaupt hilfreich ist, eine bestimmte Zeit der arabischen Zivilisation als „klassisch" zu definieren – um dann das, was folgt, daran zu messen. Diese Herangehensweise ist von der Literatur-, Musik- und Kunstgeschichte der europäischen Neuzeit geprägt: Unterschiedliche Epochen, die sich deutlich und oftmals bewusst voneinander abhoben, wechseln sich in rascher Folge ab. Bestimmte Ausdrucksformen hatten ihre Zeit, wurden aber früher oder später durch neue ersetzt. In der Schaffung von immer Neuem sah man einen Ausdruck kulturellen Fortschritts, ein Ideal, das seit der Aufklärung allgemein geworden war. Ob dieses Modell geeignet ist, die Entwicklung von Literatur und Wissenschaften in klassisch-arabischer Sprache zu erklären, ist fraglich. Natürlich haben auch die arabischen Gelehrten Neues geschaffen und auf die Bedürfnisse der Zeit reagiert, doch war ihnen zugleich die Kontinuität ein herausragender Wert. Auch wenn man selbst schließlich anders schrieb, hielt man stets die Werke der Alten in Ehren. Die Tradition behielt ihre Gültigkeit, auch wenn man Neues hinzufügte. Es sind daher schwer regelrechte Epochenumbrüche auszumachen, die mehrere Genres im Allgemeinen umfassen, und es gibt auch kaum literarische Ereignisse, die als Beginn einer völlig neuen Ära gelten könnten. Auch auf stilistischer Ebene ist nicht zwischen einer Glanzzeit der klaren, „klassischen" Sprache und nachfolgenden Perioden des Manierismus oder des Niedergangs zu unterschieden, denn verschiedene Stile finden sich zu allen Zeiten parallel.

Die vorläufige Lösung dieses terminologischen Problems kann nur so aussehen wie bereits in der Einleitung genannt, nämlich, dass man recht konkret Zeit und Genre benennt, über das eine Aussage gemacht werden soll, etwa „Geschichtsschreibung der Abbasidenzeit", „Dichtung in Andalusien" oder „Philosophie in der Mamlukenezeit".

Die noch lückenhafte Kenntnis der Entwicklung ab dem 13. Jahrhundert ist ein besonderes Problem. Lange waren sich westliche und arabische Forscher einig, dass hier der Zenit überschritten war und die gesellschaftliche und kulturelle Entwicklung nun stetig bergab ging. Die arabischen Intellektuellen des 19. Jahrhunderts, die in ihrer Zeit vom europäischen Fortschrittsdenken erfasst waren, gaben der gesamten Zeit zwischen 1258 und 1800 (gut 500 Jahre!) die Bezeichnung „Epoche des Niedergangs" (*ʿaṣr al-inḥiṭāṭ*), die bis heute nachwirkt. Für eine differenzierte Bewertung fehlte ihnen die Motivation und wohl auch die Übersicht über die einzelnen Werke und Autoren. Das tiefsitzende Vorurteil von der desolaten kulturellen Situation dieser langen Epoche ist ein Grund dafür, dass im allgemeinen Bewusstsein die geistesgeschichtliche Entwicklung in der arabischen Welt mit den beiden letzten großen Gelehrten Ibn Ḫaldūn (1332–1406) und Ǧalāl ad-Dīn as-Suyūṭī (1445–1505) vorläufig zum Stillstand gekommen zu sein scheint. Erst durch Forschungen der letzten Jahre beginnt sich die darauffolgende vermeintliche Dunkelzeit an einigen Stellen aufzuhellen.

Zum Überblick: S. Brentjes, „The Prison of Categories. 'Decline' and its Company", in: *Islamic Philosophy, Theology and Science. Texts and Studies*, hrsg. v. H. Daiber, A. Akasoy und E. Savage-Smith, Leiden 2012, S. 131–156 | **Zur Vertiefung**: K. Hirschler, *The Written Word in the Medieval Arabic Lands*, Edinburgh 2012; Th. Bauer, „Mamluk Literature. Misunderstandings and New Approaches", in: *Mamlūk Studies Review*, vol. 9, no. 2 (2005), S. 105–132.

5 Wie gut kennen wir das klassische Arabisch?

Wer beginnt, klassisch-arabische Texte im Original zu lesen, wird bald feststellen, dass hierfür kaum ausreichende Hilfsmittel zur Verfügung stehen. Das überrascht zunächst. Denn zweifellos ist die arabische Sprachwissenschaft mit ihren Schwerpunkten Grammatik, Rhetorik und Lexikographie eine der zentralen Disziplinen der muslimischen Gelehrten. Es mangelt bei ihnen weder an grammatischen Abhandlungen der verschiedensten Art noch an Wörterbüchern, wovon einiges auch in europäische Sprachen übertragen wurde. Man könnte daher meinen, dass dies doch genug Hilfe bieten müsste, um die alten Texte zu entschlüsseln. Dieser Schluss ist aber so einfach nicht zu ziehen. Trotz der Fülle der traditionellen Werke werden wir vielfach im Stich gelassen, denn diese folgen einer anderen Methodik, als sie für unsere Zwecke nötig wäre. Sie beantworten zum Teil Fragen, die sich uns gar nicht stellen, und lassen andererseits große Lücken, wo wir Rat bräuchten.

Das Grundproblem liegt in ihrer völlig anderen Auffassung von der Historizität der Sprache, die bereits in Kapitel 1 erläutert wurde. Das Anliegen der arabischen Grammatiker und Lexikographen war es, das zeitlose Ideal der Fuṣḥā abzubilden, und nicht eine konkrete empirische Sprachform zu beschreiben. Zwar haben sie zunächst viele echte Sprachbelege zusammengetragen, um überhaupt Regeln ableiten zu können, doch waren sie im Prinzip darauf aus, übergreifende, allgemeingültige Aussagen über die Struktur der Fuṣḥā zu machen, und nicht situations- und kontextbezogene Textinterpretationen zu liefern. Sie haben ihr Material vor allem dort gesammelt, wo sie die reinste Sprache bewahrt sahen, nämlich in der altarabischen Poesie und in der Rede bestimmter Beduinenstämme. Als genug Belege vorhanden waren und zudem die Beduinen, die sich noch an die „reine Sprache" ihrer Vorfahren erinnerten, immer weniger geworden waren, wohl in der ersten Hälfte des 9. Jahrhunderts, hat man das normgebende Korpus geschlossen und seitdem kein Wort mehr hinzugenommen.

Diesem Vorgehen steht die Tatsache gegenüber, dass gerade ab dem 9. Jahrhundert das Arabische eine Entwicklung durchlief, die in Stilistik und Wortschatz viele Neuerungen brachte. Solches ist in den arabischen Grammatiken und Wörterbüchern nicht verzeichnet. Die Lexikographen und Grammatiker waren an der urtümlichen Beduinensprache interessiert, nicht an den Neuschöpfungen der zeitgenössischen Dichter und Gelehrten. Dies muss man berücksichtigen, wenn man die einheimischen arabischen Wörterbücher und Grammatiken als Hilfsmittel für die Textlektüre heranzieht. Wörter, Wortbedeutungen und grammatische Konstruktionen, die nach 800 entstanden sind, findet man in ihnen nicht, und auch für die Zeit davor ist längst nicht alles zufriedenstellend erfasst.

Ein weiteres Manko ist das Desinteresse der alten arabischen Lexikographen an jeglicher Art von Gewichtung und Differenzierung bei der Beschreibung der Wortbedeutungen. Zwar verzeichneten sie akribisch noch die kleinsten Bedeutungsnuancen, die ihnen unterkamen, und setzten viel Mühe daran, möglichst seltene und alte Wörter zu sammeln, doch geben sie keine Hinweise auf Stilebene und Gebrauchshäufigkeit der Wörter, ganz zu schweigen von einer historischen Einordnung. Wer die klassischen Wörterbücher mit Gewinn nutzen will, ist auf Leseerfahrung und Sprachgefühl angewiesen.

Von unschätzbarem Wert sind auf diesem Gebiet die Arbeiten von Manfred Ullmann. Jahrzehnte hindurch mit der Arbeit am

Wörterbuch der klassischen arabischen Sprache (WKAS) befasst, hat er auf der Grundlage zehntausender Textbelege viele Wortfelder, Satzkonstruktionen und rätselhafte Formen aufgeklärt. Für die philologisch ausgerichtete Forschung zur arabischen Sprache sind seine Arbeiten maßgebend. Allerdings ist das Feld riesig und Zahl der Spezialisten, die es bearbeiten können, gering. So konnte Ullmann von dem genannten Wörterbuch nur die Buchstaben *kāf* und *lām* fertigstellen.

Da, wie bereits angedeutet, in der arabischen Welt Grammatik und Lexikographie bis heute Traditionswissenschaften sind, d. h. ihre Methode im Prinzip darin besteht, die Inhalte von Regelwerken und Wörterbüchern aus dem 8.–10. Jahrhundert zu rekapitulieren, gibt es hier bisher weder ein vollständiges Wörterbuch noch eine Grammatik des klassischen Arabisch, die auf einem Corpus von authentischen Texten aufbauen und die Befunde historisch differenziert darstellen. Die wichtigsten Arbeiten sind auf diesem Gebiet noch immer die der deutschen Arabisten des 19. und 20. Jahrhunderts. Ein vielversprechendes Projekt ist aber nun mit dem *Doha Historical Dictionary of Arabic* auf dem Weg, wo zum ersten Mal ein Team von arabischen Wissenschaftlern an einem historischen Belegwörterbuch arbeitet.

Zur Einführung: M. Ullmann, *Theorie und Praxis der arabischen Lexikographie,* Wiesbaden 2016; ders., *Adminiculum zur Grammatik des klassischen Arabisch,* Wiesbaden 1989; T. Seidensticker, „Die einheimische arabische Lexikographie. Ein Überblick", in: *Neue Beiträge zur Semitistik,* hrsg. v. N. Nebes, Wiesbaden 2002, S. 147–166 | **Datenbank**: *Doha Historical Dictionary of Arabic* <www.dohadictionary.org>.

V Der Weg zum modernen Hocharabisch

Das moderne Hocharabisch ist die Sprache, die heute alle Länder der arabischen Welt miteinander verbindet. Sie hat sich im 19. und beginnenden 20. Jahrhundert herausgebildet. In der Grammatik stimmt sie sehr weitgehend mit dem klassischen Arabisch überein, in Stilistik, Wortschatz und Phraseologie wurde sie aber im Laufe von gut 100 Jahren erheblich ausgebaut und verändert. Dieser Prozess hatte Vorläufer in vorangehenden Jahrhunderten, wurde aber ausgelöst und schließlich maßgeblich bestimmt durch die Konfrontation zwischen der arabischen Welt und Europa.

Am Anfang stand ein Schock: 1798 nimmt Napoleon in einem Handstreich Ägypten ein und konfrontiert dessen Machthaber mit ihrer hoffnungslosen militärischen Unterlegenheit. Aus dem Streben der ägyptischen Führung, technisch und wissenschaftlich aufzuschließen, entwickelte sich eine Auseinandersetzung mit der europäischen Zivilisation auf allen Ebenen. Sie wurde in anderen arabischen Ländern aufgegriffen und mündete seit der Mitte des 19. Jahrhunderts in eine umfassende kulturelle und sprachliche Reformbewegung, der die arabischen Gelehrten die Bezeichnung *Náhḍa* (‚Aufstehen, Sich-Bereitmachen', mit deutlich ausgesprochenem *h*) gaben. Diese legte die Basis für die moderne arabische Kultur, aber auch für eine Abhängigkeit von der westlichen Welt, die bis heute anhält.

Der Verlauf der Nahḍa ist ein Abbild davon, in welchem Maße und auf welche Weise europäische Konzepte in die arabische Welt eingeführt wurden und in welcher Haltung man ihnen gegenübertrat. Die Sprache, die diesen Prozess mitgeformt hat und die von ihm geformt wurde, ist das moderne Hocharabisch. Nach einer rasanten Entwicklung hatte es am Beginn des 20. Jahrhunderts die Form erreicht, in der es bis heute gebraucht wird. Es ist das Produkt einer Bewegung, die von vielen Einzelpersönlichkeiten geprägt wurde. Die meisten von ihnen waren sowohl exzellente Kenner des klassischen Erbes als auch der zeitgenössischen europäischen Kultur.

Zur Einführung: K. Versteegh, *The Arabic Language*, Edinburgh 2014, S. 173–188; D. L. Newman, „The Arabic Literary Language. The Nahḍa (and beyond)", in: *The Oxford Handbook of Arabic Language and Linguistics*, hrsg. v. J. Owens, Oxford 2013, S. 473–494; D. Glaß, „Creating a Modern Standard Language from Medieval Tradition", in: *The Semitic Languages*, hrsg. v. S. Weninger, Berlin 2011, S. 835–844 | **Handbuch**: *Arabisik. Eine kultur- und literaturwissenschaftliche Einführung*, hrsg. v. Y. Albers, I. Braune, Ch. Junge, F. Lang und F. Pannewick, Stuttgart 2021.

1 Die arabische Welt im Osmanischen Reich

In den Jahren 1514–1517 wurde der größte Teil der arabischen Welt mit Ausnahme Marokkos und des südlichen Randes der arabischen Halbinsel dem Osmanischen Reich einverleibt. Bis zu dessen Untergang nach dem Ersten Weltkrieg bildete es den Rahmen für die gesellschaftliche und kulturelle Entwicklung der arabischen Welt. Konkrete Spuren der osmanischen Zeit sind in vie-

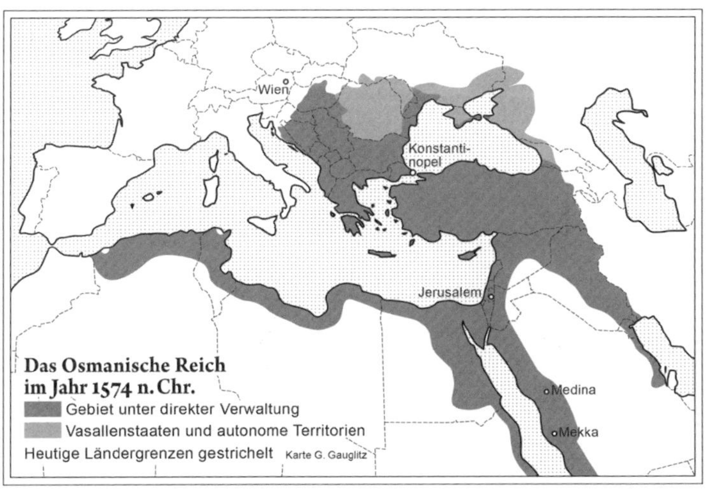

Karte 3: Das Osmanische Reich

len Ländern noch immer gegenwärtig in Architektur, Kunsthandwerk, Kalligraphie, Musik und Alltagskultur.

Die Untertanen des Osmanischen Reiches gliederten sich in viele Volks- und Religionsgruppen, denen die Zentralregierung in den Bereichen Kultus, Bildung, Rechtsprechung und Steuerwesen weitgehende Unabhängigkeit gewährte. Neben der muslimischen Bevölkerungsmehrheit hatten Christen und Juden innerhalb ihrer jeweiligen Gruppe (türk. *millet*) einen anerkannten und sicheren Platz im Gemeinwesen. Erst vor und während des Ersten Weltkriegs kam es zu verheerenden Übergriffen auf armenische, griechische und syrisch-orthodoxe Christen.

Die Verwaltungssprache des Reiches war das osmanische Türkisch, welches mit arabischen Buchstaben geschrieben wurde und in Wortschatz und Phraseologie mit persischen und arabischen Elementen durchsetzt war. In den arabischen Ländern beherrschte diese Sprache nur eine relativ kleine Gruppe von Männern, die

Abb. 26: Takiyya-Moschee in Damaskus. Erbaut 1554–1558 von dem Architekten Sinan (gest. 1588) im Auftrag des osmanischen Sultans Süleyman des Prächtigen (regierte 1520–1566).

in Verwaltung und Militär beschäftigt waren. Das Volk sprach dagegen weiterhin Arabisch in verschiedenen Dialekten, in die sich allerdings nach und nach eine Reihe türkischer Wörter einschlichen. Bei Amtsgeschäften wurde oft zweisprachig gearbeitet, wie man aus den vielen erhaltenen türkisch-arabisch ausgeführten Dokumenten schließen kann. Im Laufe des 19. Jahrhunderts setzte sich das Arabische als eigenständige Verwaltungssprache durch. 1863 wurde es in Ägypten als Amtssprache an Stelle des Türkischen anerkannt, 1913 schließlich in den übrigen arabischen Gebieten, die noch unter osmanischer Herrschaft standen.

Wie das intellektuelle Leben in arabischer Sprache während der osmanischen Zeit aussah, ist bisher nur bruchstückweise bekannt. Die bereits genannte Degradierung der gesamten Zeit seit 1258 als *Epoche des Niedergangs* durch die Gelehrten der Nahḍa hat dazu geführt, dass bisher kaum detaillierte Kenntnisse darüber vorliegen, wie Wissen gepflegt und vermittelt wurde und wer in welchem Ausmaß gelesen und geschrieben hat. Vor allem die schöngeistige arabische Literatur der osmanischen Zeit, insbesondere die Dichtung, blieb bisher fast unbeachtet. Aus erhaltenen Bibliotheken und Bücherlisten wissen wir, dass solche Literatur verfasst und rezipiert wurde, aber was sie beinhaltet, ist kaum bekannt. Auch ist völlig unklar, wie gut die literarische Hochsprache aktiv beherrscht wurde. Erst wenn wir umfassender über die Verhältnisse in der osmanischen Periode informiert sind, können wir das Ausmaß der Veränderungen im 19. Jahrhundert richtig einschätzen.

Sicher ist, dass das Hocharabische im Osmanischen Reich einen großen Teil seines ehemaligen Funktionsspektrums eingebüßt hatte. Als Sprache von Verwaltung, Militär und Rechtswesen war es an den Rand gedrängt und durch das Türkische ersetzt worden. Der einst blühende Wissenschaftsbetrieb scheint sich, soweit dies beim derzeitigen Kenntnisstand zu beurteilen ist, auf das Studium der alten Autoritäten zurückgezogen zu haben. Statt eigenständiger neuer Werke entstand eine umfangreiche Kommentarliteratur. Sie ist zum größten Teil noch nicht ausgewertet, sodass wir noch kein klares Bild von der arabischen Gelehrsamkeit im Osmanischen Reich haben.

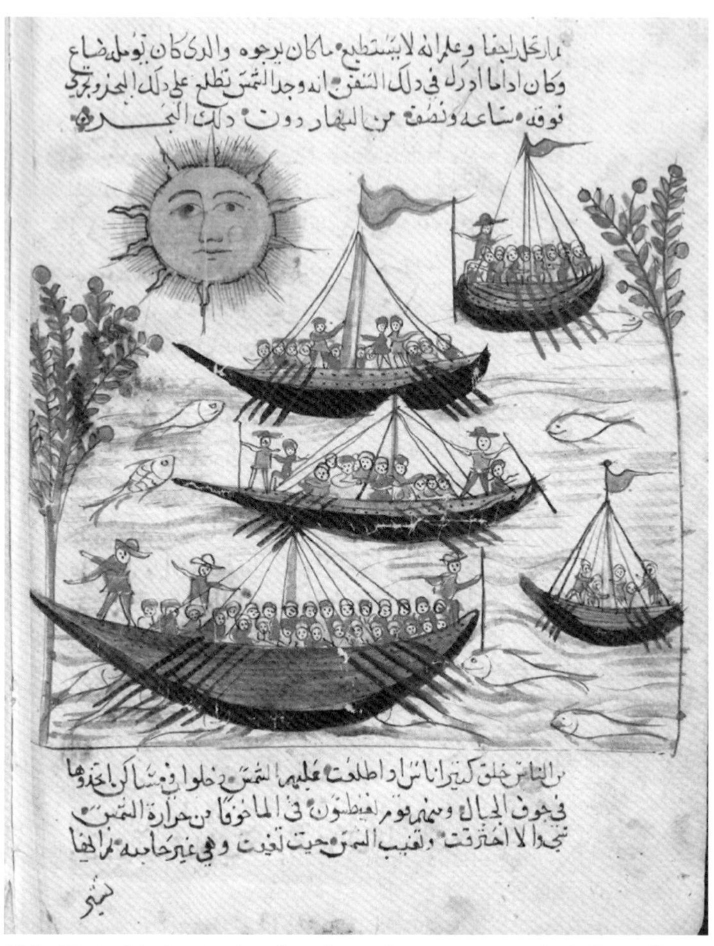

Abb. 27: Arabische Version des Alexanderromans. Handschrift aus Ägypten nach 1600. Der Alexanderroman ist eine ausgeschmückte Biographie Alexanders des Großen.

Träger der hocharabischen Kultur waren die *ʿulamāʾ*, also Gelehrte, deren Grundausbildung religiös war, die sich aber dann mitunter auch in anderen Feldern wie etwa der Medizin, Astronomie, Geschichtsschreibung oder sogar der Dichtung betätigten.

Orte von Sprach- und Wissensvermittlung waren Moscheen, Elementarschulen (arab. *máktab* oder *kuttāb*) und Lehrhäuser (arab. *mádrasa*). Wie weit die Kenntnisse gingen, die man dort erlangte, und wie viele Menschen schließlich lesen und schreiben konnten, ist kaum zu sagen. Immerhin weiß man aber, dass nicht nur Religionsgelehrte, sondern auch wohlhabende Händler und Handwerker mitunter Bücher besaßen und sie vermutlich auch lesen konnten.

Die wissenschaftliche, politische, technische und ökonomische Entwicklung in Europa scheint weder für die muslimischen Gelehrten noch für die Regierenden von Interesse gewesen zu sein. Während dort seit dem 16. Jahrhundert zunächst die Renaissance und später die Aufklärung eine gewaltige Dynamik entfaltete und die politische Konstellation, die wirtschaftlichen Verhältnisse und das Bewusstsein der Menschen grundlegend veränderten, waren in den arabischen Gebieten unter osmanischer Herrschaft die Verhältnisse über eine ungewöhnlich lange Zeit fast unverändert geblieben. Dies bedeutete Stabilität und Sicherheit, aber auch das Zurückbleiben hinter den Möglichkeiten, die sich inzwischen in Europa eröffnet hatten und nicht zuletzt auch ganz praktischen Nutzen hatten, etwa in Technik, Kriegswesen, Landwirtschaft und Medizin. An der ehrwürdigen Kairoer *Azhar*-Schule unterrichtete man dagegen noch bis ins 19. Jahrhundert Astronomie nach Ptolemäus (geb. um 100 n. Chr.) und Medizin nach den Grundsätzen des Galen (130–200 n. Chr.). Nur unter großem Widerstand der Religionsgelehrten konnte erstmals in der arabischen Welt 1827 in Kairo ein menschlicher Körper seziert werden.

Zusammen mit den althergebrachten Lehrinhalten wurden die traditionellen Formen ihrer Vermittlung bewahrt: mündlicher Vortrag, Auswendiglernen, handkopierte Bücher. Gedruckte Bücher in arabischer Sprache gab es nur vereinzelt, meist als Importware. Im Jahr 1485 hatte der Sultan Bayazid II. seinen muslimischen Untertanen den Buchdruck verboten. Abgesehen hiervon scheint es auch an gedruckten Medien unter traditionellen Gelehrten kaum Interesse gegeben zu haben. Genauso wie Themen, Texte und Sprache waren auch die Bücher selbst bei ihren alten Formen geblieben.

Man ist heute zurückhaltend darin, diese Situation in den Kategorien von Fortschritt und Rückstand zu beurteilen, die zu jener Zeit das europäische Denken prägten. Sicher ist aber, dass Welten aufeinandertrafen, als im 19. Jahrhundert die Araber mit der Denkweise, dem Wissen und der Macht der Europäer konfrontiert wurden. Als Spiegelbild der europäischen Überlegenheit in nahezu allen Bereichen stellte sich bei den Arabern bald ein Unterlegenheitsgefühl ein, das fortan das Verhältnis zwischen beiden Seiten bestimmte. Es ist, ebenso wie die europäische Dominanz, bis heute nicht ganz verschwunden.

Zum Überblick: N. Hanna, *In Praise of Books. A Cultural History of Cairo's Middle Class, Sixteenth to the Eighteenth Century*, R. Pohanka, *Das Osmanische Reich*, Wiesbaden 2019; B. Masters, *The Arabs of the Ottoman Empire, 1516–1918*, Cambridge 2013 | **Einzelthemen**: B. Liebrenz, *Die Rifāʿīya aus Damaskus. Eine Privatbibliothek im osmanischen Syrien und ihr kulturelles Umfeld*, Leiden 2016.

2 Die „Modernisierung" Ägyptens

Es ist immer eine Vereinfachung, eine geistesgeschichtliche Entwicklung an historischen Eckdaten festzumachen. Auch die Nahḍa hat ihre Vorgeschichte und ist nicht allein das Ergebnis plötzlich einsetzenden europäischen Einflusses. Dennoch kann zumindest für Ägypten ein sehr einschneidendes Ereignis als Startschuss für die Umwälzungen gelten, die in der ersten Hälfte des 19. Jahrhunderts begonnen haben.

2.1 Napoleon überfällt Ägypten

Am 1. Juli 1798 landete Napoleon mit über 400 Schiffen und einem Heer von rund 35.000 Mann im Hafen von Abukir nahe Alexandria. In den Schlachten, die sich in den folgenden Monaten anschlossen, schlugen seine Soldaten die mamlukischen Streit-

Abb. 28: General Jean-Baptiste Kléber. Die zeitgenössische Radierung stellt die Schlacht bei Abū Qīr (25. Juli 1799) dar. Kléber fiel wenige Monate später einem Attentat zum Opfer.

kräfte, in deren Hand die Verteidigung des Landes lag, vernichtend, und im Durchmarsch nahmen sie Ägypten ein. Napoleons politisches Ziel war es, Überlegenheit gegenüber England zu demonstrieren und Ägypten als wichtigen Knotenpunkt von Handels- und Kommunikationsrouten zu kontrollieren. Er hatte aber auch idealistische Absichten: Seiner Expedition gehörten etwa 150 Wissenschaftler an, die sich nach der Ankunft sogleich an die Erkundung und Dokumentation des gesamten Landes machten. Sowohl das alte Ägypten der Pharaonen als auch die arabische Welt von Tausendundeiner Nacht waren Gegenstand ihres Interesses. Das imposante Ergebnis ihrer Arbeit war neben der Kartierung des gesamten Landes die 24-bändige, reich bebilderte *Déscription de l'Égypte* (1809–1820), die den Grundstein der modernen Ägyptologie legte.

Au Quartier-général de Sâlehhyéh, le 12 Pluviôse an 8 de la République Française.

K L E B E R,

GÉNÉRAL EN CHEF,

Au Divan du Kaire et à ceux des différentes Provinces de l'Egypte.

تحريرًا من معسكر الصالحيه في ١٢ شهربلوديوس سنة ٨ للمشيخه
الفرنساويه الموافق لخامس رمضان سنة ١٢١٣ هجريه

من حضرة ساري العسكر
العام
كلهبر

خطابا الي جميع ارباب الديوان بمصر المحروسه والي كافة دواوين لاقاليم المصريه اعزهم الله

Vous connaissez depuis long-temps l'intention constante où est la Nation Française de conserver ses anciennes relations avec l'empire Ottoman. Mon illustre prédécesseur, le Général Bonaparte, vous l'a plusieurs fois déclaré, depuis que les circonstances de la guerre nous ont conduits dans ce pays. Il ne négligea rien pour dissiper les préventions que l'on avait inspirées à la Porte, et qui l'avaient entraînée dans une alliance également contraire à ses intérêts et aux nôtres. Les explications qu'il envoya à la cour de Constantinople ne purent rétablir cette union si desirable; et la marche du grand Visir sur Damas lui ayant offert un moyen de communications plus direct, il ouvrit avec lui des négociations, et me confia le soin de les terminer, lorsque des intérêts majeurs l'obligèrent de se rendre en Europe. Je les conclus aujourd'hui, et remets ce pays entre les mains de notre ancien allié. Le rétablissement du commerce de l'Egypte sera le premier effet de ce rapprochement. Les Français y trouveront l'avantage de rompre une alliance qui désormais serait sans motifs, et ce traité sera la première cause d'une paix devenue nécessaire aux nations de l'Occident.

Les principes d'après lesquels nous avons gouverné l'Egypte vous sont assez connus. Nous avons maintenu et respecté votre religion, vos lois, vos usages, et la jouissance de tous vos biens. Nous ne laissons parmi vous le souvenir d'aucunes violences. C'est à vous que les intérêts des habitans de l'Egypte ont été particulièrement confiés. Vous avez été placés entre les Français et eux pour veiller à ce qu'on ne portât aucune atteinte aux anciennes coutumes de ce pays. Ces institutions sont dues à la sagesse de mon prédécesseur, et j'ai senti la nécessité de les maintenir. Le zèle avec lequel vous avez rempli ces honorables fonctions vous donne des droits à l'approbation de tous les hommes justes, et à la protection spéciale du gouvernement qui va nous remplacer. Les peuples de l'Egypte, dirigés par vos conseils, se sont soumis à l'autorité établie. La concorde qui a toujours subsisté entr'eux et nous est l'effet et la récompense de vos soins. J'espère que cette union ne sera point altérée jusqu'à l'entière exécution du traité. Si des désordres imprévus venaient à la troubler, je serais forcé de les réprimer par la voie des armes.

KLEBER.

نعرفكم انكم تحققتوا قديما ان الطايفة الفرنساويه علي الدوام بينها وبين دولة العثمانلي الاخذ والعطا والمخالطه التامه ولم يزل في قلوبنا ان هذا الحال يستمر علي الدوام وان سلفنا السابق علينا امير الجيوش ساري العسكر العام بونابارته الجليل الاعتبار بعد وقوع الحروب المتعدده الموجبه لحلولنا بمصر عرفكم المذكور مرارا عديده بان المحبه بيننا وبين الدولة العثمانلي لم كنا نحب انقطاعها وقد بذل جهده في دفع الوسواس والفتنه التي ادخلوها علي الباب العالي يريدون الارتباط الذي لم يكن فيه خير لهم ولا خير لنا وان المراسلات التي ارسلها لمحروسة اسلامبول الي الباب العالي لم تحصل المقصود من الارتباط السابق ولو حصل لكان فيه النفع للجميع وحضور الوزير الاعظم الي دمشق فتح ابواب الوسايل والوسايط القريبه الي بونابارته وقد ابتدا في الارسال اليه ولما لزمه اشغال مهمة في البلاد توجه لذلك وخلفني عوضه لاجل تمام ذلك وانا في هذا الوقت اتمه واسلم هذا الاقليم المصري ليد احبابنا قديما وفي ذلك ارجاع المتاجر الي الديار المصريه وهو اول منفعة مترتبه علي هذا الاتفاق وهذه للفرنساويه وفي هذا التسليم انقطاع الارتباط الجديد لزوال السبب الذي به يتعللون وفي هذا التسليم ايضا صلاح لاهل الغرب واليه يحتاجون وقد عرفتم ورايتم ترتيب قوانيننا في الديار المصريه خليناكم واكرمنا شريعتكم ودينكم واجريناكم علي قوانين ملتكم وابقينا يدكم متصرفة في اموالكم واملاككم ولم نكدر عليكم في تعلقاتكم حتي لا يخطر ببالكم اننا ظلمناكم في مدتنا لم تعرفوا لنا مظلمه قهريه فانتم الذين توكلتم بالخصوص في امور الرعيه القاطنين بالديار المصريه توسطتم بين الفرنساويه والرعيه لاجل تمشية القوانين القديمه المصريه في ساير بلادكم من غير تغيير عوايدكم ونظامكم وهذا النظام من تدبير سلفنا وانا رايته من المحاسن واللوازم الضروريه وبسبب همتكم وغيرتكم في صلاح الرعيه واستقامتكم في الافعال التي الزمناكم استحقيتوا اعتباركم عند كل عاقل واستوجبتم شكركم عند كل كامل ولزم اكرامكم ومدحكم من الذي ياتي بعدنا من الحكام ولما توسطتم للرعايا المصريين ومشوا بمشورتكم ورايكم استقام حالهم ورضوا بالاحكام والتوافق الذي حصل علي الدوام ما بيننا وبين الرعيه سببه تعبكم ويكفيكم هذا السعي في الاصلاح ومقصدي ان هذا التوافق لم ينقطع الي تمام الشروط واذا وقع بعض خلل من سفها العقول يلزمني بالقهر مني قصاصهم بالسلاح والسلام

من حضرة ساري عسكر العام كلهبر

طبع بمطبعة الفرنساوية العربية بمصر المحروسة

Abb. 29: Bekanntmachung vom 12. Pluviôse im 8. Jahr der Französischen Revolution (28. Januar 1800), laut Unterschrift „gedruckt in der französischen arabischen Druckerei im ehrwürdigen Kairo"

Im Gepäck der Franzosen waren auch mindestens zwei Druckpressen, die über arabische Typen verfügten. Eine davon hatte Napoleon bei seinem Überfall auf den Vatikan im Jahr zuvor erbeutet. Obwohl sie für den Eigenbedarf der Besatzer bestimmt waren und nicht an die Aufklärung und Bildung des ägyptischen Volkes gedacht war, haben sie hohe Symbolkraft: Es sind, abgesehen von einigen Druckereien in libanesischen Klöstern, die ersten Druckpressen, die es in der arabischen Welt jemals gab. Zu den ersten Drucksachen, die hier angefertigt wurden, gehört ein Flugblatt, das gemäß dem Bericht von Ǧabartī wenige Tage vor dem Anrücken der französischen Soldaten in verschiedenen Städten verbreitet wurde und die Ägypter über die Gründe der Invasion und die Bedingungen der Besatzung in Kenntnis setzen sollte. Es beginnt wie folgt:

> Im Namen Gottes, des barmherzigen Erbarmers! Es gibt keinen Gott außer Gott, und er hat in seiner Herrschaft weder einen Sohn noch einen, der ihm ebenbürtig ist.
>
> Im Namen der französischen Nation, gegründet auf Freiheit und Gleichheit, lässt Bonaparte, der große General und Chef der französischen Armee, allen Einwohnern Ägyptens verkünden, dass schon seit viel zu langer Zeit die Ṣanǧaqen, die das Land regieren, die französische Nation beleidigen und deren Händler allerlei Schmach aussetzen. Die Stunde ihrer Absetzung ist gekommen. (...) Sagt den Verleumdern, dass ich einzig darum zu euch gekommen bin, um eure Rechte aus der Hand der Unterdrücker wieder herzustellen, und dass ich Gott – er sei gelobt und gepriesen – mehr diene als die Mameluken, und dass ich Seinen Propheten Muḥammad verehre und den ehrwürdigen Koran. (...) Sagt eurem Volk, dass die Franzosen auch gläubige Muslime sind. In dieser Überzeugung haben sie Rom überfallen [1797] und den Päpstlichen Stuhl zerstört, wo man stets die Christen zum Krieg gegen den Islam anstachelte.

Quelle: *Merveilles biographiques et historiques ou Chroniques* du Cheikh Abd-el-Rahman el Djabarti, Bd. 6, Kairo 1891, S. 10–11

Wie dieses Schreiben ankam, können wir ebenfalls bei Ǧabartī nachlesen, der den Verlauf des französischen Überfalls genau dokumentiert hat. Er weist dem Verfasser des arabischen Textes zahlreiche sprachliche Fehler nach und bemerkt zu Napoleons islamischen Anbiederungen:

> Seine Aussage ‚Ich ehre Seinen Propheten' ist an das Vorhergehende angeschlossen, so wie eine Lüge an die andere gereiht ist. Denn respektierte er ihn, würde er an ihn glauben und würde seine Wahrheit anerkennen und sein Volk (*umma*) achten. Seine Aussage ‚der glorreiche Koran' ist an ‚Seinen Propheten' angeschlossen, d. h. ‚Ich respektiere den glorreichen Koran'. Auch das ist eine Lüge, denn den Koran zu respektieren bedeutet, ihn zu ehren, und man ehrt ihn, indem man glaubt, was er beinhaltet. Der Koran ist eines der Wunder des Propheten, welches dessen Wahrhaftigkeit beweist und dass er der Prophet bis zum Ende der Zeiten ist, und dass sein Volk das edelste aller Völker ist. Diese Leute bestreiten das alles und lügen in allem, was sie aufzählen. (...) Was seine Aussage betrifft ‚und habe den Sitz des Papstes zerstört': Damit sind sie gegen die Christen vorgegangen, wie bereits gesagt. Sie sind also genauso gegen Christen wie gegen Muslime und halten sich an gar keine Religion. Du siehst, dass sie Materialisten sind, die alle Eigenschaften Gottes bestreiten, auch die kommende Welt und die Auferstehung und das Prophetentum und die göttliche Sendung der Propheten.
>
> Quelle: *Merveilles biographiques et historiques ou Chroniques* du Cheikh Abd-el-Rahman el Djabarti, Bd. 6, Kairo 1891, S. 31–32

Ǧabartīs Bericht steht in der Tradition der muslimischen Geschichtsschreibung und ist noch am klassischen Sprachideal orientiert, wenn dies auch nicht ganz erreicht wird. Der größte Teil der Chronik besteht aus recht sachlichen Ereignisberichten, doch enthält sie auch Schilderungen der Sitten und Eigenarten der Besatzer und – zum ersten Mal in arabischer Sprache – Beschreibungen „westlicher" Ideen wie *Freiheit, Gleichheit, Brüderlichkeit* sowie einen überaus anerkennenden Abschnitt zum Verlauf des

Strafprozesses gegen den Attentäter, der 1800 General Kléber ermordet hatte.

Die Franzosen konnten sich nicht lange in Ägypten halten. Bereits im August 1798 vernichteten die Briten unter Admiral Horatio Nelson (1758–1805) die gesamte französische Flotte. Im März 1801 wurden die Franzosen von den Briten aus dem Land vertrieben. Ihr militärischer Einfluss war damit beendet. Im Bereich von Technik, Wissenschaft und Kultur sollte er dagegen erst beginnen und die Entwicklung ein ganzes Jahrhundert lang und darüber hinaus prägen.

Zur Übersicht: J. Cole, *Die Schlacht bei den Pyramiden,* Stuttgart 2010 | **Texte**: Sh. Moreh (Übers.), *Al-Jabartī's Chronicle of the first Seven months of the French Occupation,* Leiden 1975.

2.2 Reformen unter Muḥammad ʿAlī

Von größter Bedeutung für die nachfolgende Entwicklung war der Gouverneur, der Ägypten von 1805 bis 1849 regierte: Muḥammad ʿAlī (1769–1849). Er war als Sohn albanischer Eltern in Griechenland aufgewachsen und als Offizier nach Ägypten gekommen. Geschickt nutze er das Machtvakuum aus, um sich als Herrscher Ägyptens zu positionieren. Formell dem Sultan in Konstantinopel unterstellt regierte er als *ḫidīv* ‚Vizekönig', wie er sich nannte, das Land weitgehend eigenständig. Wie andere hohe Persönlichkeiten im osmanischen Ägypten führte er auch den Ehrentitel *Pascha* im Namen.

Muḥammad ʿAlī war überzeugt davon, dass sich die militärische Lage Ägyptens nur verbessern ließe, indem man sich das Wissen der Europäer aneignete. Er verfolgte dieses Ziel zunächst durch europäische Spezialisten, die er in seinen Dienst stellte und dann, indem er eigene Leute auf Studienreisen nach Europa schickte. Nachdem man 1813 eine erste Expedition nach Italien unternommen hatte, wurde schließlich das wichtigste Zielland Frankreich,

Abb. 30:
Muḥammad ʿAlī (1769–1849)

wo sich eine Delegation von 1826 bis 1831 aufhielt. Unter ihren 44 Mitgliedern aus den Bereichen Militär, Verwaltung und Wissenschaft war auch der junge Religionsgelehrte Rifāʿa Rāfiʿ, nach seinem Heimatort Ṭahṭā heute meist Rifāʿa aṭ-Ṭahṭāwī genannt (1801–1873). Er war eigentlich nur zur religiösen Betreuung der Gruppe mitgeschickt worden, erwarb sich aber in Frankreich ausgezeichnete Kenntnisse von Sprache und Kultur und widmete sich als einziges Mitglied der Delegation den Geisteswissenschaften.

Seine Eindrücke und Analysen der französischen Gesellschaft hat er in einer Reisebeschreibung festgehalten, deren Titel in klangvoller Reimprosa lautet *Taḫlīṣ al-Ibrīz fī Talḫīṣ Bārīz* (frei übersetzt: *Sieh an und lies: dies ist Paris*). Das Buch erschien 1834 und ist eines der ersten Werke einer neuen Epoche der arabischen Sprache und Literatur. Formal folgt es der alten Tradition der Reiseliteratur, doch sprachlich betritt es Neuland. Neue Ideen verlangten nach neuen Ausdrucksweisen, bisher unbekannte Denkmuster mussten in arabische Worte gefasst werden, Schlagwörter und Fachbegriffe, die dem gebildeten europäischen Publikum wohlbekannt waren, mussten übertragen und den arabischen Lesern nahegebracht werden. Aus dem durchweg lesenswerten Buch hier eine Kostprobe:

Wisse, daß bei jenen Völkern Gewinnsucht und Profitleidenschaft fest im Denken verwurzelt sind, daß sie überzeugt sind, man müsse darauf seinen ganzen Ehrgeiz verwenden, und daß Eifer und Regsamkeit lobenswert und Faulheit und Trägheit zu verdammen sind. Das geht sogar so weit, daß Faulheit und Trägheit bei ihnen geflügelte Scheltworte sind. In dieser Arbeitslust sind sich Hoch und Niedrig gleich, selbst wenn sie mit Mühsal und persönlichem Risiko verbunden ist. (...)
Das bedeutendste und bekannteste Geschäft in Paris sind die Transaktionen der Bankiers. Von diesen gibt es zwei Arten: die staatlichen Banken und die Banken von Paris. Die geschäftliche Funktion der staatlichen Bank besteht darin, daß die Leute einen beliebigen Betrag deponieren und dafür jährlich einen festgesetzten Profit einstreichen. Solche Zinsen gelten bei ihnen nicht als Wucher, es sei denn, sie übersteigen die gesetzlichen Grenzen. (...) Ähnlich verhält es sich mit den Banken von Paris: auch sie handeln mit Geld gegen Zinsen. Sie zahlen höhere Zinsen als die Bank des Fiskus, welche dasselbe wie die Landesbank ist, aber dafür ist das bei der Landesbank deponierte Geld sicherer als Depositen bei den städtischen Banken, weil letztere manchmal bankrott gehen, wohingegen bei der Staatsbank das eingezahlte Geld eine Schuld seitens des Staates ist. Und der Staat ist immer da.

Aus: R. al-Ṭahṭāwī, *Ein Muslim entdeckt Europa,* übersetzt v. K. Stowasser, Leipzig 1988, S. 135–136

Nach seiner Rückkehr wurde Ṭahṭāwī zur führenden Person einer groß angelegten staatlichen Fortschrittsoffensive unter dem Kommando von Muḥammad ʿAlī. Um technisch und wirtschaftlich aufzuschließen, musste man zunächst Zugang zur neuesten Fachliteratur erhalten. Hierzu wurde 1834 unter der Leitung von Ṭahṭāwī eine Übersetzungsakademie gegründet, wo nun in großer Zahl überwiegend französische Werke zu technischen, militärischen und wissenschaftlichen Themen ins Arabische übersetzt wurden.

Gedruckt wurden die übersetzten Werke in der bereits 1820 gegründeten staatlichen Druckerei in Būlāq bei Kairo. Eine Liste in der Fachzeitschrift *Journal Asiatique* vom Juli/August 1843 gibt detaillierte Informationen über alle 243 Titel, bis zu diesem Zeitpunkt erschienen waren. Neben Übersetzungen ins Arabische und Türkische waren darunter auch neu verfasste arabische Werke, so von Ṭahṭāwī eine Geschichte des alten Ägypten (1838) und eine Abhandlung über die politischen und gesellschaftlichen Verhältnisse in Europa (1842). Auch Werke der „klassischen" Epoche wurden gedruckt. Sie fanden nicht nur im eigenen Land, sondern auch bei europäischen Gelehrten Absatz, unter denen gerade die Orientbegeisterung erwacht war. Nachdem man zuvor auf kostspielige Handschriften angewiesen war, standen nun erstmals preiswerte Textausgaben zur allgemeinen Verfügung.

Abb. 31: Staustufe („Barrage") am Rosetta-Zweig des Nils. Gelegen etwa 20 km nördlich von Kairo. Zu Muḥammad ʿAlīs Vorhaben gehörte es, die Bedingungen für die Landwirtschaft im Nildelta zu verbessern. Die Staustufe war nötig, um die jährlichen Überschwemmungen zu regulieren. Nachdem ein erster Anlauf 1833 missglückt war, wurde die Anlage nach den Plänen des französischen Ingenieurs Eugène Mougel 1847–1861 errichtet. Erst 1898, nachdem sie unter britischer Leitung verstärkt worden war, konnte sie in Betrieb gehen. Das Foto entstand während des Baus 1857.

Ziel von Muḥammad ʿAlīs Maßnahmen war es, eine Elite auszubilden, die sich Wissen aneignen konnte, um Ägyptens militärische und wirtschaftliche Situation zu stärken. An allgemeine Bildung war dagegen noch nicht gedacht. Zwar wurden zur Nachwuchsrekrutierung in einigen Städten des Landes Schulen eingerichtet, doch der Alphabetisierungsgrad und damit die Möglichkeit der Bevölkerung, an den neuen Entwicklungen teilzuhaben, blieb verschwindend gering.

Zur Übersicht: Kh. Fahmy, *Mehmed Ali*, London 2009; Ch. de Bellaigue, *Die islamische Aufklärung. Der Konflikt zwischen Glaube und Vernunft*, Frankfurt 2018 | **Zur Vertiefung**: P. Crozet, *Les sciences modernes en Égypte. Transfer et appropriation, 1805–1902*, Paris 2008; *Das gedruckte Buch im Vorderen Orient*, hrsg. v. U. Marzolph, Dortmund 2002; A. El Shamsy, *Rediscovering the Islamic Classics. How Editors and Print Culture Transformed an Intellectual Tradition*, Princeton, NJ, 2020.

3 Die Nahḍa

Wichtigstes Merkmal der Maßnahmen im Ägypten unter Muḥammad ʿAlī war, dass sie von der Regierung gelenkt und ihre Protagonisten aus der Staatskasse bezahlt wurden. Fast alle Beteiligten waren Muslime, die in der Anfangsphase den Franken, wie die Europäer pauschal genannt wurden, mit Abneigung oder zumindest Zurückhaltung gegenübertraten. Ganz anders lagen die Verhältnisse in der Levante, vor allem im heutigen Syrien und Libanon, wo gewisse christliche Kreise bereits früher in Kontakt mit der westlichen Welt waren und ihr offener gegenüberstanden. Ab der Mitte des 19. Jahrhunderts gingen von Persönlichkeiten aus diesem Umfeld entscheidende Impulse für die Erneuerung der arabischen Sprache und Kultur aus. Ein wichtiges Merkmal der Epoche war die Mobilität der Intellektuellen, sowohl Richtung Europa wie auch innerhalb der arabischen Welt. Nachdem in der Levante die Verhältnisse zunehmend schwieriger wurden, entwickelte sich schließlich Ägypten zum Zentrum der kulturellen Erneuerung. Hier erhielt auch in den 1880er Jahren die Nahḍa ihren Namen.

Zur Übersicht: Y. Di-Capua, „Nahḍa: The Arab Project of Enlightenment", in: *The Cambridge Companion to Modern Arab Culture,* hrsg. v. D. F. Reynolds, Cambridge 2015, S. 54–74 | **Zur Vertiefung**: A. Hourani, *Arabic Thought in the Liberal Age, 1798–1939,* Cambridge 1982 [1962], S. 67–102.

3.1 Vorläufer in der Levante

Die Bevölkerung der Levante (arabisch: *bilād aš-Šām*) war ethnisch und religiös gemischt. Neben Sunniten und Schiiten gab es in sehr verschiedenen Anteilen Alawiten, Drusen, Juden, Griechisch-Orthodoxe, Aramäer, Maroniten, Katholiken, Protestanten und Armenier. Die verschiedenen christlichen Bevölkerungsgruppen hatten seit langer Zeit Beziehungen nach Europa und bekamen so in gewissem Grad Anteil an Entwicklungen, die den Muslimen entgingen.

Wirtschaftliches und kulturelles Zentrum der Region war lange Zeit Aleppo. Hier wirkte der maronitische (d.h. syrisch-katholische) Erzbischof Germanos Gabriel Farḥāt (1670–1732). Ihm ist es zu verdanken, dass die arabische Schriftsprache unter den christlichen Gelehrten wieder zu Ansehen kam, nachdem sie über Jahrhunderte als Domäne der Muslime wahrgenommen und kaum gepflegt worden war. Farḥāt schrieb u.a. eine Grammatik und ein Wörterbuch, in denen er typisch Muslimisches vermied, alle Koranverse durch Bibelzitate ersetzte und christliches Vokabular ergänzte. Beide Werke wurden in der Nahḍa überarbeitet und neu herausgegeben. Reichtum und Ausdruckskraft der Sprache demonstrierte Farḥāt in einer Vielzahl von Werken der unterschiedlichsten Gattungen. Auch eine rege Übersetzungstätigkeit entstand in seinem Umfeld, wo Gelehrte in großer Zahl lateinische und aramäische Werke ins Arabische übertrugen.

Früh wurde in christlichen Einrichtungen der Buchdruck gepflegt. Da im osmanischen Reich bis zum Anfang des 18. Jahrhunderts der Druck in arabischer Schrift verboten war, wurde zunächst nur in syrisch-aramäischer Schrift gedruckt, und zwar ab 1585 im maronitischen Sankt-Anton-Kloster in Quzḥaiyā (nahe Tripolis im Libanon).

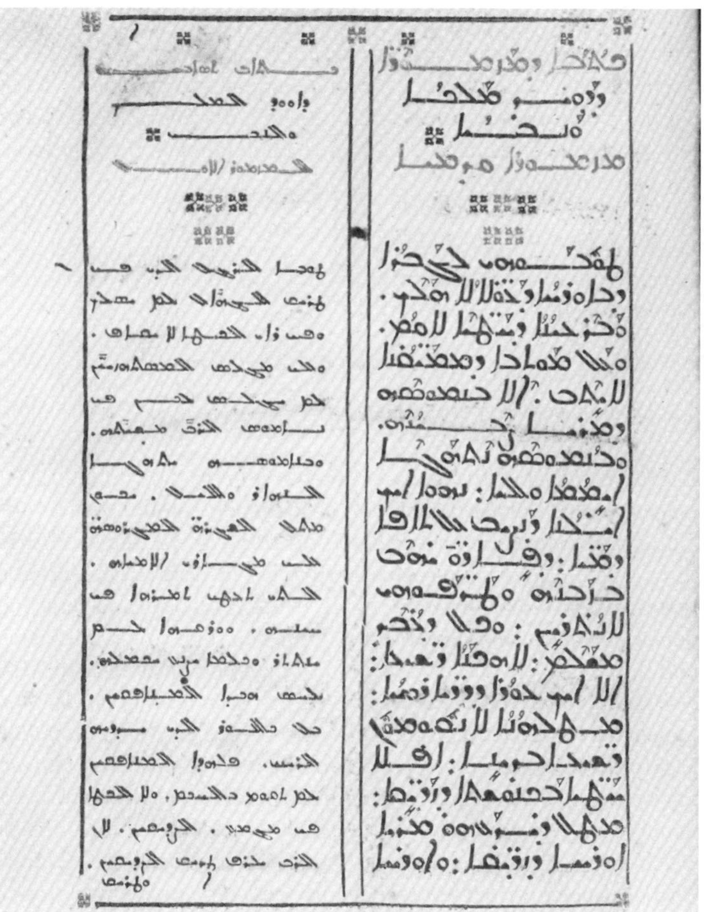

Abb. 32: Psalter in syrisch-aramäischer und arabischer Sprache. Das Arabische ist mit syrischen Buchstaben geschrieben, gedruckt in Quzḥaiya 1609. Hier abgebildet ist der Beginn von Psalm 1.

Die erste Druckpresse, auf der mit arabischen Lettern gedruckt wurde, ging 1734 im Johanneskloster in Shuwair (nahe Beirut) unter der Leitung von ʿAbdallāh Zāḥir (1684–1748) in Betrieb. Es war die Unabhängigkeit der verschiedenen religiösen Gemeinschaften, die solche selbständigen Entwicklungen ermöglichte. Allerdings wurden dadurch zugleich die Grenzen gesetzt: Außerhalb der eigenen Gemeinschaft wurden die produzierten Werke kaum rezipiert, sodass trotz vorhandener technischer Möglichkeiten der Buchdruck kaum Auswirkungen auf weitere Kreise hatte und arabische Sprache und Literatur aufs Ganze betrachtet in alten Bahnen blieben.

Zur Übersicht: G. Graf, *Geschichte der christlichen arabischen Literatur*, Bd. 3 und 4: *Die Schriftsteller von der Mitte des 15. bis zum Ende des 19. Jahrhunderts*, Rom 1949/1951.

3.2 Libanesische Persönlichkeiten

Die Lage änderte sich wie in Ägypten erst im 19. Jahrhundert. Getragen wurde der Aufbruch von christlichen Intellektuellen, die zumeist über gute Fremdsprachenkenntnisse verfügten, bereits in ihrer Ausbildung mit europäischer Kultur in Kontakt gekommen waren und auf selbst finanzierten Reisen Erfahrungen in verschiedenen europäischen Ländern gesammelt hatten. Die wichtigsten von ihnen gingen aus den protestantischen und katholischen Missionsschulen hervor, die Mitte des 19. Jahrhunderts in der Region eingerichtet worden waren. Besonderen Einfluss hatte das 1866 gegründete *Syrian Protestant College* (heute *The American University of Beirut*). Drei Männer aus dessen Umfeld führten die Erneuerungsbewegung an:

Aḥmad Fāris al-Shidyāq (ca. 1805–1887) ist mit seinem ereignisreichen Leben, seiner sprachlichen Formkraft und seiner großen publizistischen Wirkung eine Schlüsselfigur für die Spracherneuerung seines Jahrhunderts. Er entstammte einer maronitischen Familie, trat in jungen Jahren zum Protestantismus und später zum Islam über. Früh verließ er die Gegend von Beirut, wo er geboren war, und hielt sich im Laufe seines Lebens in Malta, Kairo, London, Paris, Tunis und schließlich Istanbul auf. Die Liste seiner Werke ist immens und das Spektrum breit; Beispiele sind: *Der kritische Spion auf Wörterbuch-Mission* (Sprachwissenschaft), *Vertraute Gespräche in englischer und arabischer Sprache* (Lehrbuch), *Das Wissensfundament, damit man Malta kennt* (Reiseliteratur), *Es besuchte mich Suʿād* (Lobdichtung) sowie sein Meisterwerk der Prosaliteratur *Bein über Bein. Was es bedeutet, al-Fāriyāq zu sein* (Übersetzung der Titel nach Ch. Junge, *Die Entblößung der Wörter,* S. 55). Durch die verschiedenen Genres zieht sich als roter Faden die Auseinandersetzung mit der arabischen Sprache. Shidyāq war ein ausgezeichneter Kenner des klassischen Arabisch mit seiner Vielfalt an Wörtern und Ausdrucksmöglichkeiten und strebte danach, dieses Erbe nutzbar zu machen, indem er es in einen zeitgemäßen Stil überführte. Er erklärte sein Anliegen in sprachtheoretischen Beiträgen und demonstrierte es in seinem umfangreichen literarischen und publizistischen Werk. Die breiteste Wirkung hatte er im letzten Jahrzehnt seines Lebens als Herausgeber der Zeitschrift *al-Ǧawāʾib.*

Auch Buṭrus al-Bustānī (1819–1893) war maronitischer Herkunft und zum Protestantismus übergetreten. Er beherrschte neun Sprachen und war ebenfalls in einer Vielzahl von Sparten tätig. Zunächst war er eng mit der amerikanischen protestantischen Mission verbunden, für die er zusammen mit Cornelius van Dyck (1818–1895) eine Bibelübersetzung aus den Originalsprachen erarbeitete. Sie ist bis heute verbreitet. Später trat er als Bildungsreformer hervor. Er trat für eine religionsübergreifende säkulare Bildung ein und legte mit der Gründung der „Nationalschule" 1863 in Beirut den Grundstein für ein modernes Bildungssystem. Ein wichtiges Motiv war dabei, über die Grenzen der Religionszugehörigkeit hinweg eine syrisch-libanesische Identität zu schaffen. Bustānī wurde damit zum Vordenker des syrischen Nationalismus. Dabei spielte die arabische Sprache als einigendes Element eine herausragende Rolle.

Zwei seiner bedeutendsten Arbeiten beschäftigen sich mit der Erneuerung der arabischen Sprache: Unter Verwendung eines Werks aus dem 15. Jahrhundert (*al-Muḥīṭ* ‚der Ozean' bzw. ‚das Umfassende') schrieb er das bis heute verwendete Wörterbuch *Muḥīṭ al-muḥīṭ* (‚die Umfassung des Ozeans'), das in moderner Methodik den klassischen Wortschatz ordnet und entschlackt, ihn mit inzwischen neu entstandenen Wörtern vereint und dabei auch Fremdwörter integriert – ein Thema, mit dem Puristen bis heute kämpfen. Erstmalig sind hier Wörter verzeichnet wie *tiliġrāf* ‚Telegraf', *ǧirnāl* ‚Zeitung' (heute *ǧarīda*), *bōsṭa* ‚Post' (heute meist *barīd*), *ġāz* ‚Gas', *bank* ‚Bank', *bīrā* ‚Bier', *banṭalōn* ‚Hose' uva. Außerdem konzipierte er eine arabische Enzyklopädie, die als erste ihrer Art in Themenwahl, Stil und Präsentation ganz nach dem Vorbild europäischer Werke angelegt war. Sie trägt den Titel *Dāʾirat al-maʿārif* ‚Kreis des Wissens', ein neu geschaffener Ausdruck, der dem Wort „Enzyklopädie" (wörtlich: ‚im Kreise lernen') nachempfunden ist und noch heute in dieser Bedeutung verwendet wird.

Buṭrus al-Bustānī war bereits eine berühmte Persönlichkeit, als er 1870 eine Zeitschrift mit dem Titel *al-Ǧinān* (‚die Gärten') gründete – sicher mit Bezug auf seinen Familiennamen, der übersetzt ‚Gärtner' heißt. Später folgten *al-Ǧanna* (‚der Paradiesgarten') und *al-Ǧunayna* (‚das Gärtchen'). Die Zeitschriften widmeten sich neben anderen Themen besonders der schöngeistigen Literatur und fanden damit großen Anklang. Zahlreiche Beiträge lieferte sein Sohn Salīm al-Bustānī (1848–1884), der dadurch zu einem Pionier des arabischen Romans wurde, auch wenn viele seiner Werke in Stil und Inhalt „höheren" Ansprüchen noch nicht genügten.

Schließlich ist Jurji Zaydan (andere Schreibung: Ǧurǧī Zaidān, 1861–1914) zu erwähnen, der ebenfalls eng mit den amerikanischen und europäischen Lehrern des Syrian Protestant College verbunden war. Neben seinem historischen und literarischen Schaffen trat er im Bereich der Wissenschaften hervor. Radikaler als andere vertrat er einen Positivismus, wie er seinerzeit in Europa Konjunktur hatte. Er war begeisterter Anhänger der Evolutionstheorie und wandte wie die Europäer eine vom Entwicklungsgedanken getragene Methode auch in der Sprachwissenschaft an. Dies zeigen seine Werke *Die arabische Sprache als lebendiges Wesen* (1904) und *Geschichte des arabischen Schrifttums* (1911–1914), in denen er sich streng an den westlichen Orientalisten orientiert.

يونانية من اندروس في القرن السابع ق .م .وكانت تدعى قديمًا اورثاغوريا . خرّبها فيلبس ابو الاسكندر ثم عمّرها وهي مسقط راس ارسطو(راجع ارسطو)

ستادِث هلْدَر
Stadtholder

وباللغة الهولاندية ستادهودر اي حاكم مدينة . وهو لقب منحته الولايات المتحدة الهولاندية الى وليم اوف اورانج لما تولّى خطة القضاء وقيادة العساكر فيها .وسنة ١٥٨٧ جعل ابنه موريس ستادث هلدر للولايات المذكورة وبقيت عائلة اورانج تتوارث هذهِ الوظيفة الى سنة ١٧٤٧ اذ أعلن وليم الرابع«وهو يرجع في نسبهِ الى فرعٍ مخالف لعائلة أورانج»انهُ الوريث القانوني لها .ولما استرجعت عائلة اورانج هذهِ الوظيفة سنة ١٨١٤ أبدل لقب ستادث هلدر بلقب ملك

ستَادة
Stade

مدينة من بروسيا وقصبة مقاطعة في هانوفر موقعها على نهر شْونغ وعلى ٤ اميال عن ملتقاهُ بنهر إِلب و ٣٠ ميلاً عن همبرغ الى الغرب . سكانها نحو ٩,٠٠٠ وهي من المدن القديمة بقيت الى القرن الثاني حرّة بحكمها كونت من اهلها . وكانت لها على التجارة في نهر إلب مكوس تستوفيها من السفائن فهاج هذا حسد المدائن الهانسياتيكيّة وسنة ١٣٦٧ خاصمتها عليها الآن الاسوجيين لما استولوا عليها سنة ١٦٨٨ اعادوا المكوس الى حالها .وسنة ١٧١٩ اخضعها جورج الاول الكتور (منتخب) هانوفر واخضع دوقية برمن معها وضمها الى ملكهِ وزاد في مقدار المكوس وبقيت كذلك الى ان أُلغيت تمامًا سنة ١٨٦١ فأعيضت هانوفر عنها بمبلغ ٣,١٠٠,٠٠٠ تالر أدت كل من بريطانيا وهمبرغ ثلثهُ وما بقي أدتهُ سائر الامم التجّارة . وسنة ١٨٦٦ استولى البروسيانيون على قلعتها

ستار
Starr

اوسِتَر . كونتية جنوبية من تكساس في الولايات المتحدة يحدها نهر ريوغراندي من الجنوب الغربي ويفصلها عن بلاد المكسيك . مساحتها ٣,١٠٠ ميل مربع وسكانها نحو ٥٠٠٠ ومن محاصيلها الحبوب وقصب السكّر . ماؤُها قليل وفيها اسراب من الخيل والبغال والماشية . قصبتها ريوغراندي

ستَارَاسُول
Starasol

بليدة من بولونيا النمسوية في ولاية غاليسيا على ١٠ اميال من سَمْبور الى الغرب الجنوبي الغربي

ستَارَايا رُوسَّا
Staraia – Roossa

بلدة روسية في ولاية نفغورود على ٣٦ ميلاً عن نفغورود الى الجنوب على نهر يجري الى بحيرة إلمن سكانها ٨,٧٠٠ نفس وهي مسوّرة .وفيها قصر امبراطوري وملاّحات وتجارتها مهمة في الكتان و بزر الكتان والخشب والطحين

ستارغرت
Stargard

اسم لمدينتين ١ً .مدينة من بروسيا في ولاية بوميرانيا على نهر إِهنا تبعد ٢١ ميلاً عن ستتين الى الشرق الجنوبي سكانها ١٧,٠٠٠ وكانت قديمًا قصبة بوميرانيا

٢ً . مدينة في ولاية بروسيا على نهر فرز وعلى ٣٥ ميلاً عن دنتسك الى الجنوب الغربي . سكانها نحو ٦٠٠٠ وهي محاطة بالاسوار ممنعة بالابراج .اخذها البولونيون في القرن الخامس عشر والسادس عشر واستولى عليها الاسوجيون سنة ١٦٥٥

ستَارودُوب
Starodoob

مدينة من روسيا في ولاية تشرنيغوف تبعد عن مدينة

Abb. 33: Seite aus Bustānīs Enzyclopädie *Dāʾirat al-maʿārif* (1887)

Abb. 34: Jurji Zaydan (1861–1914)

Völlig frei von muslimischem Dogmatismus beschreibt er hierin die Geschichte des Arabischen innerhalb der semitischen Sprachfamilie nach dem neuesten Stand der Forschung. Er vergleicht das System der arabischen Flexionsendungen mit den Verhältnissen im Lateinischen und Deutschen und legt außerdem dar, dass das Arabische wie alle lebenden Sprachen fortwährender historischer Veränderung unterliegt. In beiden Punkten hatte er damals wie heute die traditionelle Gelehrsamkeit gegen sich. Da die arabische Sprachwissenschaft die Domäne der Traditionalisten war und es auch noch immer ist, konnten sich seine Ansichten nicht durchsetzen.

Einzelthemen: F. Sachs / Y. Dror, „Al-Bustānī's Approach to the Arabic Language. From Theory to Practice“, in: *Journal of the Royal Asiatic Society*, (2019), S. 393–413; E. Holt, „Narrating the Nahḍa. The Syrian Protestant College, *al-Muqtaṭaf*, and the Rise of Jurji Zaidan“, in: *One Hundred and Fifty*, hrsg. v. N. M. El-Cheikh, L. Choueiri und B. Orfali, Beirut 2014, S. 273–280 | **Texte**: B. al-Bustānī, *Muḥīṭ al-Muḥīṭ* <www.ejtaal.net>.

3.3 Blüte der Nahḍa in Ägypten

Der Libanon hatte im Bereich von Literatur und Bildung einflussreiche Persönlichkeiten hervorgebracht, doch es war Ägypten, das ihnen auf längere Sicht die besseren Rahmenbedingungen bot. Dieses war im Gegensatz zur Levante der Kontrolle der osmanischen Zentralregierung weitgehend entzogen und wurde vom Vizekönig (*ḫidīv*, andere Schreibung: *Khedive*) autonom regiert. Kultur und Journalismus nach europäischen Vorbild waren ausdrücklich erwünscht und wurden staatlich gefördert. Außerdem waren die religiösen Verhältnisse nicht so komplex wie im Libanon, wo die konfessionelle Spaltung der Gesellschaft die Arbeit der Journalisten zunehmend erschwerte.

Der Khedive Ismāʿīl (reg. 1863–1879), ein Enkel Muḥammad ʿAlīs, führte das Werk seines Großvaters fort und betrieb eine offensive Europäisierungspolitik auf allen Ebenen. Er ließ Telegrafenverbindungen und Eisenbahnlinien bauen, schuf ein modernes Postwesen, förderte die Zucker- und Baumwollindustrie, ließ ein Nationalmuseum und eine Nationalbibliothek errichten und baute das Bildungswesen aus. Sein Land gehöre, so verkündete er, fortan nicht mehr zu Afrika, sondern sei als Teil Europas zu betrachten. Vor allem die wirtschaftliche Öffnung Ägyptens zog mehrere Hunderttausend Immigranten an, die in den Großstädten Kairo und Alexandria einen erheblichen Teil der Bevölkerung ausmachten. Viele von ihnen waren Europäer.

Auch eine bürgerliche Hochkultur wurde staatlich vorangetrieben. Ihr Aushängeschild war das 1869 mit Verdis *Rigoletto* eröffnete Kairoer Opernhaus. Zwei Jahre später hatte hier *Aida* Premiere, eine Komposition im Auftrag des Khedive Ismāʿīl. Das Szenarium für das Werk lieferte der Ägyptologe und Chef der ägyptischen Antikenverwaltung Auguste Mariette (1821–1881).

Besucht wurden solcherlei Veranstaltungen von der neu entstandenen Mittelklasse, der *Effendiyya*. Sie war aus der Schicht der Beamten hervorgegangen, die seit der Zeit Muḥammad ʿAlīs Wirtschaft, Verwaltung und Kultur nach europäischem Muster umformten. Im Vergleich zur überwältigenden Mehrheit der

Abb. 35:
Der Khedive Ismāʿīl (1830–1895)
Er trieb die Europäisierung Ägyptens voran, stürzte aber das Land schließlich in den Bankrott.

Bevölkerung waren sie gut gebildet und wurden so zu den Hauptträgern der kulturellen und gesellschaftlichen Erneuerung. Ihre Frauen trugen die neueste Pariser Mode, und ihre Männer waren an europäischen Anzügen, Schnurrbart und Fez zu erkennen. Noch in den opulenten ägyptischen Filmklassikern der 1950er Jahre spielen sie die Hauptrollen. Die starke öffentliche Präsenz von Fortschritt und Europäisierung (welche man als nahezu gleichbedeutend verstand) darf jedoch nicht darüber hinwegtäuschen, dass nur ein kleiner Teil der Gesellschaft daran Anteil hatte. Gewaltige Unterschiede entstanden zwischen den Trägern des kulturellen und wirtschaftlichen Aufbruchs und den breiten, der Tradition verhafteten und in ärmlichen Verhältnissen lebenden Massen.

Wirtschaftlich endete Ismāʿīls Ära mit einem Staatsbankrott. Neben zahlreichen anderen kostspieligen Projekten war vor allem der Bau des Suezkanals eine so große Belastung für die Staatskasse, dass sich 1875 Ismāʿīl gezwungen sah, den ägyptischen Anteil der Kanal-Aktien an Großbritannien zu verkaufen, um seine Gläubiger bedienen zu können. Der britische Einfluss auf das Land erhöhte sich damit erheblich und der Unmut wuchs. Als 1882 unter der Führung des Kriegsministers Aḥmad ʿUrābī (1841–1911) die Ägypter zum Aufstand rüsteten, griffen britische Truppen an und schlugen das ägyptische Herr vernichtend. Von nun an be-

Abb. 36: Das Kairoer Opernhaus etwa zur Zeit seiner Eröffnung 1869

Abb. 37: Markt in Būlāq bei Kairo zwischen 1880 und 1890

herrschte Großbritannien das Land faktisch als Kolonie. Erst 1952 sollte es seine volle Unabhängigkeit erlangen.

Der weiteren Entwicklung der westlich-modernen Kultur schadete der Herrschaftswechsel kaum, ja die Zeit vor der Jahrhundertwende bescherte gerade der arabischen Presse trotz britischer Zensur einen enormen Aufschwung. Die meisten libanesischen Journalisten und Literaten sind in dieser Phase nach Ägypten übergesiedelt. Neben den besseren Arbeitsbedingungen dürften auch die besseren wirtschaftlichen Aussichten sie angezogen haben.

In dieser Zeit entstand die Bezeichnung, die sich für die kulturelle Erneuerungsbewegung der zweiten Hälfte des 19. Jahrhunderts insgesamt durchgesetzt hat: *Nahḍa.* Wörtlich übersetzt bedeutet es ‚Aufstehen' und ‚Sich-Bereitmachen'. Beflügelt vom Modernisierungsschub der Epoche war man entschlossen, die arabische Welt für eine neue Zeit zu rüsten. Die Intellektuellen, die den Begriff geprägt haben, standen ganz unter dem Einfluss des europäischen Fortschrittsdenkens, in dessen Licht ihnen der Zustand der traditionellen arabischen Zivilisation als rückständig erschien. In allen Bereichen war der Begriff der „Entwicklung" und das Streben nach Fortschritt anzutreffen. Auch die Vorstellung von „Zivilisation", wofür das von Ibn Ḫaldūn (1332–1406) geprägte Wort *tamáddun* umgedeutet wurde, ordnete man in dieses Entwicklungsmodell ein. Diese konnte nur in zwei Formen auftreten: Aufschwung oder Niedergang. Da man sich über die diesbezügliche Lage der arabischen Welt einig war, hatten die Akteure der Nahḍa das gemeinsame Ziel, das Ruder herumzureißen und die Araber wieder aus der Dunkelheit ins Licht zu führen. Aus dieser Perspektive erhielten auch die zurückliegenden Jahrhunderte seit dem Ende der klassischen Epoche das Etikett, das ihnen bis heute anhaftet: Zeit des Niedergangs (*ʿaṣr al-inḥiṭāṭ*).

Außer von Rationalismus und Fortschrittsglauben war die Bewegung der Nahḍa vom Streben nach Säkularität geprägt. Die herkömmliche islamische Kultur galt als rückständig und hatte im neuen Denken keinen Platz. In Konkurrenz zu der ehemals einflussreichen Schicht der Religionsgelehrten (*ʿulamāʾ*) traten nun die Intellektuellen mit aufgeklärter Bildung nach europäischer Art. Nicht die Fähigkeiten im Bereich der muslimischen Gelehrsamkeit waren länger entscheidend, sondern die Art und Weise, wie man es verstand, europäisches Denken einer arabischen Öffentlichkeit zu vermitteln.

Der säkulare Charakter der Nahḍa kam besonders den christlichen Gebildeten entgegen, die nun ungeachtet ihrer Religion innerhalb der muslimisch dominierten Gesellschaft agieren konnten. Wie im vorigen Abschnitt dargestellt, stellten sie in der Levante die Hauptakteure der Erneuerungsbewegung. Die führenden Köpfe der Nahḍa in Ägypten waren dagegen größtenteils Muslime aus der Schicht der Efendíyya. Viele von ihnen waren als Angestellte des Staates gleichsam von Amts wegen mit der Modernisierung von Kultur, Bildung und öffentlichem Leben befasst. Sie schufen im Auftrag der Khediven eine regelrechte säkulare Staatskultur. Aus ihren Kreisen gingen Persönlichkeiten hervor wie der Bildungsreformer, Städteplaner und Schriftsteller ʿAlī Mubārak (1823–1893), der Journalist Muḥammad al-Muwayliḥī (1868–1930) und der Dichter und Dramatiker Aḥmad Shauqī (1868–1932). Auch in Ägypten verband die Nahḍa die Intellektuellen über die Religionsgrenzen hinweg. Sehr bekannt war der Jude Yaʿqūb Ṣanūʿ, genannt Abū Naḍḍāra (‚der mit der Brille', 1839–1912), der eine bedeutende Satirezeitung herausgab.

Widerstand gegen diese Kulturpolitik, in der für die religiöse Tradition kein Platz zu sein schien und die zudem am größten Teil der Bevölkerung vorbeiging, formierte sich gegen Ende des 19. Jahrhunderts von Seiten der muslimischen Gelehrten. Einige von ihnen griffen Ideen der Nahḍa auf und formten sie in einen spezifisch muslimischen Kultur- und Gesellschaftsentwurf um, dessen Ziel es war, den Islam staatsfähig zu machen und in eine vom christlichen Europa unabhängige Moderne zu führen. So wurde der *politische Islam* oder *Islamismus* geboren. Führende Vertreter waren Ǧamāl ad-Dīn al-Afġānī (1838–1898), Muḥammad ʿÁbduh (1858–1905) und Rāšid Riḍā (1865–1935). Auch sie bedienten sich der neuen Kommunikationsformen und haben Anteil an der Gestaltung der modernen arabischen Sprache.

Zur Übersicht: S. Selim, *Popular Fiction, Translation, and the Nahḍa in Egypt*, Cham 2019 | **Einzelthemen**: M. Eppel, „Note About the Term *Effendiyya* in the History of the Middle East“, in: *International Journal of Middle Eastern Studies* 41 (2009), S. 535–539; T. Seidensticker, *Islamismus. Geschichte, Vordenker, Organisationen*, München 2016.

4 Neue Inhalte – neue Formen

Ein wichtiger Teil der Spracherneuerung bestand in der Aneignung literarischer Formen, die zuvor auf Arabisch nicht bekannt waren. Zusammen mit der Form wurde dabei teilweise auch der Stil übernommen.

4.1 Journalismus

Keine Erscheinung hat die arabische Schriftsprache im 19. Jahrhundert schneller und nachhaltiger verändert als der Journalismus. Mit ihm geht das Arabische endgültig in seine moderne Phase über. Ein Vorläufer ist der 1828 unter Muḥammad ʿAlī herausgegebene Staatsanzeiger *al-Waqāʾiʿ al-miṣriyya* (‚Ägyptische Ereignisse‘). Dieses Blatt war allerdings vom modernen Journalismus noch weit entfernt, denn weder war es darauf angelegt, eine größere Öffentlichkeit zu bedienen, noch war die arabische Sprache jener Zeit für einen solchen Zweck bereit.

Unabhängige Zeitungen und Zeitschriften nach europäischem Vorbild entstanden in den letzten Jahrzehnten des 19. Jahrhunderts. Ein Pionier auf diesem Gebiet war Aḥmad Fāris al-Shidyāq. Er hatte seinen Posten als Chefkorrektor der Druckerei des Sultans in Konstantinopel erst wenige Monate inne, als er bereits im Juli 1860 die erste Ausgabe seiner Wochenzeitung *Al-Jawāʾib* (etwa: ‚Neues aus der Ferne‘) herausbrachte. Sie fand innerhalb kürzester Zeit unter den Intellektuellen der arabischen Welt weite Verbreitung. Shidyāq war selbst einer ihrer eifrigsten Schreiber und setzte Maßstäbe im neuen literarischen Genre des „Artikels" (*maqāla*).

Weitere Zeitschriften kamen in Beirut hinzu, darunter die bereits erwähnten *al-Ǧinān* (‚die Gärten'), die äußerst populäre naturwissenschaftliche Zeitschrift *al-Muqtaṭaf* (‚die Auslese') von Yaʿqūb Sarrūf und Fāris Nimr sowie Jurjī Zaydāns Literaturjournal *al-Hilāl* (‚der Halbmond'). Später siedelte ein großer Teil der Journalisten nach Kairo über, das damit zum unangefochtenen Zentrum der intellektuellen Erneuerung wurde. Hunderte von arabischen Zeitungen und Zeitschriften erschienen um die Jahrhundertwende, nicht nur in vielen arabischen Ländern, sondern weltweit wo sich arabische Gemeinschaften fanden, von Paris bis Rio und von Kalkutta bis New York. Sie waren in dieser Phase der wichtigste Impulsgeber für die Modernisierung von Denken und Sprache und das entscheidende Medium zur Verbreitung von „Bildung" nach westlichem Vorbild. Vorbei an klassischen Sprachkonventionen und traditionellen gelehrten Strukturen schrieb man zu allen Themen, die Publikum und Herausgeber bewegten. Dazu gehörte selbstverständlich die Berichterstattung aus Politik und Gesellschaft im In- und Ausland, aber auch Themen aus Wissenschaft, Technik, Kultur, Philosophie, Literatur verschiedener Genres und Humoristisches. Beiträge wurden zum einen aus internationalen Agenturmeldungen und Publikationen zusammengestellt, die hierfür ins Arabische übersetzt wurden, zum anderen wurden sie von den Redakteuren selbst verfasst. Diese hatte große sprachlichen Herausforderungen zu meistern. Während nämlich vielfach die arabische Sprache für die neuartigen Textsorten und Themen noch gar nicht voll gerüstet war, gaben bereits die Erscheinungstermine den Arbeitsrhythmus vor und zwangen sozusagen zu Fortschritt am laufenden Band.

Einige Zeitschriften, wie der *Muqtaṭaf*, forderten ihre Leser dazu auf, eigene Beträge und Leserbriefe einzusenden, die regelmäßig abgedruckt wurden. Es gab regelrechte Debatten-Spalten, in denen die brennenden Fragen der Zeit diskutiert wurden, von Wirtschaftsstrukturen über Wissenschaftstheorie und Darwinismus bis zu Sprachpolitik, Frauenrechten und Bildungsreformen.

Sie geben uns Einblick in das Denken der gebildeten Allgemeinheit ihrer Zeit. Und sie zeigen, wie sich das Hocharabische, das sich über Jahrhunderte in bestimmte Nischen zurückgezogen hatte, wieder zu einer Schriftsprache von universaler Bedeutung entwickelte. Ein bis heute sichtbares Produkt dieser Epoche ist der typische Stil von Zeitungs- und Sachtexten. Bei Wissenschaftspublizisten wie Jurjī Zaydān ist er schon voll ausgeprägt.

٧٤

المقتطف

الجزء الثاني من السنة السادسة عشرة

١ نوفمبر (ت ٢) سنة ١٨٩١ الموافق ٢٩ ربيع اول سنة ١٣٠٩

فوائد الغنى ومضارهُ

لا شيء انفع للفتى من مالهِ يقضي حوائجهُ ويجلب انسهُ
واذا رمتهُ يد الزمان بسهمهِ غدت الدراهم دون ذلك ترسهُ

وهذا لسان حال الناس في كل زمان ومكان ولم يتفقوا عليهِ الاَّ لانهم اختبروا القوة المدَّخرة في المال فوجدوا ان الدينار الذي تستأجر بهِ عشرين عاملاً يعملون في ارضك بمثابة عشرين رجلاً يقومون على خدمتك نهارًا وليلاً

وكسب المال ليس بالامر العسير اذا احكم الانسان اساليب السعي وطرق التدبير ولكن حفظهُ وانفاقهُ بالحكمة وتخليص النفس من الاستعباد لهُ امور عسيرة تتعذَّر على كثيرين وما احسن ما قيل

اذا المرء لم يعتق من المال نفسهُ تملَّكهُ المال الذي هو مالكُهُ
ألا انما مالي الذي انا منفقٌ وليس لي المال الذي انا تاركهُ

ولكن الاغنياء يقعون غالبًا في شرك الغنى ويمسون لهُ عبيدًا ارقاء. قيل انهُ كان عند دوق برنسويك من الجواهر ما قيمتهُ نحو اثني عشر مليونًا من الفرنكات فاضطرَّ ان يقيم في باريس ولا يخرج منها وان لا ينام خارج قصرهِ ليلةً واحدة واحاط القصر بسور منيع ونصب فوق السور قضبانًا من الحديد محدَّدة الرؤُوس كالرماح ووصلها باجراس كثيرة حتى اذا لمس اللص واحدًا منها اخذت الاجراس تدق من نفسها وانفق على هذه القضبان اكثر من سبعين الف فرنك. وبنى لجواهرهِ جدارًا ثخينًا داخل الغرفة التي ينام فيها

جزء ٢ ١٠ سنة ١٦

Abb. 38: Die Zeitschrift al-Muqtaṭaf. Hrsg. v. Yaʿqūb Sarrūf und Fāris Nimr, Ausgabe vom 1. November 1891 (Nachdruck), Titelthema: Nutzen und Schaden des Reichtums.

Verglichen mit herkömmlichen Büchern erreichten die Zeitschriften ein wesentlich breiteres Publikum. Sie wurden nicht nur von einzelnen aufgenommen, sondern lagen auch an öffentlichen Orten wie Kaffeehäusern aus, wo sie in großer Runde vorgelesen und diskutiert wurden. So hatten auch viele, die nicht lesen konnten, an ihnen Anteil. Darüber hinaus überwanden die neuen Publikationen religiöse und gesellschaftliche Grenzen. Es entstand erstmals eine „Öffentlichkeit", in der sich eine Debattenkultur entwickeln konnte.

Eine Voraussetzung für den Erfolg der Zeitschriften waren die neuen Kommunikationsmittel. Telegrafen erlaubten die schnelle Übermittlung der neuesten Meldungen aus aller Welt, und über ein Postnetz, wie es in Ägypten eingerichtet wurde, war der Vertrieb der Drucksachen sichergestellt. Ein besonderes Beispiel für die Mobilität der Journalisten und für ihre internationalen Verbindungen ist Yaʿqūb Ṣanūʿ. Seine 1877 gegründete Satirezeitung *Abou Naddara* wurde schon im folgenden Jahr von den ägyptischen Behörden verboten, so dass er sich gezwungen sah, nach Frankreich zu emigrieren. Das beliebte Blatt wurde fortan in Paris gedruckt, nach Ägypten geschickt und dort illegal vertrieben. Ṣanūʿ beherrschte mehrere Sprachen und schrieb auf Arabisch und Französisch. Seine Zeitung enthielt außerdem Bildergeschichten und Karikaturen sowie Texte im ägyptischen Dialekt.

Trotz der großen Erfolge des Journalismus, der z. T. auch weniger gut gestellte Schichten erreichte, darf man jedoch die Reichweite des neuen Mediums nicht überschätzen. Insgesamt wurde die Erneuerungsbewegung nur von einem geringen Teil der Gesellschaft getragen, der sich überwiegend in den Städten befand. Dem stand eine große, nach wie vor traditionell eingestellte und wenig gebildete Mehrheit gegenüber. Man schätzt den Anteil der Lesekundigen in Ägypten noch um 1900 auf insgesamt nur knapp 10 % der Männer und 1 % der Frauen (siehe Fahmy, *Ordinary Egyptians,* S. 32).

14ème ANNÉE. – N°1. 21 FÉVRIER 1890.

ABOU NADDARA A GIBRALTAR

Malgré les conseils prudents de ses compagnons de voyage, Abou Naddara n'a pas voulu passer auprès de Gibraltar sans visiter ses formidables défenses. Si l'Officier anglais qui lui montrait si complaisamment les canons de ce fort avait pu penser quel ennemi il avait devant lui..... le Cheikh n'aurait-il pas payé de sa liberté cette excursion téméraire ?...

Abb. 39: Die Satirezeitung *Abou Naddara* von Yaʿqūb Ṣanūʿ. Das Bild oben links (‚Vente secrète de l'Abou Naddara') zeigt den geheimen Verkauf, das oben rechts die Festnahme des Herausgebers durch die ägyptischen Behörden. Die Zeitung wurde lithographisch hergestellt. Dazu musste der Text spiegelverkehrt handschriftlich auf steinerne Druckplatten geschrieben werden.

Zur Einführung: D. Glaß, *Der Muqtataf und seine Öffentlichkeit,* Würzburg 2004; Z. Fahmy, *Ordinary Egyptians. Creating the Modern Nation through Popular Culture,* Stanford 2011; A. Ayalon, *The Press in the Arab Middle East. A History,* Oxford 1995 | **Einzelthemen**: M. B. Alwan, „The History and Publications of al-Jawāʾib Press", in: *MELA Notes* 11 (May 1977), S. 4–7; H. L. Fleischer, „Über die Culturbestrebungen in Beirut und die arabische Zeitung *Ḥadîḳat al-aḫbâr*", in: ders., *Kleinere Schriften,* Bd. 3, Leipzig 1888, S. 103–151 | **Datenbank**: <https://archiv.zmo.de/jaraid/index.html> Katalog aller arabischen Zeitungen 1800–1900.

4.2 Moderne arabische Literatur

Ein weiterer Schritt auf dem Weg zum modernen Hocharabisch war die Schaffung einer schöngeistigen Prosaliteratur mit Genres wie Roman, Kurzgeschichte und Drama. Wir wollen hiervon den Roman näher betrachten. Er entwickelte sich zusammen mit dem Journalismus. Zwar gab es schon in der klassischen Zeit erzählende Formen wie Reisebeschreibungen, Fabeln und Maqāmen, doch sind diese weder inhaltlich noch stilistisch mit dem modernen Roman zu vergleichen. Dieser entwickelte sich erst durch den Einfluss europäischer Werke, die nach und nach adaptiert und teilweise mit traditionellen Formen vermischt wurden.

Am Anfang standen Übersetzungen. Das mit Abstand früheste Beispiel ist eine anonym veröffentlichte Übertragung von Daniel Defoes *Robinson Crusoe,* die 1835 in Malta erschien. In den 1850er Jahren übersetzte Rifāʿa aṭ-Ṭahṭāwī den seinerzeit in Frankreich vielgelesenen Bildungsroman *Les Aventures de Télémaque* von François Fénelon (1651–1715). Es handelt sich dabei um ein wichtiges Werk der frühen Aufklärung, das Ṭahṭāwī, ein konservativer Muslim, seinen Zeitgenossen vermittelt, indem er typische Elemente der klassischen arabischen Prosa einbaut und Handlung sowie Charaktere dem ägyptischen Kontext anpasst. Da er dabei deutliche Kritik an den herrschenden politischen Verhältnissen übte, konnte seine Übersetzung nicht in Kairo erscheinen, sondern wurde erst 1867 in Beirut gedruckt. Der Titel ist alter Tradition entsprechend gereimt und lautet: *Mawāqiʿ al-ʾaflāk fī waqāʾiʿ Talīmāk* (‚Was Telemach, der in die Ferne zieht, vorherbestimmt im Lauf der Sterne sieht').

Der Durchbruch der modernen arabischen Literatur kam mit dem Ausbau der Vermarktungsstrategien. Besondere Bedeutung hatten dabei die Zeitschriften. Viele von ihnen hatten einen festen Platz für Literatur und nutzten diesen gezielt, um Leser zu gewinnen. Einige waren sogar ganz auf Literatur spezialisiert. Eines der frühesten Werke, die auf diesem Wege erschienen, war *Wai ʾiḏan lastu bi-ʾurubbī* (‚Oh, dann bin ich doch kein Europäer'), das Khalīl al-Khūrī 1859 in seiner eigenen Zeitschrift *Ḥadīqat al-ʾaḫbār* (‚Nachrichtengarten') veröffentliche. Es kündigt bereits den eigenständigen arabischen Roman an. Bemerkenswert ist auch das 700-seitige Opus *as-Sāq ʿalā as-sāq fī mā huwa al-Fāriyāq* (‚Bein über Bein. Was es bedeutet, Fāriyāq zu sein') von Aḥmad Fāris al-Shidyāq, das 1855 in Paris erschienen war, eine virtuose und faszinierende Mischung aus Autobiographie, Fiktion und Realität, Reisebericht, seitenlangen Wortspielereien und Synonymenlisten, Spracherotik und sprachphilosophischer Reflexion. Es ist eines der originellsten und innovativsten literarischen Werke des Jahrhunderts und ein Meilenstein bei der Erprobung eines völlig neuen Stils. Auch die typographische Umsetzung des komplexen Manuskripts durch den Verleger Benjamin Duprat und seinen Setzer A. Perrault war meisterhaft und wurde von Shidyāq persönlich kontrolliert.

Am einträglichsten war allerdings in den in den folgenden Jahrzehnten das Geschäft mit übersetzten und adaptierten Romanen unterhaltender Art. Deren Qualität war recht unterschiedlich, Kürzungen und Abwandlungen waren üblich. Besonders Krimis, die zumeist aus dem Französischen oder, zum geringeren Teil, aus dem Englischen übersetzt wurden, waren beliebt. So schrieb Salīm al-Bustānī für *al-Ǧinān* aus verschiedenen Quellen zahlreiche Fortsetzungsromane zusammen, die Titel trugen wie „Ewige Liebe", „Schlangengift" und „Was sah Mrs. Darington?".

Das Genre des historischen Romans prägte Jurjī Zaydān. Von 1893 an trat er mit einer Reihe von Romanen hervor, in denen er in geradezu enzyklopädischer Weise die zentralen Ereignisse der muslimisch-arabischen Geschichte aufgreift und sie in fiktive Handlungen einbettet. Er verbarg dabei nicht seine europäisch geschulte historische Denkweise, und wurde hierfür vom muslimischen Establishment hart angegriffen.

Einen der ersten Romane, die eine zeitgenössische arabische Problematik behandeln, schrieb 1913 der Ägypter Muḥammad Ḥusain Haikal (1888–1956): *Zainab. Ländliche Szenen und Sitten,* ein nostalgisches Sittenbild kombiniert mit einer Liebesgeschichte zwischen einem jungen Akademiker und einer Fellachentochter. Ein Jahr zuvor war bereits ein anderes bemerkenswertes Werk erschienen: der autobiographische Kurzroman *Zerbrochene Flügel* von Jibrān Khalīl Jibrān (1883–1931). Dieser präge eine ganze Generation junger Intellektueller und wird oft zusammen mit

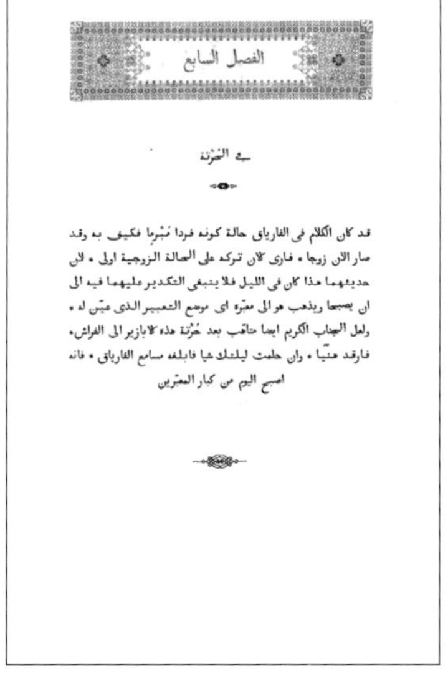

الفصل السابع

في الخرتة

قد كان الكلام في الفارياق حالة كونه فردا مُبْرِما فكيف به وقد صار الان زوجا • فارى لان تركه على الحالة الزوجية اولى • لان حديثهما هذا كان في الليل فلا ينبغي التكدير عليهما فيه الى ان يصبحا ويذهب هو الى معبّره اى موضع التعبير الذى عيّن له • ولعل الجناب الكريم ايضا متاهب بعد خُرْتة هذه الابازير الى الفراش • فارقد هنيا • وان حلمت ليلتك هيا فابلغه مسامع الفارياق • فانه اصبح اليوم من كبار المعبّرين

Abb. 40: Auszug aus Aḥmad Fāris al-Shidyāqs *Bein über Bein*. Die linke Seite enthält am Rand eine Auflistung der Vorzüge des weiblichen Körpers, die einen entsprechenden Abschnitt des Haupttexts ergänzt. Rechts ein Kurzkapitel. Gedruckt 1855 in Paris.

Haikals *Zainab* als Beginn der eigenständigen arabischen Romanliteratur angesehen. Sprachlich ist in ihnen das moderne literarische Hocharabisch erreicht, wie es bis heute gebraucht wird. Es beginnt nun eine Phase, in der die arabische Welt eine Literatur von Weltgeltung hervorgebracht hat. Zu ihren Vertretern gehören die Ägypter Ṭāhā Ḥusain (1889–1973), Taufīq al-Ḥakīm (1898–1987) und Nagīb Maḥfūẓ (1911–2006), der Palästinenser Jabrā Ibrāhīm Jabrā (1919–1994), der Sudanese aṭ-Ṭayyib Ṣāliḥ (1929–2009), der Iraker Abdul Raḥmān Munīf (1933–2004), die Algerierin Āsiya Jibār (1936–2015) und die Palästinenserin Sahar Khalīfa (geb. 1941), um nur wenige zu nennen. Wichtige wiederkehrende Themen sind die Auseinandersetzung mit dem „Westen", die Kluft zwischen Stadt und Land, das Verhältnis zwischen den Geschlechtern, die Spannung zwischen Religion und Säkularität, Erfahrungen von Krieg und politischer Repression, die Lage der Palästinenser sowie die Auseinandersetzung mit der gegenwärtigen sozialen und politischen Situation.

Man kann nicht deutlich genug auf den großen Stilunterschied zwischen der arabischen Literatursprache und der Sprache der Medien hinweisen. Da in unseren Sprachkursen aus Zeitgründen oft nur Zeitungs- und Sachtexte gelesen werden, entgeht vielen Lernenden ein wesentlicher Teil moderner arabischer Sprache und Kultur. Nur wer auch Romane liest, kann den wirklichen Reichtum des Arabischen kennen und schätzen lernen. Die Sprache der modernen Literatur ist keineswegs immer schwieriger als die der Presse – im Gegenteil, oft ist sie klarer. Aber sie muss eigens geübt werden.

Zur Einführung: M. Moosa, *The Origins of Modern Arabic Fiction,* 2. Aufl., Boulder, CO 1997; M. Al-Musawi, „Narrative", in: *The Cambridge Companion to Modern Arab Culture,* hrsg. v. D. F. Reynolds, Cambridge 2015, S. 112–134 | **Einzelthemen**: Ch. Junge, *Die Entblößung der Wörter,* Wiesbaden 2019, besonders S. 224–238; A. Ayalon, *The Arabic Print Revolution. Cultural Production and Mass Readership,* Cambridge 2016 | **Texte**: *Erkundungen. 17 arabische Erzähler,* hrsg. v. R. Simon, Leipzig 1971; A. F. al-Shidyāq, *Leg over Leg,* hrsg. u. übers. v. H. Davies, 2 Bde., New York 2013.

5 Unterschiede zum klassischen Arabisch

Im ersten Kapitel erwähnten wir, dass die arabischen Sprachwissenschaftler bis heute ganz überwiegend daran festhalten, dass die arabische Sprache in ihrer idealen Form (Fuṣḥā) eine feststehende Größe ist und keine Entwicklungsstufen kennt. Vergleicht man das moderne mit dem klassischen Arabisch, erweist sich dies insofern als richtig, als sich an der Formenlehre und an den Grundlagen des Satzbaus fast nichts geändert hat. Das kommt daher, dass sich die Verfasser zu allen Zeiten – auch die Sprachreformer der Nahḍa – bewusst an den Regeln der klassischen Grammatiker orientierten, die auf diesen beiden Gebieten besonders deutlich formuliert sind. So lautetet z. B. die Vergangenheitsform des Verbs im Hocharabischen stets *katab-tu* ‚ich schrieb', *katab-ta* ‚du schriebst (m.)', *katab-ti* ‚du schriebst (f.)' usw., ganz gleich, wann der Text entstanden ist. Auch für die im Schriftbild in den meisten Fällen nicht sichtbaren Kasus- und Modusendungen (*iʿrāb*) gelten noch immer dieselben Regeln, die schon im 8. Jahrhundert der Grammatiker Sībawaih festgehalten hat: ‚das Buch' heißt heute wie damals *al-kitāb**u*** im Nominativ, *al-kitāb**i*** im Genitiv, und *al-kitāb**a*** im Akkusativ.

In zwei anderen Bereichen ist allerdings das Regelwerk weniger strikt und der Spielraum, innerhalb dessen man „korrektes Arabisch" schreiben und sprechen kann, größer, nämlich in Stilistik und Wortschatz. Die Texte verschiedener Zeiten und Genres haben hier ihre Hauptunterschiede. Wenn westliche Forscher die diachronen Veränderungen der Sprache in den Vordergrund stellen, tun sie dies aufgrund der beiden letztgenannten Kriterien; betonen hingegen die Araber die Einheit ihrer Sprache, haben sie vor allem die beiden erstgenannten im Blick. Sprachliche Richtigkeit (oder besser: sprachliche Reinheit, *faṣāḥa*) ist bei ihnen ein dehnbarer Begriff. Zahlreiche Besonderheiten des modernen Hocharabisch sind zwar nicht völlig im Einklang mit dem Ideal, gelten aber auch nicht als falsch. Über viele recht beträchtliche Unterschiede wird auch großzügig hinweggesehen.

Während das klassische Arabisch noch einer umfassenden Beschreibung harrt, sind wir über Grammatik, Stilistik und Wortschatz des heutigen Sprachgebrauchs bestens informiert. Selten werden aber die Unterschiede zum klassischen Arabisch deutlich benannt. Ein Grund dafür ist, dass es zwischen beiden Sprachstufen keine deutliche Trennung gibt. Zum einen ist das moderne Arabisch im Prinzip offen für Rückgriffe auf klassische Konstruktionen, zum anderen gibt es in beiden Sprachstufen große Unterschiede zwischen den verschiedenen Textsorten, sodass eine pauschale Zuordnung einzelner Elemente zu der einen oder anderen Sprachstufe oft nicht möglich ist. Es ist stets ein Bündel von Merkmalen, das einen bestimmten modernen Text von einem klassischen unterscheidet.

5.1 Wortschatz

Die klarsten Indizien liefert der Wortschatz. Wir sahen schon, dass es eine der Hauptaufgaben der Spracherneuerer war, für die verschiedensten neuen Dinge, Konzepte und Sachverhalte die passenden arabischen Wörter zu finden. Die Arbeit, die die Übersetzer und Literaten des 19. und beginnenden 20. Jahrhunderts hier geleistet haben, ist enorm, denn der angebliche Synonymenreichtum der Dichtersprache, den die Wörterbücher der klassischen Epoche verzeichneten, erwies sich als nutzlos, wenn es darum ging, die Erscheinungen der neuen Zeit zu beschreiben. Buṭrus al-Bustānī macht dies in seinem ‚Traktat über die Literatur der Araber' (*Ḫuṭba fī ʾādāb al-ʿarab*) von 1859 deutlich:

> Einige halten die Vielzahl der Synonyme in der arabischen Sprache für einen Reichtum. Tatsache ist: Man darf sie nicht als Reichtum erachten, denn die Synonyme tragen nicht dazu bei, die Wortbedeutung zu vermehren, was der eigentliche Zweck der Sprachen ist. Eine Sprache, in der es viele Wörter für eine einzige Bedeutung gibt, während es zugleich viele Bedeutungen gibt, die sich mit keinem Wort ausdrücken lassen, ist in

Wirklichkeit eine arme Sprache, keine reiche – und ihre Sprecher sind arm, nicht reich. (...) Weil die alten Araber das Kamel in Ehren hielten und es verherrlichten (...), ist ihre Sprache mit Wörtern für dieses wuchtige, hochverehrte Tier überladen. (...) Welcher Nutzen aber ergibt sich aus diesen Bezeichnungen für eine sesshafte Stadtgesellschaft, die angesichts der Eisenbahnwaggons nicht mehr der Dienste des Kamels bedarf, mit dem Knattern der Dampfschiffturbinen auf sein Geschrei verzichtet und den Geruch der Steinkohle seinen Ausdünstungen vorzieht? So tut sich hier also ein weites Feld für eine Reform auf und für eine Übertragung all der beduinischen Bezeichnungen, die sich auf die Themen der sesshaften Stadtbevölkerung übertragen lassen.

Übersetzung von Ch. Junge, *Die Entblößung der Wörter,* S. 250

In praktisch allen Bereichen mussten neue Wörter und Ausdrucksmittel geschaffen werden, von denen viele heute ein selbstverständlicher Teil der Sprache sind. Im Bereich der Fachterminologie dauert dieser Prozess noch immer an. Folgendes sind einige wichtige Möglichkeiten der Wortbildung:

– Nutzung der in der arabischen Sprache vorhandenen Wortbildungsmuster: *muḥárrik* ‚Motor' (eigentlich ein Partizip: das Bewegende); *ištirākíyya* ‚Sozialismus' (*ištirāk* ‚Teilhaben' + Abstraktum-Endung); *hātif* ‚Telefon' (eigentlich ein Partizip: ‚das Rufende'); *taʿaddudíyya* ‚Pluralismus' (*taʿáddud* ‚Vielsein' + Abstraktum-Endung), *muwāṭin* ‚Bürger', *wáṭanī* ‚national' (beide von *wáṭan* ‚Vaterland').
– Umdeutung von vorhandenen Wörtern: *wáṭan* ‚Vaterland' (eigentlich: ‚Wohnort'); *muʿāraḍa* ‚(politische) Opposition' (eigentlich: ‚Opposition' allgemein); *raʾīs* ‚Präsident' (eigentlich: ‚Oberster').
– Bildung neuer Adjektive mit der sog. Nisbe-Endung (-*ī*): *taktīkī* ‚taktisch', *ḥadīdī* ‚eisern', *tiknolōǧī* ‚technologisch', *sukkānī* ‚Bevölkerungs-', *taʾhīlī* ‚Ausbildungs-'.
– Nachbildung von fremden Ausdrücken mit arabischen Wörtern (Lehnübersetzung): *rágul aʿmāl* ‚Geschäftsmann' (nach franzö-

sisch *homme d'affaires*), *mārasa aḍ-ḍaġṭ* ‚Druck ausüben' (nach englisch: *to exercise presure*), *lá'iba daúran* ‚eine Rolle spielen' (nach englisch: *to play a role*).
– Übernahme eines Fremdwortes (Entlehnung): *kambyūtar* ‚Computer' (auch: *ḥāsūb*), *oksiǧīn* ‚Sauerstoff', *barlamān* ‚Parlament', *idyūlūǧiyya* ‚Ideologie', *imbraṭūriyya* ‚Reich', *būdra* ‚Puder', *bāṣ* ‚Bus' (auch: *otobīs, ḥāfila*).

Das Hocharabische hat zu allen Zeiten wenig Fremdwörter aufgenommen. Ihr Anteil am Wortschatz beträgt heute etwa 1 %. Dies ist dem Streben nach sprachlicher Reinheit geschuldet, das die Autoren zu allen Zeiten angetrieben hat. Viele Fremdwörter, die durch die Übersetzungen des 19. Jahrhunderts eingedrungen sind, hat man später durch arabische ersetzt. In einigen Fällen sind heute Lehnwörter und arabische Neubildungen nebeneinander im Gebrauch, z. B. für ‚Telefon' *talifōn* und *hātif,* für ‚Mobiltelefon' *mōbail* (engl.), *maḥmūl, naqqāl, ǧawwāl,* und *hātif ḫilyāwī,* sowie für ‚Hotel' *otel* (frz.), *lokanda* (ital.), *funduq* (griech., schon im klassischen Arabisch) und *nazl* (arab.). Welches Wort jeweils gebraucht wird, ist oft regional verschieden.

Die „Reinhaltung" der Sprache wird dadurch erleichtert, dass die meisten Fremdwörter sofort auffallen, sofern sich nicht zufällig einem arabischen Wortbildungsmuster entsprechen. So sehen die Muttersprachler bis heute Wörter wie *maġnaṭīs* ‚Magnet', *mūsīqā* ‚Musik' und *failasūf* ‚Philosoph', die seit klassischer Zeit im Gebrauch sind und für die es keine Alternativen gibt, aufgrund ihrer Lautgestalt nicht als eigentlich arabisch an (genauso wie übrigens die Fachgebiete, zu denen sie gehören, nicht zu den „islamischen Wissenschaften" gezählt wurden).

Leichter gliedern sich Wörter ein, die einem arabischen Wortschema entsprechen. Sie bilden sogar den typisch arabischen sog. inneren Plural: *bank,* pl. *bunūk*; *film,* pl. *ʾaflām*. Dass die Zurückhaltung gegenüber Fremdwörtern ihren Hauptgrund in der traditionellen Sprachauffassung und nicht in der Struktur der Sprache hat, zeigen die Dialekte, die viel weitreichender von Fremdwörtern durchdrungen sind. Auch die moderne *hebräische* Schriftsprache kann als Vergleich dienen: Sie unterliegt ganz ähnlichen

Wortbildungsregeln wie das Arabische, hat aber eine Vielzahl von international gebräuchlichen Fremdwörtern integriert (z. B. *sotsializm, informátsia, polítika*), die dem Arabischen völlig fehlen.

5.2 Grammatik und Stil

Eine große Herausforderung der Schreiber des 19. Jahrhunderts war es, einen knappen, präzisen Stil zu schaffen, der in westlicher Sachlichkeit Dinge auf den Punkt bringen konnte. Hieraus ist der moderne arabische Sachprosastil entstanden, der sich deutlich von der klassischen Sprache unterscheidet. Er ist von europäischen Sprachen beeinflusst, erscheint aber vor allem in der Zeitungssprache oft langatmiger und formelhafter als etwa im Deutschen oder Englischen. Der Satzbau ist im klassischen wie im modernen Arabisch eher aneinanderreihend als unterordnend, was vor allem in Zeitungen nicht selten die Bildung von „Bandwurmsätzen" begünstigt.

Klassische Sachtexte wirken dagegen mitunter erzählend. Die Autoren umkreisen den Gegenstand und lassen sich für die Argumentation Zeit. Zwei Texte in Übersetzung mögen hiervon einen Eindruck vermitteln. Sie sind nur bedingt miteinander vergleichbar, da sie verschiedene Themen besprechen und in völlig verschiedenem Kontext stehen. Sie zeigen aber doch einige Eigenarten der Sprache ihrer Zeit. Zunächst ein Ausschnitt aus einer Abhandlung über Indien des Universalgelehrten al-Bīrūnī (973–1048):

Die Schwierigkeiten beim Schreiben der Wahrheit

Mit Recht heißt es, daß das Hörensagen dem Augenschein nicht gleichzuachten sei, denn beim Sehen erfaßt das Auge des Beobachters den gesehenen Gegenstand selbst und zu der Zeit seines Vorhandenseins und an dem Ort seines Vorkommens. Hafteten dem Hörensagen nicht bestimmte Mängel an, so hätte es einen deutlichen Vorzug vor dem Augenschein und der Beobachtung; denn diese sind auf das Vorhandensein beschränkt, das einen bestimmten Zeitraum nicht überschreitet, während das Hörensagen diesen erreicht und dazu die Zeiten, die davon abgelaufen und die danach zu erwarten sind. Somit umfasst das Hörensagen zugleich das Vorhandene wie das Abwesende. Das Geschriebene ist eine Unterart davon, und es fehlt wenig, daß es die vornehmste darstellt, denn woher käme uns die Kunde von der Geschichte der Völker, gäbe es nicht die unvergänglichen Spuren des Schreibrohrs?

Aus: Al-Bīrūnī, *In den Gärten der Wissenschaft*, übersetzt und erläutert von G. Strohmaier, 2. Aufl., Leipzig 1991, S. 149

Der folgende Text stammt aus einem aktuellen Arabischlehrbuch und ist ein typischer Vertreter der modernen Sachprosa. Wörter und Ausdrücke, die im klassischen Arabisch nicht vorkommen, sind markiert: *kursiv* – altes Wort mit veränderter Bedeutung; unterstrichen – Neubildung; **fett** – Fremdwort; gestrichelt – typischer Ausdruck der modernen Sachprosa.

Der arabische Nationalismus

Die *Bewegung* des arabischen Nationalismus entstand am Ende des 19. und Anfang des 20. Jahrhunderts. Die arabischen Nationalisten glaubten an das auf dem gemeinsamen Erbe der Sprache, *Kultur,* Geschichte und islamischen Religion beruhende Arabertum und dazu noch an den Grundsatz der *Freiheit der Religionen* und die Notwendigkeit der Schaffung einer arabischen Einheit. Anfangs beschränkten sich die Forderungen der arabischen Nationalisten auf die Durchführung von Reformen innerhalb des *osmanischen Staats,* darunter den weitestgehenden Gebrauch der arabischen Sprache im *Unterricht* und in der lokalen Verwaltung. Jedoch wurde die nationalistische *Ausrichtung* mit dem Zusammenbruch dieses Staates schärfer. (...)
Die **Ideologie** des arabischen Nationalismus war von den 50er- bis 70er-Jahren des 20. Jahrhunderts die in der *arabischen Welt* am weitesten verbreitete **Ideologie**. Dabei war sie durch die nasserische *Strömung* und die Entstehung der Vereinigten Arabischen Republik zwischen Ägypten und Syrien gekennzeich-

net, die unter der Führung des ägyptischen *Präsidenten* Gamāl ʿAbd an-Nāṣir und die Unterstützung der syrischen Baath-*Partei* stattfand.

Aus: D. Blohm / W. Fischer / W.-D. Fromm, *Lehrgang Arabisch*, Wiesbaden 2013, S. 422

Um die Stilunterschiede im Einzelnen zu verstehen, geht es nicht ohne Arabischkenntnisse. Zur Illustration seien aber einige Erscheinungen genannt, mit denen es Lernende von Anfang an zu tun haben. Die folgenden Ausdrucksweisen sind typisch für die Sprache des Journalismus. Sie sind im klassischen Arabisch theoretisch auch möglich, kommen aber in dieser Form nicht oder nur selten vor. Oft haben sie Parallelen in den europäischen Sprachen:

– Häufige Abwechslung von im Grunde gleichbedeutenden Wörtern, z. B. für ‚sagen': *qāla* ‚er sagte', *ʾakkada* ‚er bestätigte', *šaddada ʿalā* ‚er bekräftigte', *ṣarraḥa* ‚er erklärte', *ʾaʿraba* ‚er drückte aus', *ʾaʿlana* ‚er verkündete', *ʾašāra ʾilā* ‚er wies darauf hin', *ʾafāda bi-* ‚er ließ wissen', *ḏakara* ‚er erwähnte', *rawā* ‚er erzählte', *istadraka* ‚er präzisierte', *ʾaqarra bi-* ‚er räumte ein'.
– Nominalstil, z. B. „die Notwendigkeit der Schaffung einer arabischen Einheit".
– Nominalkonstruktionen mit den Hilfsverben *qāma bi-* (aktiv) und *tamma* (passiv): *qāmat al-ḥukūma bi-muʿālaǧat al-múškila* ‚die Regierung führte die Behandlung des Problems durch', *tamma muʿālaǧat al-múškila* ‚die Behandlung des Problems wurde durchgeführt'.
– Verneinung der Vergangenheit ausschließlich mit *lam* + Imperfektform anstatt *mā* + Perfektform.
– Häufiger Gebrauch von *hunāka / yūǧad / ṯammata* entsprechend engl. *there is* und franz. *il y a*.

Wie bereits erwähnt, hebt sich hiervon die Sprache der Literatur noch einmal wesentlich ab, sodass man zwischen modernem Zeitungsarabisch und modernem literarischem Arabisch unterscheiden kann. Die Unterschiede zwischen beiden Varianten sind anhand von sprachlichen Merkmalen, wie sie in der Liste genannt sind, gut zu erkennen. Im Vergleich zur phrasenreichen, um Objektivität bemühten Zeitungssprache überrascht oft der direkte, zugängliche Stil moderner Romane.

Die Bestimmung des Verhältnisses der heutigen Literatursprache zum klassischen Arabisch ist dagegen eine überaus komplexe Angelegenheit, über die sich arabische Autoren und Sprachgelehrte seit Beginn der Nahḍa streiten. Der theoretischen Auffassung, dass im Prinzip alles geschriebene Arabisch Fuṣḥā ist und ein Autor dadurch jederzeit auf das gesamte klassische Erbe zurückgreifen kann, steht in der Praxis die Tatsache gegenüber, dass sich die klassische Sprache in Ausdrucksweise und Wortschatz keineswegs nahtlos in moderne Texte einfügt und dass sie, wenn sie einmal gebraucht wird, eine starke Markierung bewirkt. In reiner Form ist die klassische Sprache ungeeignet, heutige Ausdrucksbedürfnisse zu befriedigen. De facto folgt daher, wer modernes Hocharabisch schreibt, einem ungeschriebenen Standard, der durch den gegenwärtigen Sprachgebrauch bestimmt wird. Je nach Genre gelten dabei verschiedene Maßstäbe. Indem man stets die grammatischen Grundregeln einhält, stellt man sicher, sich unter dem Dach der *einen* arabischen Schriftsprache, der Fuṣḥā zu bewegen.

5.3 Kasus- und Modusendungen (*iʿrāb*)

Über die Kasus- und Modusendungen sagten wir, dass für sie in der Theorie im modernen Hocharabisch dieselben Regeln gelten wie im klassischen. Allerdings hat sich auch hier ein ungeschriebener Standard dafür herausgebildet, wie sie tatsächlich verwendet werden. Genau wie im klassischen Arabisch werden sie (außer in Sprachlehrbüchern und Gedichten) nicht mitgeschrieben, gelten aber dennoch als integraler Bestandteil der Sprache. In Erscheinung treten sie nur, wenn das Hocharabische mündlich wiedergegeben wird, also beim lauten Vorlesen von Texten und, sehr sporadisch, in der freien Rede. In welchem Maße sie dann realisiert werden, richtet sich nach der Textsorte und den Grammatikkenntnissen des Vorlesenden. Während im informellen Rahmen Endungen nur ausnahmsweise gebraucht werden, spielen sie beim öffentlichen Vortrag schriftlicher Texte, vor allem in Radio und Fernsehen, eine wichtige Rolle.

Grundsätzlich gilt hier, dass zwischen Wörtern, die eng zusammengehören, als Bindeglied die Endungen erscheinen (z. B. *ṣāḥib**u**‿l-bait**i**‿ṣ-ṣaġīr* ‚der Eigentümer des kleinen Hauses), während sie am Ende einer Phrase oder einer Sinneinheit (man sagt: *in Pausa*) fehlen, wie im Beispiel beim Wort *ṣaġīr*, das vollständig *ṣaġīr**i*** heißen müsste. Je nachdem, wie lang die gebundenen Einheiten sind, unterscheidet sich der Sprachrhythmus. Beim Vortrag literarischer Texte sind die zusammenhängenden Einheiten länger als beim Verlesen von Nachrichten. Gedichte werden stets mit allen Endungen vorgetragen.

Der folgende Satz stammt aus einer Kurzgeschichte von Zakariyyā Tāmir. Literarisch vorgelesen haben fast alle Wörter Endungen. Bei (′) ist ein leichter Einschnitt.

*ráḥalat**i**‿l-ġābāt**u**‿baʿīd**an** ′ ʿan**i**‿námir**i**‿s-saġīn**i**‿fi-l-qáfaṣ*
‚Die Wälder entfernten sich von dem im Käfig gefangenen Leoparden.'

Stellt man sich den gleichen Satz als Nachrichtenmeldung vor, wäre er etwa wie folgt zu hören:

*ráḥalat**i**‿l-ġābāt* | *baʿīd**an*** | *ʿan**i**‿námir**i**‿s-saġīn* | *fi-l-qáfaṣ*

Nur unmittelbar zusammengehörige grammatische Phrasen, hier mit Strich (|) markiert, werden in der Regel verbunden. Eine Ausnahme ist das Adverb *baʿīdan* ‚weit', dessen Endung immer erhalten bleibt. Die Endungen an den richtigen Stellen zu gebrauchen bzw. wegzulassen hat entscheidenden Einfluss auf einen authentischen Klang der Sprache. Sie wären zwar grammatisch gesehen entbehrlich, haben aber als Fugenelemente zwischen den zu bindenden Wörtern eine wichtige prosodische Funktion. Kennt man als Lernender die Grundsätze ihrer tatsächlichen Verteilung, kann dies das Vorlesen wie auch das Hörverstehen erheblich erleichtern. In den Lehrbüchern wird dieses wichtige Thema jedoch bisher übergangen. Die Endungen werden im Arabischunterricht für gewöhnlich nur unter grammatischen, nicht unter prosodischen Gesichtspunkten behandelt.

Da nach der normativen Grammatik der Hochsprache sämtliche Wörter mit Endungen auszusprechen sind und jedes Weglassen als Fehler gilt, gibt es keine offiziellen Regeln dafür, wann sie in der Praxis ausgelassen werden können und wo sie nötig sind. Man richtet sich dabei nach ungeschriebenen Konventionen. Während diese in den beiden gerade dargestellten Fällen recht klar und einheitlich sind, gibt es in der freien Rede auf Hocharabisch große Unterschiede zwischen einzelnen Sprechern. Eine Studie anhand von Fernsehinterviews hat ergeben, dass durchschnittlich nur etwa 8 % der Endungen realisiert werden. Die Schwankungen zwischen den einzelnen Personen bewegten sich zwischen 0,2 % und – ein Extremfall – 42 %. Am häufigsten werden die Endungen bei Wörtern realisiert, an die ein Personalsuffix gehängt ist (z. B. *fī baiti-hi* ‚in seinem Haus'). Auch die Akkusativ-Endung *-an* wird gelegentlich mitgesprochen.

Zum Überblick: A. Ayalon, *Language and Change in the Arab Middle East. The Evolution of Modern Political Discourse,* Oxford 1987; S. Somekh, *Genre and Language in Modern Arabic Literature,* Wiesbaden 1991 | **Einzelthemen**: A. Hallberg, *Case Endings in Spoken Modern Standard Arabic,* Lund 2017.

VI Die arabischen Dialekte

Die Dialekte sind die eigentliche Muttersprache der Araber, die Sprache, in der die Menschen denken und fühlen und in der sie tagtäglich kommunizieren. Wer einen Zugang zu „Land und Leuten" gewinnen will, muss Dialekt sprechen und verstehen können. Zwar kann man sich mit dem Hocharabischen in vielen Situationen behelfen, doch befindet man sich damit immer in einer Sonderwelt, in der man hauptsächlich das mitbekommt, was einem in diese Sprachform übersetzt wird. Das eigentliche Leben spielt sich dagegen im Dialekt ab.

Die Dialekte sind eine Form des Arabischen, die sich parallel zur Schriftsprache entwickelt hat und deren Wurzeln wahrscheinlich in die vorislamische Zeit zurückreichen. Sie sind also keineswegs, wie es alte und zeitgenössische arabische Gelehrte in der Regel darstellen, ein vereinfachter und durch fremde Einflüsse entstellter Abklatsch der Hochsprache. Zwar haben alle Dialekte die Kasus- und Modusmarkierung (*iʿrāb*) aufgegeben, die das Hocharabische weitergeführt hat, und sind insofern einfacher, doch gibt es andere Bereiche, in denen sie komplexer sind. Während nämlich die Hochsprache von sehr systematischen und strikten Regeln begrenzt wird, die seit nunmehr 1200 Jahren unverändert angewendet werden, konnten sich die Dialekte frei entwickeln. Sie vereinen in Wortschatz und Grammatik Elemente aus allen Epochen ihrer Geschichte und sind daher vor allem, wenn man sie in ihrer Gesamtheit betrachtet, erheblich vielfältiger als das Hocharabische.

An arabischen Universitäten gibt es keine historisch-linguistische Forschung zur Dialektologie. Hier herrscht durchgehend die traditionelle Doktrin, der zufolge nur die Hochsprache richtiges Arabisch darstellt und daher als einzige des Studiums würdig ist. Selbst bei Intellektuellen ist die Ansicht verbreitet, ein Dialekt habe keine Grammatik. Schon die bloße Dokumentation eines Dialekts löst Befremden aus, denn dies bedeutet, sich mit seiner Fehlerhaftigkeit abzugeben und eine Zerspaltung des Arabischen anzuerkennen – ein verbreiteter Vorwurf gegenüber westlichen

Arabisten. Dies rührt von der bereits erwähnten traditionellen Überzeugung her, die arabische Sprache bilde mit allen ihren Erscheinungsformen eine Einheit, für die nur eine einzige Grammatik, nämlich die der Fuṣḥā, wie sie von alten Gelehrten formuliert wurde, zutreffen kann. Nur wo ausländische Studierende in Sprachkursen die lokale Mundart erlernen wollen, befasst man sich mit dem Thema in gewissem Umfang.

Im Westen hat dagegen die Arbeit mit den arabischen Dialekten sowohl für die Sprachgeschichte als auch für die Soziolinguistik bedeutende Einsichten gebracht. Die in der deutschen Tradition stehende Forschung ist darauf gerichtet, die Einzeldialekte zu erschließen, miteinander in Beziehung zu setzen und davon ausgehend sprachhistorische und geographische Zusammenhänge aufzudecken. Im englischsprachigen Raum ist man dagegen vor allem an soziolinguistischen Fragen interessiert, das heißt man untersucht das Zusammenspiel der verschiedenen Sprachformen bei einzelnen Sprechern und in der Gesellschaft als ganzer. Stark vereinfacht gesagt sucht man dabei zu erklären, wer in welcher Situation warum welche Sprachform benutzt.

Zur Einführung: J.C.E. Watson, „Arabic Dialects (General Article)", in: *The Semitic Languages. An International Handbook,* hrsg. v. S. Weninger, Berlin 2011, S. 851–896 | **Handbücher**: *Handbuch der arabischen Dialekte,* hrsg. v. W. Fischer und O. Jastrow, Wiesbaden 1980; *Manual de dialectología neoárabe,* hrsg. v. F. Corriente und Á. Vicente, Zaragoza 2008; O. Durand, *Dialettologia araba,* Rom 2018; *The Routledge Handbook of Arabic Sociolinguistics,* hrsg. v. E. Al-Wer und U. Horesh, London 2019.

1 Hochsprache und Dialekt im täglichen Gebrauch

Die arabische Sprache zeichnet sich im alltäglichen mündlichen Gebrauch durch ein breites Spektrum an Varianten aus, zwischen denen die Sprecher je nach Situation teils bewusst, teils unbewusst wählen. Man nennt sie in der Soziolinguistik *Register.* Welches Register verwendet wird, ist von zahlreichen Faktoren abhängig:

von der Redesituation, dem Grad der Formalität, dem Geschlecht der Beteiligten, ihrem sozialen Status, dem Bildungsgrad uvm. Der Übergang zwischen den Registern ist fließend, und mitunter wird sogar innerhalb eines Gesprächs zwischen ihnen gewechselt (*code switching*). Die verschiedenen Register entstehen einerseits dadurch, dass sich die Sprecher zwischen den beiden Polen Hochsprache und Dialekt hin und her bewegen, und andererseits dadurch, dass gegebenenfalls zwischen verschiedenen Dialekten gewechselt wird. Ein zusätzlicher Faktor kommt ins Spiel, wenn weitere Sprachen zur Verfügung stehen, wie das Französische im gesamten Maghreb, das Berberische in Marokko und Algerien sowie das Englische in bestimmten gesellschaftlichen Schichten in den Golfstaaten.

1.1 Funktionen von Hochsprache und Dialekt

Die Wahl zwischen Hochsprache und Dialekt wird im Alltag von relativ strikten Konventionen bestimmt. Welche Sprachform verwendet wird, ist situationsabhängig, also funktional bestimmt. Es wäre einerseits unangemessen, eine Regierungserklärung im Dialekt abzugeben und würde andererseits Heiterkeit oder Befremden erregen, auf dem Markt in Hocharabisch einzukaufen. Nur Ausländern, die die Sprache lernen, werden solche Übertretungen großzügig nachgesehen. Prinzipiell ist die Verwendung von Hochsprache und Dialekt komplementär verteilt: In bestimmten Funktionen kommt ausschließlich der Dialekt in Frage, in anderen nur die Hochsprache, eventuell mit dialektalen Beimischungen. Manchmal gibt es einen gewissen Spielraum, etwa bei mehr oder weniger offiziellen Reden. Hier bestimmt der Grad der Formalität, welche Sprachform gewählt wird. Charakteristisch ist, dass alle Sprecher als Grundsprache ihren Dialekt haben und diesen normalerweise auch gebrauchen – er ist die übliche Form der mündlichen Kommunikation, unabhängig von Herkunft, sozialem Rang und Bildungsstand.

Die Hochsprache ist dagegen mündlich nur in wenigen Fällen zu hören, nämlich (1.) wenn ein zuvor aufgeschriebener Text vorgetragen wird, also in den Nachrichten sowie in Vorträgen, Predigten und offiziellen Reden; (2.) in Radio- und Fernsehinterviews zu „ernsten" Themen; (3.) in Zeichentrickfilmen und Historienfilmen; (4.) im Arabischunterricht. Während der Dialekt als Muttersprache erworben wird, muss die Hochsprache gewissermaßen als Erweiterung der Muttersprache hinzugelernt werden. Das Verhältnis der meisten Sprecher zu ihr ist distanziert. Sie wird allgemein verehrt und als hohes Kulturgut angesehen, doch die Fähigkeit und der Wille, sie auch im Gespräch zu gebrauchen, ist oft gering und hängt in hohem Maß davon ab, ob jemand hierin Übung hat. Wer sie nur selten gebraucht, dem verlangt sie hohe Konzentration ab.

Flüssig Hocharabisch sprechen können neben vielen Akademikern meist Journalisten, Politiker und Persönlichkeiten des öffentlichen Lebens. Auch muslimische Religionsgelehrte gehören hierzu, denn eine gute Ausdrucksweise gehört im Islam zu den Normen des guten Verhaltens und ist damit ethische Pflicht. Nicht zuletzt deswegen sind es die religiös gebildeten Leute, die von allen das korrekteste Hocharabisch sprechen und dies auch mit der größten Überzeugung tun.

Die Tabelle gibt einen Überblick über den Sprachgebrauch in verschiedenen Situationen. Als Grundregel gilt: Gesprochen wird im Dialekt, geschrieben in der Hochsprache, allerdings mit einer ganzen Reihe von Ausnahmen. Interessant sind besonders die Fälle, in denen ein Wechsel zwischen beiden Sprachformen möglich ist. So werden schriftlich ausformulierte Reden und Vorlesungen in der Hochsprache vorgetragen, doch ist es üblich, kommentierende Einschübe und Ergänzungen im Dialekt zu machen. Dieses Mittel wird mitunter bewusst angewendet, um die Rede lebendiger zu machen und ihr eine persönliche Note zu geben.

			Hocharabisch	Hocharabisch mit Dialektelementen	Dialekt
schriftlich		generell	×		
		E-Mails	×		×
		WhatsApp, Messenger usw.			×
		Diskussionsbeiträge in sozialen Medien	×		×
		Comics	×		×
mündlich	*freie und teilweise freie Rede*	Alltagskommunikation			×
		Interviews und Diskussion im gesamtarabischen Fernsehen (z. B. al-Jazeera)			
		– politische Themen		×	
		– persönliche Themen		(×)	×
		Unterricht an Schule und Universität	(×)	×	×
		formelle politische Rede (z. B. im Parlament)	×	×	
		informellere Rede (z. B. Ansprache des Chefs an die Mitarbeitenden)			×
		Predigt in der Moschee	×	×	(×)
		Predigt in der Kirche	(×)	×	×
	abgelesene Rede	Fernseh- und Radionachrichten	×		
		Filme und TV-Serien			
		– mit zeitgenössischem Inhalt			×
		– mit historischem Inhalt	×		
		Fernsehreklame	×		×
		Popmusiktexte	(×)		×
		Zeichentrickfilme	×		×

Tabelle 5: Hochsprache und Dialekt in verschiedenen Funktionen. Zu beachten ist, dass sich hinter „Dialekt" ein breites Spektrum verbirgt, dass von rein dialektaler, familiärer Sprache bis zur „Sprache der Gebildeten" reicht, die mit vielen hochsprachlichen Elementen durchsetzt ist. (×) bedeutet, dass diese Form auch vorkommt, aber eher selten ist.

1.2 Diglossie

Zur Beschreibung der Sprachsituation des Arabischen führte Charles Ferguson 1959 den Begriff *Diglossie* ein. Damit ist gemeint, dass die Sprechergemeinschaft zwei Varianten einer Sprache zur Verfügung hat, deren Verteilung funktional festgelegt ist. Sie findet sich mit einigen Abweichungen auch anderwärts, z.B. in der deutschsprachigen Schweiz und in Resten noch unter den Plattdeutsch-Sprechern in Norddeutschland. Folgendes sind einige Kennzeichen einer Diglossie-Situation:

- Die beiden Varianten der Sprache sind deutlich voneinander abgesetzt, sodass man immer unterscheiden kann, welche von beiden gerade angestrebt wird. Man kann hochsprachliche Elemente in den Dialekt und dialektale Elemente in die Hochsprache mischen, aber es ist kein stufenloser Übergang möglich, wie er zwischen vielen deutschen Dialekten und dem Hochdeutschen oft vorkommt.
- Die Wahl zwischen beiden Varianten ist funktional festgelegt. Das heißt, es gibt feste Konventionen, in welcher Situation welche Sprachform gebraucht wird.
- Die Dialekte werden in der Regel nicht geschrieben. Wenn sie geschrieben werden, dann in einer nicht amtlich autorisierten Form.
- Die schriftsprachliche Variante wird traditionell als *high* bezeichnet, die Dialekte als *low*, was auf den Grad der Formalität und auf das Prestige hindeuten soll. Diese Begriffe sind jedoch für das Arabische nicht ganz treffend, da hier in der spontan gesprochenen Sprache auch in gesellschaftlich höchst formellen Situationen fast ausschließlich der Dialekt verwendet wird, den man deshalb nicht pauschal mit „niedrig“ etikettieren kann. Zutreffend ist aber, dass in der arabischen Welt das Hocharabische als „hohes“ Kulturgut gilt, während die Dialekte traditionellerweise als Degenerationen hiervon und somit als „niedrig“ angesehen werden.

Viele Faktoren beeinflussen die Sprecher des Arabischen bei der Wahl der Sprachvariante, und es gibt zahlreiche Mischformen, zwischen denen selbst innerhalb eines einzigen Gespräches gewechselt werden kann. Im schriftlichen Bereich herrscht die Hochsprache vor, denn allein sie gilt als richtiges Arabisch. Allerdings sind hier die Verhältnisse komplexer geworden. Durch die elektronischen Medien hat das Schreiben im Dialekt so stark zugenommen, dass die alte Faustformel *Gesprochen wird im Dialekt, geschrieben in der Hochsprache* nur noch mit Einschränkungen gilt. Man gebraucht daher den Begriff *Diglossie*, der ja wörtlich ‚Zweisprachigkeit' bedeutet, heute mit Vorbehalt, da keineswegs nur *zwei* konkrete Sprachformen, sondern unzählige Mischvarianten zur Verfügung stehen. Dennoch ist er immer noch geeignet, die Gesamtsituation zu umreißen, die nach wie vor durch die Spannung zwischen den beiden Polen *Hochsprache* und *Dialekt* gekennzeichnet ist.

Die Diglossiesituation ist in der Form, wie wir sie heute vorfinden, übrigens erst im 20. Jahrhundert entstanden. Zwar waren die gesamte islamische Zeit hindurch Schriftsprache und Umgangssprache voneinander getrennt. Doch erst im Laufe des vorigen Jahrhunderts hat sich die Kenntnis der Hochsprache so weit durchgesetzt, dass diese zu einem Allgemeingut wurde und die Sprechergemeinschaft insgesamt nun tatsächlich beide Sprachformen zur Verfügung hat. Vorher war das (klassische) Hocharabisch stets eine Elitensprache, die den Gelehrten und in gewissem Umfang den gebildeten Bürgern vorbehalten war. Erst die Einführung eines allgemeinen arabischen Schulwesens, die Förderung des Arabischen als Nationalsprache und nicht zuletzt die Verbreitung von Radio und Fernsehen haben dem (modernen) Hocharabisch seinen heute so selbstverständlich erscheinenden Platz in der Kultur der arabischen Welt geschaffen.

Zur Einführung: W. Diem, *Hochsprache und Dialekt im Arabischen*, Wiesbaden 1974; Ch. Fergusson, „Diglossia", in: *Word*, vol. 15, no. 2 (1959), S. 325–340; G. Mejdell, „Diglossia", in: *The Routledge Handbook of Arabic Linguistics*, S. 332–344; R. Bassiouney, *Arabic Sociolinguistics*, Edinburgh 2009 | **Einzelthemen**: H. H. Biesterfeldt, „Lese- und Schreibunterricht im arabischen Sprachraum", in: *Schrift und Schriftlichkeit / Writing and its Use*, hrsg. v.

H. Günther und O. Ludwig, Berlin 1996, Bd. 2, S. 1286–1298; K. Brustad, „Diglossia as Ideology", in: *The Politics of Written Language in the Arab World. Writing Change,* hrsg. v. J. Høigilt und G. Mejdell, Leiden 2017, S. 41–67.

1.3 Wechsel zwischen Dialektvarietäten

Wir erwähnten, dass aus der Tatsache, *dass* jemand Dialekt spricht, keine Rückschlüsse auf Herkunft, Bildung und sozialen Status möglich sind. Sehr wohl von Bedeutung ist aber, *wie* man ihn spricht bzw. *welchen* Dialekt man spricht. Dass ein Araber in der Lage ist, an der Sprache einen Tunesier von einem Ägypter oder einen Libanesen von einem Jemeniten zu unterscheiden, kann man sich leicht vorstellen. Doch auch innerhalb der Einzeldialekte gibt es mannigfaltige Abstufungen, sogenannte *Varietäten,* die sehr genau wahrgenommen werden. Das Arabische unterscheidet sich hier nicht grundlegend von anderen dialektreichen Sprachen. Variation gibt es natürlich „von Dorf zu Dorf", aber auch zwischen Alten und Jungen, zwischen Männern und Frauen, zwischen Gebildeten und Ungebildeten, zwischen Weitgereisten und Ortsansässigen usw. Wie gesprochen wird, hängt abgesehen von Herkunft und Bildungsgrad des einzelnen Sprechers vor allem von der Situation ab, also mit wem man in welchem Rahmen über welches Thema spricht. Da die meisten arabischen Länder gesellschaftlich inhomogen sind und Gruppenzugehörigkeit und sozialer Rang für das Zusammenleben eine entscheidende Rolle spielen, ist die Frage, welche Varietät eine Person spricht, von großer Bedeutung.

Nicht alle Dialekte sind gleich gut angesehen. Einige stehen für Rückständigkeit und Provinzialität oder für eine bestimmte religiöse und gesellschaftliche Zugehörigkeit, die nicht bei allen auf Sympathie stößt. Dem stehen sogenannte *Prestigedialekte* gegenüber, welche Modernität, Erfolg und Aufstieg repräsentieren. Dies sind oftmals die Dialekte der jüngeren und gebildeten Generation in großen Städten wie Kairo, Damaskus, Bagdad und Casablanca. Sie haben große Sprecherzahlen, sind durch Funk, Fernsehen und Internet weithin bekannt und geben dem, der sie spricht, eine gewisse Anonymität, da sie nicht ohne Weiteres auf die soziale und religiöse Herkunft schließen lassen. Sie dienen in ihren Ländern als überregionale Verkehrssprache. Sehr bekannte Dialekte, wie etwa Damaszenisch oder Kairinisch, werden auch in anderen Ländern oft gut verstanden und dort von einigen Menschen sogar aktiv beherrscht.

Wenn Sprecher verschiedener Dialekte zusammentreffen, greifen sie zu unterschiedlichen Strategien, um die Verständigung zu sichern und gegebenenfalls auch um nicht aufzufallen. Das kommt beispielsweise zum Tragen, wenn ein Dorfbewohner, der normalerweise einen lokal begrenzen Dorfdialekt spricht, in die nächste größere Stadt kommt. Eine häufige Technik ist es dann, Wörter und Formulierungen zu vermieden, von denen man weiß, dass das Gegenüber sie nicht versteht oder sie als „dörflich" erkennen würde. Auch eine Anpassung an die Aussprache des anderen Dialekts kommt oft vor. Nicht wenige Leute können außer ihrem Lokaldialekt auch eine überregional verständliche Varietät sprechen, etwa den Standarddialekt der Hauptstadt, und sie verwenden diesen in Situationen, in denen sie ihren Lokaldialekt als unangemessen empfänden. Wie verbreitet solche Fähigkeit zur Dialektanpassung ist, hat sich in Ägypten gezeigt, wo die westliche Forschung lange über die Dialekte der Landbevölkerung im Unklaren war, da die Ortsansässigen mit ausländischen Besuchern stets nur im Kairoer Dialekt geredet hatten. Erst die Forschungen von Peter Behnstedt und Manfred Woidich haben die Situation aufgeklärt und den Reichtum an Dialekten außerhalb der großen Städte offenbart.

Eine besondere Mischvarietät wird mitunter in gebildeten Kreisen gesprochen, wenn man sich über mehr oder weniger formelle Themen unterhält. Ihre Basis in Formenbildung, Satzbau und Aussprache ist in der Regel einer der Prestigedialekte, Wortschatz und Ausdrucksweise sind dagegen überwiegend hocharabisch. Dadurch ist diese Varietät über Dialektgrenzen hinweg verständlich. Man bezeichnet sie in der Forschung als Educated Spoken Arabic, *lúġat al-mut̠aqqafīn* (‚Sprache der Gebildeten') oder *al-lúġa al-wúsṭā* (‚Mittelsprache'). Ein Grund, so zu sprechen ist, dass für bestimmte Themen der Dialekt nicht über angemessenes Vokabular und Ausdrucksmöglichkeiten verfügt, ein anderer sind Sprechsituationen, in denen der reine Dialekt als zu familiär, ungebildet oder respektlos empfunden würde. Eine ähnliche Varietät wird gebraucht, wenn Menschen zusammentreffen, deren Dialekte in Reinform gegenseitig nicht verständlich sind, etwa Marokkaner und Libanesen. Da Marokkaner vielfach auch Libanesisch verstehen, Libanesen aber kein Marokkanisch, wird sich der marokkanische Gesprächspartner zum einen an den libanesischen Dialekt anzupassen versuchen und zum anderen in mehr oder weniger starkem Ausmaß auf hocharabische Wörter und Ausdrücke ausweichen. Nie wird aber in solchen Situationen Hocharabisch gesprochen.

Das *Educated Spoken Arabic* ist nicht mit dem in nächsten Punkt beschriebenen *gesprochenen Hocharabisch* zu verwechseln. Bei ersterem sind Wortschatz und Ausdrucksweise hocharabisch beeinflusst, doch die grammatische Basis bleibt dialektal. Im gesprochenen Hocharabisch ist dagegen die Basis hocharabisch, während dialektale Elemente beigemischt werden.

Zur Einführung: K. C. Ryding, „Educated Arabic", in: *Encyclopedia of Arabic Language and Linguistics,* Bd. 1, S. 666–671 | **Einzelthemen:** D. Wilmsen / M. Woidich, „Egypt", in: *Encyclopedia of Arabic Language and Linguistics,* Bd. 2, S. 1–12.

1.4 Gesprochenes Hocharabisch

Fernseh- und Rundfunkinterviews sind die häufigsten Fälle, in denen in freier Rede die Hochsprache gebraucht wird. Rhetorische Stärke ist in der arabischen Welt eine wichtige Anforderung an Personen des öffentlichen Lebens, und sie zeigt sich besonders darin, dass man in Situationen, wo dies angemessen ist, gutes Hocharabisch beherrscht. Sieht man einmal von den Journalistinnen ab, die die Interviews führen, sind es fast nur Männer, die man Hocharabisch sprechen hört. Sie sind zum einen im öffentlichen Leben viel stärker vertreten, zum anderen wird besonders von ihnen erwartet, Stärke und Sicherheit zu demonstrieren. Frauen neigen auch in formellen Situationen eher zum Dialekt.

Außer in Freitagspredigten in den Moscheen ist das gesprochene Hocharabisch aber in der freien Rede so gut wie nie in seiner Reinform zu hören. Es weicht gewöhnlich in einigen Punkten von der Schriftsprache ab. Der Grund dafür ist normalerweise nicht, dass die Sprecher die „richtige" Sprache nicht können, sondern dass sie hundertprozentiges Hocharabisch gar nicht anstreben, denn es würde steif und gekünstelt wirken. Es werden daher gewisse Vereinfachungen vorgenommen und Annäherungen an den Dialekt gemacht. Hierfür hat sich ein ungeschriebener Standard herausgebildet, an dem sich die Sprecher orientieren. Da diese Sprachform nicht normiert ist, gibt es je nach Person und Thema einige Variation. Außerdem nimmt oft der Anteil dialektaler Elemente zu, wenn das Gespräch emotionaler wird.

Das wichtigste Merkmal des spontan gesprochenen Hocharabisch ist, dass bis auf bestimmte Fälle die für die Schriftsprache typischen Kasus- und Modusendungen nicht verwendet werden. Auch andere Strukturen der Schriftsprache, die in der Rede kompliziert oder schwerfällig erscheinen würden, meidet man oder ersetzt sie durch Formen aus den Dialekten, etwa das Relativpronomen oder die Zahlwörter. Schließlich gibt es eine Reihe von häufig vorkommenden Wörtern, bei denen es üblich ist, statt der hocharabischen Form eine allgemein bekannte dialektale Form zu verwenden, z. B. *rāḥ* anstatt *ḏáhaba* ‚gehen' und *šāf* anstatt *rá'ā* ‚sehen'. In der Aussprache kann sich der Einfluss eines Dialekts bemerkbar machen, etwa in Ägypten, wo man u. a. die interdentalen Laute ث *ṯ* und ذ *ḏ* wie [s] und [z] ausspricht und beim ج *ǧ* an der ägyptischen Aussprache [g] festhält. Trotz solcher dialektalen Elemente wird die Rede als Hocharabisch empfunden, wenn Grundstruktur und Ausdrucksweise hocharabisch sind.

Hocharabisch sprechen

Folgende Sätze zeigen, wie das gesprochene Hocharabisch von der schriftsprachlichen Norm abweichen kann. Sie stammen aus einem Interview im arabischen Fernsehprogramm der BBC. Der Sprecher stammt aus dem Jemen. Die erste Zeile gibt den Wortlaut des Interviews wieder, die zweite Zeile zeigt, wie der Text in reinem Hocharabisch lauten würde. Anschließend sind die Abweichungen erläutert.

ʿalīna[1] *masʾūlíyya kabīra ǧíddan,*
*ʿal**ay**na masʾūlíyya**tun***[2] *kabīra**tun** ǧíddan,*
Auf uns liegt eine sehr große Verantwortung,

ʾíḥna[3] ***llḏi***[4] *fī l-ḫāriǧ*
náḥnu llaḏīna *fī l-ḫāriǧ*
auf uns, die wir im Ausland sind,

*w-**níḥna***[3] ***mā***[5] ***nṭáwwil***[6] *ăl-fátra ʿalā **llḏi***[4] *fī d-dāḫil*
*wa-**náḥnu lā nuṭīla*** *l-fátrata ʿalā **llaḏīna** fī d-dāḫil.*
und wir lassen die, die im Lande sind, nicht lange warten.

ḥālíyyan sa-yatímm ʾiṭlāq
*ḥālíyyan sa-yatímm**u** ʾiṭlāq**u***
Im Moment werden freigelassen

ḥwāli[1] *ʾalf w-wāḥd w-tmānīn*[7] *ʾasīr*
*ḥ**a**wāl**ay** ʾalf**in** **wa**-wāḥ**idin** **wa-ṯa**mānīna ʾasīr*
ungefähr 1081 Gefangene.

1 dialektale Aussprache des Diphthongs (*ay*>*ī*)
2 Kasus- und Modusendungen fallen größtenteils weg
3 dialektales Personalpronomen *ʾíḥna / níḥna* statt *náḥnu* ‚wir'
4 unveränderliches Relativpronomen *llḏi* statt der deklinierten Form
5 dialektale Verneinungspartikel *mā* statt *lā*
6 dialektale Verbform im II. Stamm statt IV. Stamm
7 Zahlen werden fast immer in der dialektalen Form gebraucht

Für Ausländer ist es nicht leicht, diese Variante zu lernen. Vor allem die Beimischung der dialektalen Elemente ist kaum in der richtigen Dosierung zu bewerkstelligen, wenn man nicht auch einen Dialekt gut beherrscht. Zudem fehlt Anfängern oft das Gefühl für die Wirkung der eigenen Worte, und es besteht leicht die

Gefahr, dass durch falsch gebrauchte Dialektausdrücke die Rede niedlich und der Sprecher dadurch schwach wirkt – ein Eindruck, der unbedingt zu vermeiden ist. Auf der sicheren Seite ist man mit reinem Hocharabisch, von dem man einfach alle Kasus- und Modusendungen weglässt.

Lehrbücher: Sh. Abed, *Focus on Contemporary Arabic. With Online Media (Conversations with Native Speakers)*, New Haven 2016; M. Aldrich, *Arabic Voices*, 2 Bde., ohne Ort (Lingualism) 2014.

1.5 Dialekt schreiben?

Dass ein Muttersprachler, um Arabisch lesen und schreiben zu können, erst eine Sprachform lernen muss, in der er sich normalerweise nicht ausdrückt, ist ein großes Hindernis auf dem Weg zu Literalität und allgemeiner Bildung. Die Sprache schriftlicher Texte ist vom unmittelbaren Alltag der meisten Sprecher abgekoppelt und fällt in viel stärkerem Maße als bei uns in den Bereich der Hochkultur, an dem nur ein kleiner Kreis in vollem Umfang Anteil hat. Nicht nur die in vielen arabischen Ländern schwierigen wirtschaftlichen und demographischen Verhältnisse, sondern auch die große Distanz zwischen Alltags- und Schriftsprache ist ein Grund dafür, dass hier im weltweiten Vergleich die Analphabetenraten hoch und die Produktions- und Verkaufszahlen von Büchern niedrig sind. Es bestehen dabei große Unterschiede zwischen einzelnen Ländern: Während der Anteil derer, die lesen und schreiben können, in den Golfstaaten teilweise um 95 % liegt, beträgt er in Ägypten nur 75 % und in Marokko gar unter 70 %. Und damit ist noch nichts über das Niveau gesagt, auf dem die Schriftsprache tatsächlich praktisch beherrscht wird.

Es gab und gibt bestimmte Bereiche, in denen neben dem Hocharabischen auch im Dialekt geschrieben wird, und zwar immer dann, wenn die echte Sprache des Volkes wiedergegeben werden soll, etwa in Theaterstücken, Manuskripten von Fernsehproduktionen und bei wörtlicher Rede in Romanen. Auch Dichtung im

Dialekt ist aus vielen Jahrhunderten bis in unsere Zeit hinein belegt. Während des Aufblühens des arabischen Journalismus Ende des 19. Jahrhunderts wurden besonders in Ägypten in erheblicher Menge Texte im Dialekt abgedruckt, die besonders dadurch Popularität erlangten, dass sie in großer Runde öffentlich vorgelesen wurden. Satirezeitschriften wie *Abū Naḍḍāra* (‚Der mit der Brille') und *at-Tankīt wa-t-Tabkīt* (‚Spaß und Ernst') waren voll von Dialektbeiträgen. Der Dialekt wurde hier bewusst für humoristische, satirische und volkstümliche Texte gebraucht. Ihn zu einem vollwertigen schriftlichen Kommunikationsmittel zu machen, war nicht das Ziel.

Gelegentlich wurden auch Vorschläge gemacht, einen Dialekt zu einer umfassenden Schriftsprache auszubauen, um so die Kluft zwischen gesprochener und geschriebener Sprache zu verringern und den Menschen die Möglichkeit zu geben, sich in ihrer wirklichen Muttersprache auszudrücken. Die Initiativen waren aber stets nur auf einzelne Gelehrte und einen kleinen Kreis von Anhängern beschränkt und darüber hinaus vollkommen aussichtslos. Ein bekannter Vertreter war Saʿīd ʿAql (1911–2014), der Vordenker des libanesischen Nationalismus, der auf Dialektbasis eine unabhängige libanesische Nationalsprache schaffen wollte, wofür er in den 1960er Jahren auch eine adaptierte Form des lateinischen Alphabetes entworfen hat. Dieses und ähnliche Vorhaben wurden jedoch auf breiter Front und mit Vehemenz zurückgewiesen. Die überwältigende Mehrheit von Gelehrten wie Laien sah in solchen Vorschlägen westlich-kolonialistisch beeinflusste Angriffe auf die Einheit der arabischen Welt und eine Bedrohung der muslimischen Tradition. Die Vorwürfe sind nicht von der Hand zu weisen, denn in der Tat betätigten sich auf diesem Feld zunächst Europäer und später fast ausschließlich arabische Christen, die sich damit u. a. gegen eine Vereinnahmung durch die muslimisch-arabische Mehrheitskultur wehren wollten.

Einen gewaltigen und völlig ungeplanten Aufschwung hat die Dialektverschriftung durch die Umbrüche in der Kommunikations- und Medienlandschaft in den letzten 15 Jahren genommen, zuletzt wesentlich befördert durch die neuen Freiheiten, die der

Abb. 41: Comic im ägyptischen Dialekt. Auszug aus *Is-Sign* (‚Das Gefängnis') von Hišām Raḥma, Kairo 2011.

Arabische Frühling gebracht hat. Während zuvor schriftliche Kommunikation im privaten und halböffentlichen Bereich kaum üblich war (und wenn, dann meist unter dem strengen Regiment der Fuṣḥā), hatten nun erstmals breite Massen die Möglichkeit und das Bedürfnis, sich in informellem Rahmen schriftlich mitzuteilen. Für kurze Nachrichten, die Gesprächscharakter haben, etwa auf WhatsApp, wird dazu der Dialekt verwendet, Twitter-Meldungen, längere monologische Beiträge, wie YouTube-Kommentare oder Blogg-Einträge werden teilweise im Dialekt, teilweise in der Hochsprache verfasst. Nachdem anfangs bei SMS für einige Jahre nur Lateinschrift gebraucht wurde, schreibt man nun, seitdem die technischen Möglichkeiten dafür gegeben sind, die Dialekte meist mit arabischen Buchstaben.

Auch bei Comics wird der Dialekt immer populärer, und sogar eine ägyptisch-arabische Version von Wikipedia wurde eingerichtet. Dieser Realität steht aber immer noch unangefochten die traditionelle Sprachideologie gegenüber, nach der „richtiges" arabisches Schreiben nur in der Hochsprache möglich ist. Der geschriebene Dialekt ist nach wie vor auf informelle Textsorten beschränkt.

Zur Einführung: *The Politics of Written Language in the Arab World,* hrsg. v. J. Høigilt und G. Mejdell, Leiden 2017 | **Einzelthemen**: M. Doss / H. Davies, *al-ʿĀmmiyya al-miṣriyya al-maktūba* [Ägyptischer Dialekt in schriftlicher Form], Kairo 2013; T. Pepe, *Blogging from Egypt. Digital Literature 2005–2016,* Edinburgh 2019; D. Caubet, „New Elaborate Written Forms in Darija. Blogging, Posting and Slamming in Morocco", in: *The Routledge Handbook of Arabic Linguistics,* hrsg. v. E. Benmamoun und R. Bassiouni, London 2018, S. 387–406.

2 Wie verschieden sind Hochsprache und Dialekt?

Hochsprache und Dialekte gehen im arabischen Alltag eine organische Verbindung ein und werden von den Sprechern insgesamt als *eine* Sprache aufgefasst. Von einer *Zwei*sprachigkeit –

Diglossie – zu sprechen, widerspricht im Grunde der traditionellen Sprachauffassung, der zufolge es nur *ein* Arabisch geben kann. Die phonetischen, grammatischen und lexikalischen Unterschiede zwischen Hochsprache und Dialekten sind allerdings so erheblich, dass man sie für eine angemessene linguistische Beschreibung deutlich auseinanderhalten muss. Im Folgenden werden die Hauptunterschiede erörtert.

2.1 Die Bedeutung der Kasus- und Modusendungen

Fragt man einen arabischen Muttersprachler nach dem entscheidenden Unterschied zwischen der Hochsprache und seinem Dialekt, wird er mit großer Sicherheit die Kasus- und Modusendungen (*iʿrāb*) nennen. Während diese in allen Dialekten weggefallen sind, sind sie in der Hochsprache – zumindest der Theorie nach – ein wichtiger Teil des Systems. So heißt ‚das Buch' im Dialekt immer unveränderlich *lə-ktāb* (Damaskus), *l-ktab* (Rabat) oder *il-kitāb* (Kairo), im Hocharabischen dagegen je nach Stellung im Satz *al-kitāb**u***, *al-kitāb**a*** oder *al-kitāb**i***. Auch die Imperfektform des Verbs hat je nach Funktion im Satz verschiedene Endungen. Die kommunikative Bedeutung der Kasus- und Modusendungen ist jedoch gering. Zwar sind sie historisch gesehen ein selbstverständlicher Bestandteil des Hocharabischen und für das korrekte Vorlesen von Texten bis heute unentbehrlich, doch sind die Informationen, die sie geben, meist verzichtbar. Man sieht dies schon daran, dass sie normalerweise nicht mitgeschrieben werden, sondern aus dem Textzusammenhang erschlossen werden können. Ein arabischer Prosatext, sei er klassisch oder modern, ist ohne diese Endungen vollkommen verständlich, da der Satzbau so rigide ist, dass die Funktion der einzelnen Wörter allein aus ihrer Reihenfolge klar hervorgeht. Die Forderung nach solcher Eindeutigkeit ist sogar eine der Grundlagen der klassischen arabischen Rhetorik. Ungewöhnlicher Satzbau gilt als schwacher Stil. Nur in der Poesie gibt es Ausnahmen. Die Endungen sind also größtenteils redundant und dienten bereits im klassischen Arabisch praktisch nur der ästhetischen Vervollkommnung. Als Unterscheidungsmerkmal zwischen Hochsprache und Dialekt sind sie zwar auffällig, aber keineswegs allein entscheidend. Dies wird auch daran deutlich, dass sie beim mündlichen Gebrauch des Hocharabischen fast immer weggelassen werden und dabei doch kein Zweifel aufkommt, um welche Sprachform es sich handelt. Andersherum wird ein Satz des Dialekts auch nicht automatisch dadurch hocharabisch, dass man seinen Wörtern Endungen anhängt. Der Unterschied zwischen Hochsprache und Dialekt muss also über die Kasus- und Modusendungen hinausgehen.

2.2 Einige wichtige Unterschiede

Jeder Dialekt unterscheidet sich von der Hochsprache durch ein spezifisches Bündel von Merkmalen, die alle Bereiche der Sprache betreffen können, also Phonetik, Wortschatz, Formenbildung, Satzbau und nicht zuletzt den idiomatischen Sprachgebrauch. Der Verlust der Kasus- und Modusendungen ist ein solches Merkmal. Er betrifft ausnahmslos alle Dialekte. Nirgendwo sind diese Endungen bewahrt. Darüber hinaus gibt es weitere Merkmale, die fast alle Dialekte gemeinsam haben. Nur auf der arabischen Halbinsel gibt es einige sehr altertümliche Dialekte, die hierzu Ausnahmen liefern. Folgendes sind die wichtigsten Unterschiede der Dialekte zum Hocharabischen:

- Wegfall der Kasus- und Modusendungen.
- Das *-n* zur Bezeichnung von indeterminierten Nomen („Nunation") ist weggefallen, z. B. in Kairo *gámal* ‚ein Kamel' – hocharabisch *ǧámalun*. Bewahrt ist es aber in vielen Dialekten der arabischen Halbinsel, allerdings in unterschiedlichem Ausmaß und nur in bestimmten Satzzusammenhängen.
- Das durch Änderung der Vokalisation gebildete sogenannte innere Passiv (z. B. hocharabisch *kútiba* ‚es wurde geschrieben') ist weggefallen. Es wird durch Bildungen mit Präfixen ersetzt, z. B. *nkátab* in Syrien und *itkátab* oder *ikkátab* in Ägypten. Erhalten ist es teilweise auf der arabischen Halbinsel, z. B. im Oman und

in Bahrain, mit Formen wie *ysawwa* ‚es wurde gemacht' und *gīl* ‚es wurde gesagt'.

- Die altarabischen Laute *ḏ̣* (ظ) und *ḍ* (ض) sind zu einem Laut zusammengefallen, nämlich zu *ḍ* in Sesshaftendialekten und *ḏ̣* in Beduinendialekten.

In den folgenden Punkten unterscheiden sich die Dialekte nicht nur von der Hochsprache, sondern auch untereinander:

- Die Aussprache einiger Konsonanten variiert stark: Hocharabisch *q* tritt in den Dialekten als [q], [ˀ], [g], [k] und [ʤ] auf. So heißt ‚vor', was auf hocharabisch *quddāma* entspricht, in Damaskus *ˀəddām,* in Latakia *quddām,* in Bahrain *ʤeddåm* und in Algier *guddām.* Ähnliche Variation gibt es bei *ǧ*, wie in *ǧamal* ‚Kamel', das als [ʤ], [ʒ], [dz], [g], [j], [ɟ] auftreten kann. Die Aussprache als [g] ist eines der bekanntesten Merkmale des Dialekts von Kairo (wie in *Gizeh* und *Gamāl*). Für Beduinendialekte ist die Aussprache von *k* als [ʧ] charakteristisch: *čalb* ‚Hund' – hocharabisch: *kálbun.*
- Die meisten Dialekte haben eine Partikel entwickelt, die die Genitivverbindung ersetzen kann: *il-makīna* ***māl*** *is-sayyāra* ‚der Motor **von** dem Auto'. Sie lautet in Bagdad wie im Beispiel *māl,* in Kairo *bitaʿ*, in Oberägypten *ihnīn,* bei den Beduinen des Sinai *šuġḷ,* in Damaskus *tabaʿ*, in Tunis *mtāʿ*, im Maltesichen *ta-,* in Sanaa *ḥagg,* in Jerusalem *šēt,* in Rabat *dyal* oder *d-*. Keine Genitivpartikel gibt es in Mauretanien.
- Auch Fragewörter können viele Varianten haben, z. B. ‚was': *šū* (Damaskus), *šnuwwa* (Tunis), *šinu* (Bagdad, Malta), *ēh* (Kairo), *mā* (Sanaa), *āš* / *wāš* (Algier), *wēš* (Naǧd), *ēš* (Ḥiǧāz) – hocharabisch: *mā* / *māḏā*
- Die hocharabischen Modusendungen der Verben fallen weg und werden durch verschiedene Konstruktionen ersetzt:

	Dialekt von Damaskus	Hocharabisch	
Indikativ	*b-yə́ktob*	*yáktub-u*	‚er schreibt‘
Futur	*raḥ yə́ktob* *ḥa-yə́ktob*	*saúfa yáktub-u*	‚er wird schreiben‘
Subjunktiv	*(lāzem) yə́ktob*	*(yáǧibu ʾan) yáktub-a*	‚er muss schreiben‘

Tabelle 6: Verbformen im Dialekt und auf Hocharabisch

– Einige Dialekte haben neue Verbkonstruktionen hervorgebracht, die es im Hocharabischen nicht gibt. So im Dialekt von Damaskus die Verlaufsform *ʿam yə́ktob* ‚er schreibt gerade‘ und das Partizip als resultatives Perfekt, z. B. *huwwe kātb-o* ‚er hat es geschrieben‘.

Da es abgesehen vom Wegfall der Kasusendungen keine Erscheinungen gibt, die sich durch wirklich alle Dialekte hindurchziehen, ist es nur bedingt möglich, allgemeine typologische Aussagen über die arabischen Dialekte in ihrer Gesamtheit zu machen.

Obwohl die Sprecher ein ausgeprägtes Gefühl für den Wesensunterschied von Hochsprache und Dialekt haben, sind sie sich meist nicht bewusst, wie grundlegend die Unterschiede zwischen beiden sind, sondern gehen in Übereinstimmung mit der traditionellen Sichtweise der Gelehrten von der unwandelbaren Einheit ihrer Sprache aus. Dieser Eindruck wird dadurch gefestigt, dass die meisten Araber in ständigem Kontakt mit der Hochsprache stehen, die sie von klein auf verstehen lernen und die ihnen als Ideal vermittelt wird. Ihr Einfluss hat während der letzten 100 Jahre durch Schulbildung und Massenmedien stetig zugenommen. Er zeigt sich u. a. darin, dass heute viele hochsprachliche Wörter und Konstruktionen auch im Dialekt verwendet werden, vor allem in gebildeterer Redeweise und bei Themen, zu denen der Dialekt nicht über die notwendigen Ausdrucksmittel verfügt. Wie weit aber Dialekte von der Hochsprache und voneinander entfernt sein können, sieht man bei arabischen Minderheiten, die in nichtarabischen Ländern und damit ohne hocharabische Überdachung leben, z. B. in Anatolien, Usbekistan, Nigeria, im Tschad und im Iran. Hier versteht man in der Regel weder andere Dialekte noch das Hocharabische.

Manchmal wir die Frage gestellt, welcher Dialekt denn der Hochsprache am nächsten stehe. Eine Erörterung dieses Themas würde jedoch in die Irre führen, denn alle Dialekte unterscheiden sich in grundsätzlicher Weise von der Hochsprache, keiner steht ihr wesentlich näher als andere. Einige von ihnen sind sicher für jemanden, der die Schriftsprache gelernt hat, zunächst leichter zu verstehen, weil sie ihr phonetisch und wortschatzmäßig ähnlicher sind. Dies kann für bestimmte Stadtdialekte der Levante, des Irak und Saudi-Arabiens gelten. Oft aber trügt ein solcher Schein, weil sie in anderen Bereichen doch Phänomene aufweisen können, die der Hochsprache fern und eben nicht ohne Weiteres verständlich sind. Für Nichtmuttersprachler gilt, dass jeder Dialekt regelrecht gelernt werden muss, wenn man ihn korrekt (und nicht unter ständigem Rückgriff auf die Hochsprache) sprechen will.

Zur Übersicht: O. Jastrow, „Die Struktur des Neuarabischen", in: *Grundriß der arabischen Philologie,* Bd. 1, S. 128–141; P. Behnstedt / M. Woidich, *Arabische Dialektgeographie,* Wiesbaden 2005, S. 8–20.

3 Entstehung der Dialekte

Im Zusammenhang mit den Anfängen des klassischen Arabisch (Kap. IV, Punkt 2.1) erwähnten wir, dass die arabische Sprache gerade zu der Zeit, als sie zu einer Schriftsprache wurde, in einem grundlegenden Wandel begriffen war. Während im Hocharabischen im Wesentlichen der archaische Typ konserviert wurde, hat sich in den Dialekten der Sprachwandel ungehindert fortgesetzt und progressive Phänomene haben sich durchgesetzt. Wir wollen der Frage nachgehen, wie und wann sich diese Trennung vollzogen hat und wie daraus die heutige Dialektlandschaft entstehen konnte.

3.1 Was war die Umgangssprache in vorislamischer Zeit?

Die arabischen Gelehrten gingen und gehen noch immer davon aus, dass die Spaltung des Arabischen in Hochsprache und Dialekte mit der Ausbreitung der Sprache während der islamischen Eroberungen gekommen ist. Die Araber hätten bis zu den Anfängen des Islams Hochrabisch gesprochen, wenn auch mit gewisser dialektaler Variation, das dann infolge der Vermischung mit den vielen Nichtarabern der eroberten Gebiete verdorben worden und in Dialekte zerfallen sei.

Die historischen Verhältnisse sind indes komplexer. Ab welchem Zeitpunkt Dialekte und Hochsprache getrennt waren, ist eine der großen Fragen der Arabistik. Während sich ein Teil der Forscher mehr oder weniger den arabischen Gelehrten anschließt, sind andere der Meinung, dass bereits Jahrhunderte vor dem Islam beide Sprachformen vorhanden gewesen sein müssen. Letzteren schließen wir uns an und meinen, dass die Sprachform, die als Vorbild für das klassische Arabisch diente und in der altarabische Dichtung und Koran verfasst sind, bereits eine von der Alltagssprache verschiedene Hoch- und Kunstsprache gewesen sein muss. Es gab wahrscheinlich in vorislamischer Zeit schon einen Zustand der Diglossie. Offen ist aber, wann er entstanden ist und welcher Art dabei die gesprochene Sprache war. Es ist auch zu bedenken, dass die Sprecher des Arabischen, die teils Beduinen waren, teils in Städten lebten, über ein sehr großes Gebiet verteilt und nach Stämmen getrennt waren, sodass mit großen dialektalen Unterschieden zu rechnen ist.

Die Möglichkeiten, die Entwicklung des gesprochenen Arabisch zu rekonstruieren, werden dadurch begrenzt, dass es nur wenige Zeugnisse gibt, die Aufschluss darüber geben, wie einzelne Dialekte zu unterschiedlichen Zeiten gelautet haben. Unsere wichtigste Quelle sind die heutigen arabischen Dialekte, in denen man mitunter weit zurückliegende Entwicklungen nachvollziehen kann, besonders, wenn man die Befunde aus einzelnen Dialekten vergleicht und in geographischer Relation sieht. Schwer zu klären ist aber, zu welchem Zeitpunkt sich einzelne Phänomene entwickelt haben. Eine wertvolle schriftliche Quelle sind die in sogenanntem *Mittelarabisch* geschriebenen Texte, die es durch alle Jahrhunderte gab. Darunter fallen zum einen die Werke christlicher und jüdischer Gelehrter, die sich nicht in so starkem Maße wie ihre muslimischen Kollegen an die klassische Norm gebunden sahen, und zum anderen allerlei Dokumente und Korrespondenz, für die sich ein weniger formeller Standard herausgebildet hatte (vgl. Kap. VI, 1.3). Sie sind zwar im Grundsatz hochsprachlich geschrieben, weisen aber oft, je nach Textsorte und Verfasser in unterschiedlichem Umfang, Merkmale der dialektalen Sprache auf. Auch die Erzählungen aus Tausendundeiner Nacht zeigen mittelarabische Züge. Hieraus kann man zu einem gewissen Grad Schlüsse auf den Stand einiger Dialekte zu recht weit zurückliegenden Zeiten ziehen. Werner Diem hat in umfangreichen Studien auf der Grundlage von Dokumenten und Briefliteratur herausgearbeitet, wie sich die Sprache dieser Texte durch die Jahrhunderte entwickelt hat. Viele ihrer Besonderheiten spiegeln sich auch in den heutigen Dialekten wider.

Hocharabisch und Dialekte repräsentieren zwei unterschiedliche Sprachstufen des Arabischen: In den meisten Punkten, in denen sich beide voneinander unterscheiden, sind die Dialekte progressiver, d. h., sie stellen eine im Verhältnis zum Hocharabischen jüngere Sprachstufe dar. Man bezeichnet daher den Sprachtyp der Hochsprache als *Altarabisch*, den der Dialekte als *Neuarabisch*. Die oben genannten Dialektmerkmale sind sämtlich Innovationen des neuarabischen Typs. Wichtig ist aber zu merken, dass mit *Alt-* und *Neuarabisch* keine zwei aufeinanderfolgenden Sprachetappen gemeint sind, bei der die neue die alte abgelöst hat (wie etwa bei Alt- und Mittlehochdeutsch). Vielmehr haben beide nebeneinander bestanden und tun es in der Form von Schriftsprache und Dialekten noch heute. Die für die Geschichte der Dialekte entscheidende Frage ist nun, wann der neuarabische Typ der gesprochenen Sprache entstanden ist – erst in islamischer Zeit als Folge von flächenmäßiger Expansion und Bevölkerungsmischung oder bereits vorher, als die alten Araber noch weitgehend unter sich auf der arabischen Halbinsel und in den angrenzenden Gebieten lebten?

Die frühen Grammatiker berichten uns von verschiedenen Dialekten, die die Araber schon in vorislamischer Zeit gesprochen haben. Die überlieferten Dialektbeispiele belegen alle einen altarabischen Typ, stehen also dem Hocharabischen nahe. Wir haben keine unmittelbaren Belege für den neuarabischen Typ. Es ist aber doch nicht ausgeschlossen, dass es solche Dialekte bereits gegeben hat, denn die Grammatiker hatten ja nur zum Ziel, das Hocharabische zu beschreiben, und werden daher Belege, die offensichtlich eine „verderbte" Sprache bezeugen, gar nicht berücksichtigt haben. Wenn auch die Grammatiker nichts davon schreiben, so deutet doch einiges darauf hin, dass in vorislamischer Zeit in der gesprochenen Sprache bereits der neuarabische Typ vertreten gewesen sein muss. Das wichtigste Argument ist die arabische Orthographie, die selbst in den ältesten Inschriften die typischen Merkmale des altarabischen Typs nicht wiedergibt. Möglicherweise konnte sich daneben in bestimmten Gegenden oder bei bestimmten Stämmen auch noch der altarabische Typ in der Alltagssprache halten. Das hieße also etwas vereinfacht: Einige Stämme haben bis in die islamische Ära hinein in einer Weise gesprochen, die dem klassischen Arabisch ähnlich ist, während die Sprache der anderen schon in die Richtung der modernen Dialekte wies.

3.2 Woher kommen die einzelnen Dialekte?

Im Zuge der Eroberungen zwischen ca. 630 und 720 trugen die arabischen Krieger ihre Sprache in die eroberten Gebiete. Da sie aus verschiedenen Gegenden der arabischen Halbinsel stammten und unterschiedlichen Stämmen angehörten, dürften in die einzelnen Gegenden unterschiedliche Dialekte gelangt sein. Einige spezifische Merkmale heutiger Dialekte gehen möglicherweise auf sie zurück. Allerdings ist schwer nachzuvollziehen, wie sich die Entwicklung im Einzelnen vollzogen hat, da wir über den Verlauf der Eroberungen nur wenige historisch zuverlässige Informationen haben und uns über die mündliche Sprache dieser Zeit so gut wie keine schriftlichen Quellen vorliegen. Es wurden daher

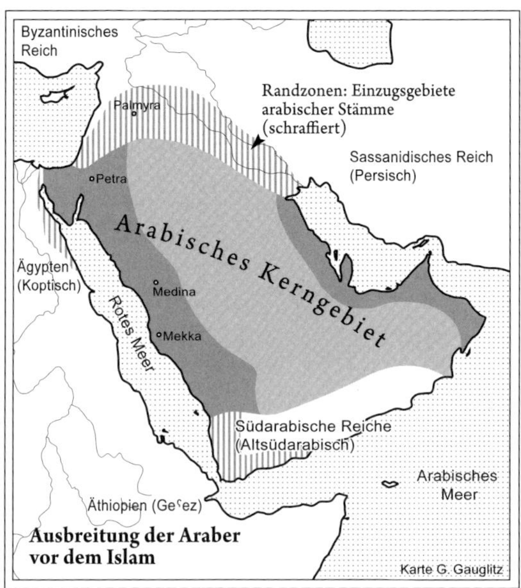

Karte 4: Ausbreitung der Araber vor dem Islam

recht verschiedene Theorien zur Entstehung der Dialekte vorgeschlagen, von denen aber keine die Gesamtsituation ausreichend erklären kann.

Sehr einflussreich war die von Ferguson 1959 vorgetragene These, dass ein Großteil der Dialekte, zumal in den Eroberungsgebieten, auf einen früheren Ausgleichsdialekt (Koiné) zurückgehen müsse, den die Eroberer zu einem bestimmten Zeitpunkt gesprochen hätten. Ein gewichtiges Argument hierfür sind die vielen Gemeinsamkeiten in Dialekten, die z. T. weit voneinander entfernt liegen. Diese lassen sich am ehesten damit erklären, dass sie auf einen gemeinsamen „Vorfahren" zurückgehen. Allerdings hat sich seit Fergusons Aufsatz das Bild von der arabischen Dialektlandschaft um unzählige Details erweitert, sodass die meisten seiner Beispiele um Gegenbeispiele ergänzt werden können und so nicht mehr stimmen. Dennoch sind seine Argumente nicht ohne Weiteres von der Hand zu weisen, denn sicher dürften sich die alten Dialekte auch vermischt haben, da im Laufe der Eroberungen Angehörige verschiedener arabischer Stämme zusammenkamen. Man nimmt dies besonders für die Garnisonen in Kairouan (Tunesien) und Fusṭāṭ (Ägypten) an, deren Ausgleichsdialekte sich in die Städte der Region verbreitet haben dürften. Unwahrscheinlich ist aber, dass alle Dialekte insgesamt von einer einzigen solchen Koiné, gewissermaßen einem Ur-Dialekt ausgegangen sind, denn dadurch wären viele ihrer Differenzen nicht ausreichend zu erklären.

Entscheidende Auswirkungen auf die Gestalt der Dialekte hatten und haben Bevölkerungsverschiebungen, wie in besonders Nordafrika deutlich wird. Die Arabisierung verlief hier in zwei Etappen: Die Eroberer des 7. Jahrhunderts ließen sich in den Städten nieder, wo sich auch das Arabische durchsetzte, möglicherweise in einer Form, die ihren Ursprung in der Kairouan-Koiné hatte. Außerhalb davon sprach aber der größte Teil der Bevölkerung weiter Berberisch oder in bestimmten Regionen einen romanischen Dialekt. Im 11.–12. Jahrhundert wanderten in größerer Zahl Beduinen, die Banū Hilāl und Banū Sulaím, aus der arabischen Halbinsel und der syrischen Wüste in den Maghreb ein. Durch sie wurden nun große Teile der übrigen Bevölkerung arabisiert, und zwar mit einem Dialekt, der sich von dem der ersten Eroberer deutlich unterschied. Auch wenn es seitdem vielfach zu Mischungen gekommen ist, kann man bis heute die Dialekte der beiden Arabisierungswellen voneinander unterscheiden. So gehen die Dialekte in alten Städten wie Tanger, Rabat und Fez, die (heute fast verschwundenen) Dialekte der Juden in der gesamten Region sowie der Vorläufer des heutigen Maltesisch auf die Zeit der ersten Eroberungen zurück. Man nennt sie *prä-hilālisch*. Die Dialekte von Casablanca, Marrakesch und großer Teile der Landbevölkerung sowie ganz Mauretaniens sind dagegen nach der Ausbreitung der Banū Hilāl entstanden. Man nennt sie sind *hilālische* Dialekte.

Ein Beispiel für die sprachlichen Auswirkungen von Bevölkerungsverschiebungen in der Gegenwart bietet die jordanische Hauptstadt ʿAmmān. Sie hatte um 1940 kaum mehr als 20 000 Einwohner, von denen etwa die Hälfte Tscherkessen (mit eigener Sprache) und die Hälfte Araber beduinischer Abstammung waren. In den Jahrzehnten nach der Gründung des Staates Israel 1948 zogen aufgrund der politischen Ereignisse so viele Palästinenser zu, dass der Ort zu einer Großstadt anwuchs. Diese hat heute rund vier Millionen Einwohner, von denen die meisten aus verschiedenen Städten und Dörfern Palästinas stammen. Es hat sich mittlerweile ein eigener Stadtdialekt herausgebildet, der auf palästinensischen Mundarten aufbaut und Züge der jordanischen Beduinendialekte einbezieht.

Natürlich wirkten auch die ursprünglich in den eroberten Gebieten gesprochenen Sprachen (Substratsprachen) auf das Arabische ein, allerdings in ganz unterschiedlichem Ausmaß. Unübersehbar ist der Einfluss des Berberischen auf die Dialekte Nordafrikas. Er zeigt sich in Aussprache, Wortschatz und zum Teil auch in der Formenbildung. Auf der arabischen Halbinsel wurde dagegen außer im äußersten Süden vor dem Islam bereits Arabisch gesprochen, sodass es hier keinen Substrateinfluss gab. Hier finden sich heute die bei weitem altertümlichsten Dialekte.

Zu den äußeren Einflüssen durch Sprechermigration und Substratsprachen kommt die innere Dynamik der Sprache hinzu. Diese führte in den einzelnen Dialekten zur Ausbildung verschiedener neuer Phänomene, beispielsweise bei der Genitivpartikel, von deren verschiedenen Formen oben einige genannt sind, und beim Zeitsystem des Verbs. Oftmals ist dabei jedoch nicht zu entscheiden, ob solche Erscheinungen, die ja in vielen Dialekten parallel vorkommen, zumindest im Ansatz auf einen gemeinsamen Ursprung zurückzuführen sind (Monogenese) oder tatsächlich unabhängig entstanden sind (Polygenese).

Durch die sich stetig verbessernde Kenntnis von Einzeldialekten werden immer neue Verbindungen quer durch das gesamte arabische Sprachgebiet sichtbar. Diese sind jedoch mittlerweile so vielschichtig, dass sich das Gesamtbild immer mehr zergliedert und eine Erklärung der arabischen Dialektlandschaft mittels einer einzigen Theorie immer weniger möglich ist.

Zur Einführung: H.-R. Singer, „Der neuarabische Sprachraum", in: *Grundriß der arabischen Philologie*, Bd. 1, S. 110–117; K. Versteegh, *The Arabic Language*, 2. Aufl., Edinburgh 2014, S. 126–151; Á. Vicente, „Génesis y clasificación de los dialectos neoárabes", in: *Manuel de dialectología neoárabe*, hrsg. v. F. Corriente und Á. Vicente, Zaragoza 2008, 19–68 | **Einzelthemen**: M. Lahrouchi, „The Amaizgh influence on Moroccan Arabic. Phonological and morphological borrowing", in: *The International Journal of Arabic Linguistics*, vo. 4, no. 1 (2018), S. 39–58; W. Diem, „Studien zur Frage des Substrats im Arabischen", in: *Der Islam*, vol. 56, no. 1 (1979), S. 12–80; ders., *Negation in Arabic. A Study in Linguistic History*, Wiesbaden 2014; S. Hopkins, „Diglossia in Pre-Classical Arabic", in: *Arabische Welt. Grammatik, Dichtung und Dialekte*, hrsg. v. Sh. Talay und H. Bobzin, Wiesbaden 2010, S. 237–256; Ch. A. Ferguson, „The Arabic Koiné, in: *Language*, vol. 35, no. 4 (1959), S. 616–630.

4 Gliederung der Dialekte

Die arabischen Dialekte unterscheiden sich voneinander erheblich. Man kann ihr Verhältnis mit dem der romanischen Sprachen zueinander vergleichen. Ihre jeweiligen Merkmale sind allerdings so sehr durchmischt, dass man allein auf der Grundlage des linguistischen Befundes nur schwer eine Systematik aufstellen kann. Daher zieht man auch außersprachliche Kriterien heran, um die einzelnen Dialekte miteinander in Beziehung zu setzen. Das wichtigste hiervon ist die geographische Lage.

4.1 Geographie

Man unterscheidet zwischen den Dialekten des westlichen und des östlichen Teils der arabischen Welt (Maghreb und Maschrek), die in Phonetik, Wortschatz und Formenbildung erheblich voneinander abweichen und nur eingeschränkt gegenseitig verständlich sind. Die Grenze verläuft westlich des Nils; der Dialekt der ägyptischen Hauptstadt Kairo gehört zur östlichen Gruppe. Menschen aus dem Maghreb können oft einige der östlichen Dialekte

Begrüßungsformen

Nicht nur Aussprache, Wortschatz und Grammatik sind von Dialekt zu Dialekt verschieden, sondern auch der Sprachgebrauch variiert erheblich. Die folgenden Beispiele bedeuten alle *Wie geht's?* (zu einer Frau gesagt), Antwort: *Gut!* Hieran wird oft, außer auf Malta, *al-ḥamdu li-llāh* ‚Lob sei Gott' angefügt. Zwischen den einzelnen Regionen gibt es darüber hinaus gravierende Unterschiede in der Art und Ausführlichkeit des Begrüßungsrituals.

Bagdad:	*šlōnič?*	– *zēna*
Damaskus:	*kīfek? / šlōnek?*	– *mnīḥa*
Kairo:	*azzáyyik?*	– *kwayyísa*
Tunis:	*šnúwwa ḥwālk?*	– *la bās*
Algier:	*kē ṛāki?*	– *lā bās*
Malta:	*kīf int?*	– *tájjba*
Sanaa:	*kayf ḥāliš?*	– *bi-ḫayr*

gut verstehen, weil diese durch Filme und Popmusik bekannt sind, doch umgekehrt werden die westlichen Dialekte im Maschrek weniger verstanden.

Kennzeichnend für die westlichen Dialekte ist u. a., dass hier im Vergleich zum Hocharabischen die Kurzvokale in *offenen* Silben ausgefallen sind. Dadurch sind Konsonantengruppen entstehen, die der Sprache etwa in Marokko ihren typischen staccato-artigen Klang verleihen. In *geschlossenen* Silben sind die Kurzvokale oft in einen einzigen Vokal (*ə* oder *ă*) zusammengefallen.

Die alten Langvokale *ā, ī, ū* sind im Prinzip erhalten, doch steht ihnen (in geschlossener Silbe) nur ein kurzer Vokal (*ə/ă*) gegenüber, mit dem sie anders als im Hocharabischen und in vielen östlichen Dialekten keine Opposition mehr bilden. Deshalb werden sie in der Umschrift, obwohl sie länger als das *ə/ă* ausgesprochen werden, in der Regel ohne Längenstrich geschrieben. Das marokkanische Arabisch hat also nur vier bedeutungsunterscheidende Vokale: *a, i, u* (in offenen und geschlossenen Silben) und *ə/ă* (in geschlossenen Silben). Diese können allerdings je nach konsonantischer Umgebung in ihrer Klangfarbe variieren. Folgende Beispiele zeigen die typischen Unterschiede der Silbenstruktur zwischen einem westlichen und einem östlichen Dialekt:

	Marokko (Fez, Rabat, Casablanca)	Syrien (Damaskus)	Hocharabisch
‚Frau'	*mra*	*mára*	*márʾa*[tun]
‚Junge'	*wəld*	*wálad*	*wálad*[un]
‚Willkommen!'	*mṛəḥba*	*márḥaba*	*márḥaban*
‚alt'	*qdim*	*ʾadīm*	*qadīm*[un]
(Name)	*Ḥməd*	*ʾÁḥmad*	*ʾÁḥmad*[u]

Tabelle 7: Reduktion der Vokale im marokkanischen Arabisch

Hinzu kommen große Unterschiede im Wortschatz, darunter die folgenden:

	Marokko (Fez, Rabat, Casablanca)	Syrien (Damaskus)	Hocharabisch
‚er arbeitete'	*ḫdəm*	*štaġal*	*ʿámila*
‚er redete'	*hḍəṛ, tkəlləm*	*ḥaka*	*takállama*
‚zwei'	*žuž*	*tnēn*	*iṯnān*[i]/ *iṯnaín*[i]
‚Schlüssel'	*sarut*	*məftāḥ*	*miftāḥ*[un]
‚Schaf'	*kəbš*	*ḫārūf*	*ḫārūf*[un]
‚voll'	*ʿamər*	*malyān*	*malīʾ*[un]

Tabelle 8: Wortschatzvergleich Marokkanisch und Syrisch

Zu den Besonderheiten der Formenbildung zählt in allen westlichen Dialekten, dass die Formen der 1. Person Imperfekt in der Einzahl mit *n-* und in der Mehrzahl mit *n-…-u* gebildet werden: *ka-**n**əktəb* ‚ich schreibe' (hocharabisch: *ʾaktub*[u]), *ka-**n**kətb**u*** ‚wir schreiben' (hocharabisch: ***n**aktub*[u]).

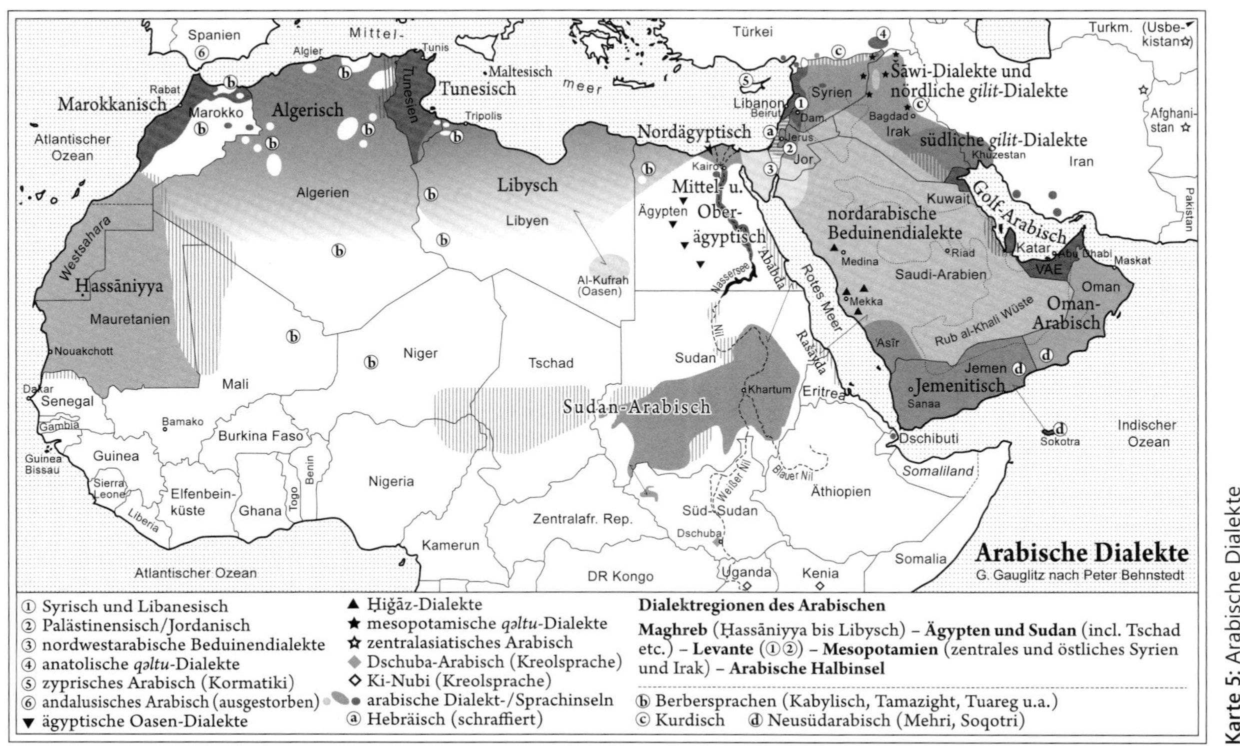

Karte 5: Arabische Dialekte

Die östlichen Dialekte sind weiter aufgefächert als die westlichen und werden weiter in vier Regionen untergliedert: Ägypten und der Sudan, die Levante, das Zweistromland und Anatolien, die arabische Halbinsel. Innerhalb dieser Gruppen sind die Einzeldialekte oft gegenseitig mehr oder weniger verständlich, doch können auch hier die Unterschiede groß sein. So kann man das Spektrum der levantinischen Dialekte mit dem des Schweizerdeutschen vergleichen: So wenig, wie es *ein* Schweizerdeutsch gibt, gibt es *den* syrischen oder palästinensischen Dialekt, sondern viele Einzeldialekte, die man zu Gruppen zusammenfassen kann. Daher geht es in der Dialektforschung zunächst immer darum, einen genau abgegrenzten Einzeldialekt zu beschreiben, etwa den Dialekt von Damaskus, Tripolis, Sanaa, den der Juden von Bagdad oder der Beduinen im Negev. In einem zweiten Schritt versucht man diese in die Dialektlandschaft einzuordnen.

Zum Überblick: P. Behnstedt / M. Woidich, *Arabische Dialektgeographie. Eine Einführung,* Leiden 2005; K. Versteegh, *The Arabic Language,* 2. Aufl., Edinburgh 2014, S. 172–220 | **Einzelthemen**: P. Behnstedt / M. Woidich, *Wortatlas der arabischen Dialekte,* 3 Bde., Leiden 2010–2014; P. Behnstedt, *Dialect Atlas of North Yemen and Adjacent Areas,* Leiden 2016 | **Lehrbücher**: R. Aldoukhi / S. Procházka / A. Telič, *Lehrbuch des Syrisch-Arabischen,* 2 Bde., Wiesbaden 2014–2016; J. Watson, *Sbahtu. A Course in Sanaʿani Arabic,* Wiesbaden 1996; U. Seeger, *Lehrbuch des palästinensischen Arabisch. Der Dialekt der Städter,* Wiesbaden 2013; M. Woidich, *Ahlan wa Sahlan. Eine Einführung in die Kairoer Umgangssprache,* Wiesbaden 2002 | **Datenbanken**: *Vienna Corpus of Arabic Varieties* (VICAV) <https://vicav.acdh.oeaw.ac.at>; *Semitisches Tonarchiv* <http://www.semarch.uni-hd.de/>.

4.2 „Beduinischer" und „sesshafter" Typ

Mit einer strikten geographischen Einteilung lässt sich nur ein Teil der sprachlichen Eigenarten vieler Dialekte erklären. Es gibt nämlich ein besonderes Merkmalbündel, das in der gesamten arabischen Welt – auch über die Ost-West-Grenze hinweg – in bestimmten Dialekten anzutreffen ist und diese besonders charakterisiert. Am leichtesten erkennbar ist hiervon die Aussprache des *q* als [g], also z. B. *bágara* statt *báqara* ‚Kuh', und die Aussprache des *k* als [tʃ], also *čalb* statt *kalb* ‚Hund'. Weitere Besonderheiten betreffen u. a. die Silbenstruktur, sodass es *ktíbau* statt *kátabu* ‚sie schrieben' und *ghάwa* statt *qáhwa* ‚Kaffee' heißen kann. Schon die alten arabischen Gelehrten ordneten diese Merkmale der Sprache der Beduinen zu. Wo ein Dialekt heute solche Merkmale aufweist, deutet das in vielen Fällen darauf hin, dass seine Sprecher zu einem bestimmten Zeitpunkt Beduinen waren oder zumindest von einem Beduinendialekt beeinflusst wurden. Man kann dies gut in Nordafrika an den Dialekten sehen, die auf die Banū Hilāl zurückgehen.

Auch die Muslime in Bagdad sprechen, obwohl zum Teil seit Jahrhunderten sesshaft, einen „Beduinendialekt". Seine Herkunft lässt sich aus der Geschichte der Stadt erschließen: Das ehemalige Zentrum der arabisch-muslimischen Kultur wurde 1258 von den Mongolen eingenommen und zerstört, ein großer Teil der Bevölkerung getötet oder vertrieben. Die Einwohnerzahl betrug fortan im Vergleich zur Blütezeit nur noch einen Bruchteil. Wohl seit dem 16. Jahrhundert wanderten aus dem Bereich der arabischen Halbinsel nach und nach Beduinen ins Zweistromland, die sich zum Teil in der Stadt niederließen. Auf ihrer Sprache basiert der heutige Dialekt der Muslime in Bagdad. Allerdings haben sie auch einige Eigenarten des alten Stadtdialekts weitergeführt. Ihre Sprache unterscheidet sich deutlich von den „reineren" Beduinendialekten des Umlandes.

Spricht man in diesem Zusammenhang von Dialekten des *beduinischen Typs* (gegenüber dem *sesshaften Typ*), meint man damit solche, die sich durch die eingangs genannten Merkmale auszeichnen, unabhängig davon, ob die Sprecher tatsächlich Beduinen sind oder nicht. Auch die Dialekte der heutigen Beduinen – von denen nur noch ein Teil nomadisch lebt – gehören natürlich in diese Gruppe. Sie haben typologische Ähnlichkeit miteinander, sind aber nicht unbedingt gegenseitig verständlich. Einschränkend muss in diesem Zusammenhang gesagt werden, dass auch hier allgemeine Regeln nur mit Vorsicht aufzustellen sind, da es kaum ein Merkmalbündel gibt, dass ausnahmslos auf alle Dialekte des beduinischen Typs zutrifft.

4.3 Religionszugehörigkeit

Auch für Dialektunterschiede zwischen Religionsgruppen ist Bagdad ein gutes Beispiel. Wie im Eingangskapitel erwähnt, war und ist die Religion in der arabischen Welt ein wichtiger Faktor im Leben der Menschen. Sie bestimmt nicht nur den Glauben, sondern auch die soziale Zugehörigkeit. Bis heute sind die privaten Lebenswelten der Angehörigen verschiedener Religionsgruppen, wo diese in derselben Stadt leben, oft deutlich getrennt. Dies ist z. B. der Fall bei Schiiten und Sunniten in Bahrain und bei Christen und Muslimen in Aleppo. Auch in Bagdad lebten jahrhundertelang nebeneinander Muslime, Christen und Juden, die je einen eigenen Dialekt sprachen. Während der muslimische Dialekt von den zugezogenen Beduinen geprägt wurde, führten Juden und Christen den ursprünglichen Sesshaftendialekt weiter, der hier vor dem Niedergang der Stadt von allen Bewohnern gesprochen wurde. Einflüsse des neu entstandenen muslimischen Dialektes, den nun die Mehrheit der Bevölkerung sprach, blieben nicht aus, doch wurden charakteristische Unterschiede über Jahrhunderte bewahrt. Phonetisch am auffälligsten ist bei Juden und Christen die Aussprache des *q* als [q] (statt [g] bei den Muslimen), und des *r* als Reibelaut [ɣ] anstatt „gerollt"; es heißt also der ‚Mond' bei ihnen *qámaġ* gegenüber *gúmar* bei den Muslimen und *qamarun* im Hocharabischen. Der jüdische Dialekt ist aus Bagdad verschwunden, nachdem um 1950 fast alle Juden ausgewiesen wurden, er wird aber in Israel noch von einigen Zehntausend Menschen gesprochen. Auch das Schicksal des christlichen Dialekts ist angesichts der aktuellen politischen und gesellschaftlichen Lage ungewiss.

Zur Einführung: H. Blanc, *Communal Dialects in Baghdad,* Cambridge, MA 1964 | **Einzelthemen**: A. Bar-Moshe, *The Arabic Dialect of the Jews of Baghdad,* Wiesbaden 2019; E. El-Wer, „The Formation of the Dialect of Amman", in: *Arabic in the City,* hrsg. v. C. Miller u. a., London 2007, S. 55–76.

5 Maltesisch – vom Dialekt zur Sprache

Das Maltesische zeigt uns, was den Unterschied zwischen einer Sprache und einem Dialekt ausmacht. Der Herkunft nach ist es ein arabischer Dialekt, der Funktion nach aber eine eigenständige Sprache, nämlich die Amtssprache der Republik Malta (*Repubblika ta' Malta*). Im Gegensatz zu den arabischen Dialekten, die in dem oben beschriebenen Diglossie-Verhältnis zum Hocharabischen stehen und unter dessen ständiger Einwirkung sind, existiert die maltesische Sprache heute völlig selbständig und ohne jeden Bezug zur arabischen Sprachwelt. Die Tatsache, dass es mit lateinischen Buchstaben geschrieben wird, verstärkt diese Trennung.

Ein Blick in die Geschichte erklärt diesen Zustand. Im Jahr 870 wurde Malta von den Muslimen erobert, war aber in der folgenden Zeit nur dünn besiedelt. 1048 wurde hier eine größere Zahl Menschen angesiedelt, deren Sprache ein arabischer Dialekt gewesen sein muss, der dem von Tunis sehr ähnlich war. Bereits 1091 eroberten jedoch die Normannen die Insel und einverleibten sie dem Königreich Sizilien. Die Herrschaft der Araber war damit beendet, doch die Bewohner behielten ihre arabische Sprache bei. Im Laufe des 13. Jahrhunderts – mittlerweile herrschten die Staufer – wurde die Bevölkerung, die bis dahin überwiegend muslimisch geblieben war, zwangsweise christianisiert. Man vertrieb 1249 die übriggebliebenen Muslime und kappte damit endgültig die Verbindung zur arabisch-muslimischen Welt und zur arabischen Hochsprache. Das Maltesische entwickelte sich seitdem außerhalb des Einflussbereichs anderer arabischer Idiome und war nun stattdessen über viele Jahrhunderte romanischem Einfluss ausgesetzt: Latein war die mittelalterliche Verwaltungs- und Kirchensprache,

Sizilianisch die Sprache der herrschenden Schicht. Als Malta 1523 an den Johanniterorden fiel, hielt mit den neuen Herrschern das Italienische Einzug. Es blieb bis zum Anfang des 20. Jahrhunderts die unangefochtene Kultur- und Bildungssprache, bis am 1. Januar 1934 Maltesisch neben Englisch zur offiziellen Landessprache erklärt wurde.

In seiner grammatischen Struktur und im Grundwortschatz ist das Maltesische so nah an den arabischen Dialekten geblieben, dass man es mit guter Kenntnis eines anderen Dialekts (und möglichst etwas Italienisch) bereits einigermaßen lesen kann. Ebenso sind die phonetischen Differenzen zum Arabischen erstaunlich gering, wenn man berücksichtigt, dass das Maltesische eine 800jährige Eigenentwicklung hinter sich hat. Sie beschränken sich im Wesentlichen auf den Ersatz der emphatischen Konsonanten durch

Abb. 42: Hinweisschild auf Maltesisch. *Hier keinen Müll abladen!* Es droht eine drastische Strafe, nämlich ein *Bußgeld* und *Beschlagnahme des Fahrzeugs und Aussetzung der Fahrerlaubnis für ein Jahr.* Vier der Substantive in diesem Satz unter Punkt 2 stammen aus dem Italienischen, zwei (*sewqan* [sɛʊʔa:n] ‚Fahren' und *sena* ‚Jahr') sind arabischer Herkunft; *ta-* ist Genitivpartikel (‚von'). Der letzte Satz ist dagegen gänzlich arabisch und lautet: *Der Übeltäter muss saubermachen, wo er verschmutzt hat.*

die nicht emphatischen, also *s, t, d* statt *ṣ, ṭ, ḍ,* sowie den weitgehenden Wegfall des Pharyngals *ʿain*. Gravierend sind aber die Unterschiede in Wortschatz und Sprachgebrauch. Während den arabischen Dialekten stets die Möglichkeit offenstand, Ausdrücke aus dem Hocharabischen zu entlehnen, war und ist dem Maltesischen dieser Weg versperrt. Sämtliche Wörter, die nicht im Ursprungsdialekt enthalten waren, kommen daher aus einer europäischen Sprache. Dies betrifft alle Wortklassen, auch Funktionswörter und Verben. In Zahlen ausgedrückt: Rund 33 % des Gesamtwortschatzes gehen auf das Arabische zurück, 53 % auf das Sizilianische oder Italienische und 6 % auf das Englische. Allerdings sind von den 100 häufigsten Wörtern 94 arabischen Ursprungs.

Zum Überblick: J. M. Brincat, „Malta", in: *Encyclopeadia of Arabic Language and Linguistics,* Bd. 3, 141–145 | **Lehrbücher**: A. Ambros, *Bonġornu, kif int? Einführung in die maltesische Sprache,* Wiesbaden 1998; L. Vassallo, *Maltese through English,* Valetta 2016.

VII Ausblick: Arabisch in Gefahr?

Hocharabisch ist eine Weltsprache. Als Nationalsprache aller arabischen Länder und Gelehrtensprache der gesamten islamischen Welt ist es heute tief verwurzelt. Es hat wohl niemals zuvor so viele Menschen gegeben, die es beherrschen und zumindest passiv täglich damit zu tun haben. Jedes arabische Schulkind lernt es, und durch Fernsehen, Radio und Internet ist es überall zu hören und zu lesen. Es ist als Verwaltungssprache ebenso präsent wie als Medium von Literatur und Kulturschaffen. Daher erstaunt zunächst, dass in den letzten Jahren in arabischen Zeitungsartikeln, Büchern und Talkshows immer wieder Sorgen über die Zukunft dieser Sprache geäußert werden. *Arabisch in Gefahr!* ist durchaus kein seltenes Schlagwort. Dass das Hocharabische außer Gebrauch gerät, ist allerdings schon aufgrund der riesigen Zahlen derer, die damit ständig zu tun haben, völlig ausgeschlossen. Worauf beziehen sich also die Befürchtungen?

Im 20. Jahrhundert verwendete man in der arabischen Welt besonders nach der Unabhängigkeit der einzelnen Länder große Mühen darauf, das Hocharabische als *die* Sprache für jegliche Form von Kommunikation, Bildung, Kultur und öffentlichem Leben durchzusetzen. Sieht man von den Staaten des Maghreb ab, kann man sagen, dass das Vorhaben geglückt ist und sich das Hocharabische auf breiter Front behauptet hat. In den letzten Jahrzehnten hat es jedoch in wichtigen Anwendungsbereichen Konkurrenz bekommen. In der informellen schriftlichen Kommunikation sind die Dialekte auf dem Vormarsch, im Bereich von Wirtschaft, Bildung und Karriere die Fremdsprachen Englisch und Französisch. Die Sorge um die Zukunft des Arabischen bezieht sich also vor allem darauf, dass es in bestimmten, durchaus entscheidenden Bereichen seinem Monopolanspruch nicht mehr gerecht werden kann. Die aktive Beherrschung des Hocharabischen hat in der Praxis nicht mehr die hohe Bedeutung, die ihm nach traditioneller arabischer Sprach- und Kulturauffassung zugeschrieben wird. Getrübt wird die Freude an der Hochsprache außerdem durch die strenge und kaum praxisrelevante Methode, mit der sie Schulkindern und Studierenden in der Regel vermittelt wird.

Abb. 43: Karikatur zum *Internationalen Tag der arabischen Sprache* (18. Dezember). Rechtes Bild: „Internationaler Tag der arabischen Sprache", linkes Bild: „Am Tag danach". Das Schild zeigt als Symbol für die arabische Sprache den Buchstaben *ḍād*. Seine Aussprache gilt seit alters her als besonders typisch, so dass man das Arabische „Sprache des *ḍād*" und die Araber „Leute des *ḍād*" (*'ahl aḍ-ḍād*) nannte.

1 Einstellungen zum Hocharabischen

„Heilige Sprache, normale Leute" (*Sacred Langauge, Ordinary People*) lautet der Titel einer aufschlussreichen Darstellung der soziolinguistischen Verhältnisse in Ägypten von Niloofar Haeri. Damit ist das Spannungsfeld abgesteckt, in dem sich die Realität der arabischen Sprache heute bewegt: Auf der einen Seite steht das im Bewusstsein fest verankerte und unwandelbare Sprachideal der Fuṣḥā, auf der anderen Seite eine sich rasant verändernde Welt und das Bedürfnis, sich in den verschiedensten Zusammenhängen unmittelbar auszudrücken, ohne dass die Inhalte von der ihnen aufgezwungenen Form verändert, abgeschwächt oder begrenzt werden.

Die Heiligkeit des Arabischen hat ihren Grund in der engen Beziehung, in der nach muslimischem Glauben diese Sprache zur göttlichen Offenbarung steht. Was sie von anderen heiligen Sprachen wie etwa dem biblischen Hebräisch unterscheidet, ist die Tatsache, dass sie von den Anfängen des Islams bis heute nicht nur im religiösen, sondern auch im profanen Bereich ununterbrochen verwendet wird. Dabei gelten zumindest in der Theorie immer dieselben Anforderungen an ihre Reinheit, gleichgültig ob es sich um die Rezitation des Korans oder eine Alltagssituation handelt. Dies verleiht dem Hocharabischen große Würde, aber auch Distanz.

Im Volk wie unter Gelehrten herrscht fast unangefochten die Meinung, dass nur die Fuṣḥā richtiges, der Dialekt dagegen falsches Arabisch sei, das keine Grammatik hätte. So gerät beinahe jeder Araber, sobald er die Schule besucht, in ein Dilemma: Unzählige Stunden werden darauf verwendet, die Hochsprache einzuüben, doch auch nach jahrelangem Unterricht fühlen sich die meisten darin nicht völlig wohl. Die Fuṣḥā ist zwar unbestritten ein wichtiges Kulturgut, und neben dem Koran wird besonders die Dichtung, klassische wie moderne, hoch verehrt, doch gilt sie zugleich als steif, anstrengend und schwer zu beherrschen.

Zu diesem Zustand tragen einerseits linguistische Faktoren bei, denn wie im vorigen Kapitel dargestellt, weisen Hochsprache und Dialekt deutliche Unterschiede auf. Diese sind aber keineswegs so groß, dass sich daraus erklären würde, warum sich viele Araber der Hochsprache gegenüber so unmündig fühlen. Dies ist nur zu verstehen, wenn man die außersprachlichen Umstände hinzuzieht. Ein entscheidender Grund für distanzierte Einstellung zur Hochsprache liegt nämlich darin, dass diese im täglichen Leben – wenn überhaupt – ausschließlich in sehr formellen Zusammenhängen vorkommt, während für jede Art von spontaner Äußerung der Dialekt gebraucht wird. Nicht die Sprache an sich ist also steif, sondern der Kontext in dem sie normalerweise verwendet wird. Dies wird durch die Art und Weise verstärkt, wie das Hocharabische an Schule und Universität vermittelt wird. Hierfür sind zwei Faktoren entscheidend:

An erster Stelle steht der geradezu moralisch-belehrende Charakter der traditionellen arabischen Grammatik. Grammatische Regeln sind, etwas zugespitzt formuliert, wie religiöse Gebote, mit denen nicht zu spaßen ist. Nur wenn man sie vollständig einhält, hat man seine Pflicht erfüllt. Dass dazu im Alltag kaum jemand in der Lage ist, sieht man daran, dass selbst die Frommsten und Gebildetsten im täglichen Leben fast ausschließlich Dialekt sprechen. Diese Diskrepanz von Ideal und Wirklichkeit verursacht bei vielen ein Gefühl der Unzulänglichkeit gegenüber der Fuṣḥā.

Zum Zweiten wird das Verhältnis zur Hochsprache entscheidend durch den Grammatikunterricht geprägt, dem die arabische Jugend von der ersten Klasse bis zum Universitätsabschluss ausgesetzt ist. Seine Methodik ist seit Jahrhunderten unverändert und der Unterrichtsstil traditionell. Sein hauptsächliches Ziel ist es, die Kasus- und Modusendungen (*iʿrāb*) zu bestimmen, von denen wir oben sagten, dass sie bereits in der klassischen Sprache kaum noch kommunikative Funktion hatten. Man muss sie können, um einen Text laut vorzulesen, braucht sie sonst aber nicht. Eine der wichtigsten Lehren, die die Schülerinnen und Schüler aus dem Unterricht ziehen, ist daher, dass das Arabische eine komplexe Grammatik hat, die man schwer beherrschen kann und die im Grunde für das tägliche Leben auch nicht nötig ist.

Zwar sind im Bildungswesen die Verhältnisse von Land zu Land recht verschieden, doch nehmen überall die Grammatikstunden einen erheblichen Teil des Arabischunterrichts ein. Auch die übrigen Inhalte wie klassische Dichtung, Literatur und schriftlicher Ausdruck sind oft normativ ausgerichtet und bestehen vielfach im Einüben und Reproduzieren vorgegebener Muster, wobei wiederum die Grammatik ihren festen Platz hat. Wohl gibt es heute in vielen Ländern gut gemachte, ambitionierte Lehrbücher für das Fach Arabisch, doch scheint dies allein nicht auszureichen, um die Beliebtheit der Hochsprache und vor allem deren praktische Beherrschung zu fördern. Eine Abneigung gegenüber dem Arabischunterricht ist nach wie vor keine Seltenheit.

Mängel im Schulsystem sind vielerorts ein bekanntes Problem. Dazu tragen umständliche Verwaltungsstrukturen ebenso bei wie konservative didaktische Konzepte und die schlechte Bezahlung der Lehrer. Man ist sich dieser Lage allgemein bewusst, und so sind gelegentlich auch in Filmen Lehrer Gegenstand des Spottes. Je nach Fach haben sie dabei bestimmte Klischees zu bedienen. Für uns ist der Typus des Arabischlehrers interessant. Er kommt besonders dann zum Einsatz, wenn es darum geht, die bürgerliche Oberschicht im Kontrast zu ärmeren und konservativeren Milieus darzustellen. Im Gegensatz zu seinen weltoffenen und karrierebewussten Schülern erscheint er in den Filmen als pedantisch und rückständig und wird trotz seines autoritären Auftretens kaum ernstgenommen. Beispiele sind *Ustāḏ Ḥamām* (‚Herr Taube') in *Ġazal al-banāt* (frei übersetzt: ‚Liebeleien', Ägypten 1949) und ganz ähnlich noch 60 Jahre später der Arabischlehrer mit dem scherzhaften Namen *Ramaḍān Mabrūk Abū l-ʿAlamain Ḥammūda* in der gleichnamigen Komödie (Ägypten 2008). Beide sind Abbilder des Faches, das sie unterrichten. Sie führen eine durchaus anerkannte, ehrwürdige Tradition fort, erscheinen aber in der Art, wie sie dies machen, als Nerds. Das Arabisch, das sie vermitteln, geht weitgehend am tatsächlichen Bedarf vorbei. Es gehört zwar zur Allgemeinbildung, verspricht aber wenig praktischen Nutzen.

Wichtig zu merken ist, dass sich die Ressentiments gegenüber der Hochsprache vor allem gegen das stumpfe Grammatiklernen richten, nicht gegen die Sprache an sich mit ihren reichen literarischen Erscheinungsformen. Diese wird von vielen, durchaus auch weniger gebildeten Leuten geschätzt und verehrt, selbst wenn (und vielleicht gerade *weil*) sie die alten Texte nicht immer völlig verstehen. Allerdings ist die Wertschätzung hochsprachlicher Texte ganz überwiegend ideeller Art und bedeutet nicht, dass viel gelesen wird. Vielmehr ist das Gegenteil der Fall: Die Distanz zwischen Hochsprache und Dialekt sowie der defizitäre Arabischunterricht führen dazu, dass nur eine kleine Minderheit überhaupt Interesse an Literatur entwickelt und Bücher liest. In einer Studie zur Lesekompetenz unter Schülerinnen und Schülern in der vierten Klasse (*Progress in International Reading Literacy Study (PIRLS) 2016*) schnitten in einem Vergleich von 50 Ländern die arabischen Länder am schlechtesten ab. Bei einem Durchschnittswert von 500 Punkten belegten Russland (581), Hong Kong (576) und Singapur (569) die ersten Plätze, während sich alle arabischen Länder am Tabellenende finden. Am Schluss stehen Kuwait (393), Marokko (358) und Ägypten (330).

Es ist kaum möglich, zuverlässige Auskunft darüber zu erhalten, in welchem Ausmaß die Menschen in der arabischen Welt Bücher lesen, doch alle zur Verfügung stehenden Zahlen sind im weltweiten Vergleich niedrig. Kritische Punkte scheinen vor allem das geringe Interesse an schöngeistiger Literatur und die unzureichende Leseförderung bei Kindern zu sein. So hat etwa eine Untersuchung unter 242 gutsituierten Familien in Latakia (Syrien) 2009 ergeben, dass nur 15 % der Kinder über eigene Bücher in nennenswerter Zahl verfügten. In Algerien hatten 2015 nur 7 % aller Schulen überhaupt eine Bibliothek, und Kinder lesen hier außerhalb des Schulunterrichts so gut wie gar nicht. In Tunesien hatten 2016 im Laufe des zurückliegenden Jahres nur 21 % der Frauen und 15 % der Männer wenigstens ein Buch gelesen, während 75 % der Haushalte keine Bücher besaßen (siehe *Arab Reading Index 2016*, S. 5). Die Gründe dafür, dass in der arabischen Welt so wenig gelesen wird, sind vielfältig. Neben den Mängeln im Schulsystem spielen die oft schwierigen Wirtschaftsverhältnisse und die fehlende Infrastruktur eine Rolle. Der Buchhandel ist nicht länderübergreifend organisiert, sodass viele Werke nur auf den jährlichen Buchmessen erhältlich sind. Entscheidend scheint vor allem zu sein, dass den meisten Menschen die Sprache der Bücher als Kulturgut aus der Welt der Gelehrten erscheint, das mit dem eigenen Leben wenig zu tun hat.

Lesen und schreiben zu können ist natürlich auch im Alltag der arabischen Welt vielfach unerlässlich. Die meisten Menschen beherrschen jedoch nur bestimmte Segmente der Hochsprache, die von Person zu Person sehr verschieden sein können. Viele gehen sicher mit Textsorten um, die für ihre jeweilige Arbeit notwendig sind, wie Geschäftskorrespondenz, Protokolle, fachbezogene Texte und Internetseiten, haben aber kaum eine Beziehung zum literarischen Register der Sprache. Die Hochsprache dient relativ scharf eingegrenzten praktischen Zwecken sowie der Bildung, selten aber der Unterhaltung.

In seiner gesprochenen Form ist das Hocharabische aus Radio und Fernsehen allgemein vertraut, doch in die Situation, es aktiv zu gebrauchen, kommen die meisten Menschen nie. Man kann die Fähigkeit, sich darin mündlich auszudrücken, als Zusatzqualifikation bezeichnen, die von bestimmten Berufsgruppen wie Journalisten, Lehrern, Akademikern und Persönlichkeiten des öffentlichen Lebens verlangt wird. Für alle anderen spielt der mündliche Gebrauch der Hochsprache im täglichen Leben keine Rolle.

Zum Überblick: N. Haeri, *Sacred Language, Ordinary People,* New York 2003; D. B. Parkinson, „Searching for Modern Fuṣḥa. Real-life Formal Arabic", in: *Al-ʿArabiyya* 24 (1991), S. 31–64; ders., „Knowing Standard Arabic. Testing Egyptians' MSA Abilities", in: *Papers on Arabic Linguistics V,* hrsg. v. M. Eid und C. Holes, Amsterdam 1993, S. 47–74 | **Einzelthemen**: F. Weigelt, *Einführung in die arabische Grammatiktradition,* Wiesbaden 2017 | **Online-Ressourcen:** *Arab Reading Index 2016,* hrsg. vom United Nations Development Programme und der Muhammd Bin Rashid Al Maktoum Foundation <https://knowledge4all.com>; *Progress in International Reading Literacy Study (PIRLS) 2016* <www.iea.nl>.

2 Mehr Dialekt – weniger Hocharabisch?

Der Konflikt zwischen Hochsprache und Dialekten ist nicht neu, doch haben ihn die neuen Medien und Kommunikationsformen stark belebt. Wenn der Arabische Frühling etwas gebracht hat, dann eine Demokratisierung der arabischen Sprache. Vorbei an gelehrten Konventionen und ohne das Eingreifen von Zensurstellen oder Verlagslektoren kann nun jeder privat oder öffentlich schreiben, wie er oder sie möchte, sei es in der Hochsprache oder im Dialekt. Wie an den Beispielen im vorigen Kapitel (Punkt 1.5) deutlich wird, geht dabei das Schreiben im Dialekt jedoch kaum auf Kosten des Hocharabischen, sondern füllt meist Bereiche aus, in denen vorher gar nicht geschrieben wurde, etwa in Messenger-Diensten oder Blogs. Dies hat dazu geführt, dass heute insgesamt viel mehr geschrieben wird als je zuvor. Untersuchungen in Ägypten haben allerdings auch gezeigt, dass hier die meisten Menschen nun häufiger Dialekt schreiben als Hocharabisch (vgl. Kindt u. a., „Writing Change").

Auch im mündlichen Bereich hat sich der Dialekt in den neuen Medien breiten Raum erobert, wie besonders die YouTube-Kanäle zeigen. Sofern es um Alltagsthemen und allgemeine Unterhaltung geht, wird immer der Dialekt gesprochen, Ausnahmen gibt es bei religiösen oder dokumentarischen Inhalten. Den größten Zuwachs an Produzenten wie Konsumenten von YouTube-Videos verzeichnet zurzeit Saudi-Arabien, wo die Zuschauerzahlen der beliebtesten Kanäle denen in Deutschland entsprechen, wobei das Land weniger als die Hälfte der Einwohner hat. Spitzenreiter war im Jahr 2021 der Kanal der Familie Mušayya (mmoshaya) mit gut 20 Mio. Abonnenten.

Aus welchen Ländern die Zuschauer bei den einzelnen Kanälen kommen, variiert stark und hängt u. a. davon ab, wie gut der Dialekt verstanden wird und wie sehr Stil und Thema das Publikum in den verschiedenen Regionen ansprechen. In jedem Fall ist YouTube zu einem einflussreichen Medium geworden, das – weitgehend ohne staatliche Steuerung – einen großen Beitrag zur Verständigung der jungen Generation über die Staatsgrenzen hinweg leistet. Für Arabischlernende bieten solche Programme Einblicke in eine Lebenswelt, die noch vor wenigen Jahren für Außenstehende völlig verschlossen war.

Konservative Kreise sehen in der Ausweitung des Dialektgebrauchs im mehr oder weniger öffentlichen Raum eine Bedrohung der arabischen Kultur, da diese nach ihrer Überzeugung eng mit der „echten" arabischen Sprache, also der Fuṣḥā verknüpft ist und mit dieser steht und fällt. Fasst man das Verständnis von Kultur allerdings weiter und versteht darunter nicht nur die Fortführung der in hocharabischer Sprache überlieferten Tradition, bedeutet diese Entwicklung vielmehr eine Bereicherung, denn sie eröffnet neue Ausdrucksmöglichkeiten und erlaubt einer wesentlich breiteren Allgemeinheit, sich daran zu beteiligen, als es in der Hochsprache denkbar wäre.

Riyāḍ, den 23. Ramaḍān 1435 (= 21. Juli 2014)

Betreff: Durchsetzung des Hocharabischen als Lehr- und Umgangssprache in den Schulen

An die Leiter der Schulbehörden in den Regierungsbezirken – Gott schenke ihnen Gelingen.

Friede sei mit euch, und das Erbarmen Gottes und sein Segen!

In unser aller Herzen nimmt die arabische Hochsprache einen besonderen Platz ein, eine einzigartige Sprache von höchstem Rang und unerschöpflicher Heiligkeit. Dies gilt besonders, weil Gott, der Gepriesene und Erhabene, ihr die Ehre zuteilwerden ließ, Sprache des ehrwürdigen Korans zu sein, das größte Wunderzeichen unseres Propheten Muḥammad – Gott segne ihn. Gott – er ist groß und mächtig – sagt selbst: *Siehe, wir sandten ihn herab als arabischen Koran, auf dass ihr verständig werdet* (Sure 12 (*Yūsuf*), Vers 2).

Darüber hinaus trägt unsere Sprache in ihren Begriffen und Ideen eine Botschaft an die Menschheit in sich. Sie ist zur Sprache einer großartigen, viele Nationen umfassenden Zivilisation geworden. Die Araber bildeten den muslimischen Kern und steuerten das Schiff dieser Zivilisation, und so wurde das Arabische für alle zur Kultursprache, zur Sprache der Politik, der Wissenschaft, der Arbeit, der Gesetzgebung, der Philosophie und der Literatur. Sie ist aus unserem Leben nicht wegzudenken. (...)

So fordern wir alle Mitarbeiterinnen und Mitarbeiter der Schulen in Lehre und Verwaltung auf, als Lehr- und Umgangssprache ausschließlich das Hocharabische zu verwenden. Dabei erwarten wir die Mitarbeit aller. Es muss umgehend begonnen werden, unsere Söhne und Töchter daran zu gewöhnen, das, was sie im Inneren bewegt und was ihnen auf der Zunge liegt, in diese edle Sprache zu kleiden. Beigefügt finden Sie eine Handreichung zum Gebrauch des Hocharabischen als Umgangssprache, die Sie bei der Umsetzung des Vorhabens unterstützen soll.

gez. Khalid al-Faisal (Bildungsminister)

Abb. 44: Erlass des saudischen Bildungsministeriums. Das religiös geprägte Briefformular und der Gebrauch des muslimischen Kalenders in der Verwaltung sind typisch für Saudi-Arabien.

Die Position der Hochsprache wird aber in der Tat dadurch geschwächt, dass diese nun in den Medien seltener zu hören ist als früher und bestimmte Dinge fast nur noch im Dialekt ausgedrückt werden. Am deutlichsten ist das bei den bei Kindern überaus beliebten Zeichentrickserien. Waren sie früher fast ausschließlich hocharabisch, werden sie jetzt oft im Dialekt synchronisiert. Damit entfällt eine wichtige Chance der Gewöhnung an die Hochsprache. Aufmerksamkeit hat andererseits 2013 erregt, dass die Charaktere in *Frozen* (arabisch: *Malikat aṯ-ṯalǧ* ‚Die Schneekönigin') nicht wie in allen anderen abendfüllenden Disneyfilmen im ägyptischen Dialekt, sondern jetzt hocharabisch reden und singen.

Vor allem in den Golfstaaten ist zu beobachten, dass die Hocharabischkenntnisse unter der jüngeren Generation zurückgehen. Im Juli 2014 erging aus dem saudischen Bildungsministerium der Erlass, dass bei allen schulischen Aktivitäten, außer im Fremdsprachenunterricht das Hocharabische und nicht der Dialekt zu gebrauchen sei. Dass dies leichter gesagt als getan war, zeigt ein Ermahnungsschreiben des Bildungsministeriums aus dem Jahr 2016, das den in vielen Schulen immer noch vorherrschenden Gebrauch des Dialekts moniert. Es ist fraglich, ob sich dies grundsätzlich ändern wird, solange man für das Anliegen nur religiös-kulturelle Argumente hat, während das Hocharabischsprechen für die Kommunikation zwischen Schülern und Lehrern eher ein Hindernis als ein Gewinn ist.

Zum Überblick: M. Aboelezz, „Arabic Language and Political Ideology", in: *Routledge Handbook of Arabic Linguistics,* S. 504–517 | **Einzelthemen**: K. T. Kindt / J. Høigilt / T. Aragie Kebede, „Writing Change. Diglossia and Popular Writing Practices in Egypt", in: *Arabica,* vol. 63, no. 3–4 (2016), S. 324–376. | **Online-Ressource:** *Report on the Status and the Future of the Arabic Language,* hrsg. vom Ministerium für Kultur und Jugend der Vereinigten Arabischen Emirate 2020 <https://www.mcy.gov.ae/en/arabic-language-report>.

3 Fremdsprachen statt Arabisch?

Ernste Konkurrenz machen dem Hocharabischen das Englische und Französische. Diese werden oft vorgezogen, wenn das Arabische aus irgendeinem Grund weniger geeignet oder effektiv erscheint. Dahinter stehen zuallererst handfeste ökonomische Interessen: Fremdsprachen geben Zugang zu aktuellem Wissen und karriereträchtigen Arbeitsstellen. Seit der Kolonialzeit haben sie sich außerdem – je nach Land in unterschiedlichen Maße – als Sprachen der gesellschaftlichen Eliten etabliert, denen sie gute Kontakte zur Kolonialmacht, politischen Einfluss und vor allem wirtschaftliche Vorteile sicherten. Obwohl sich die Staatsstrukturen im Laufe des 20. Jahrhunderts geändert haben und das Hocharabische eine anerkannte Position als Nationalsprache erlangt hat, ist der Status der Fremdsprachen als Prestigesprachen geblieben und hat in den letzten Jahrzehnten weiter zugenommen. Englisch oder Französisch auch untereinander im privaten Umgang zu sprechen, kann ein wichtiges Mittel sein, um die Zugehörigkeit zu einer bestimmten Gesellschaftsschicht zu bekräftigen. Das Ausmaß des Fremdsprachengebrauchs ist allerdings je nach Land, Gesellschaftsschicht, Wirtschaftssektor und Fachgebiet sehr verschieden.

3.1 Französisch im Maghreb

Eine besonders komplexe Sprachgeschichte mit Auswirkungen bis heute haben Marokko, Algerien und Tunesien. In der Zeit, in der sich in Ägypten und der Levante das moderne Hocharabisch herausbildete und festigte, standen diese unter der Herrschaft Frankreichs, das seine Sprache als eines der wichtigsten Machtmittel gebrauchte. Davon wurden diese Länder in einer Weise geprägt, die in der restlichen arabischen Welt keine Parallele hat. Der längsten Kolonialherrschaft war Algerien ausgesetzt, von 1830 bis 1962. In dieser Zeit waren weder das Arabische noch die berberische Sprache, das Tamazight, das noch heute rund 30 % der Bevölkerung sprechen, als Amtssprache anerkannt. Wie unter den Osmanen war damit das Hocharabische weitgehend auf die Sphäre der Religion zurückgedrängt. Die Verwaltung war ohnehin auf Französisch organisiert, doch auch im Bildungswesen, selbst in den Grundschulen, unterrichtete man ausschließlich Französisch. Das bedeutete, dass bis in die 1960er Jahre hinein abgesehen von den Religionsgelehrten kaum ein Algerier Hocharabisch konnte. Eine Opposition gegen diese Politik formierte sich in den 1920er Jahren in den Reihen der Religionsgelehrten unter der Führung von ʿAbdulḥamīd Ben Bādīs (1889–1940). Nicht zuletzt durch den Kontakt mit Frankreich waren sie auf Prinzipien wie Gleichheit, Demokratie und Selbstbestimmung aufmerksam geworden und forderten diese auch für ihre Heimat ein. So wurden Anfang der 1930er Jahre 130 nichtstaatliche Schulen gegründet, in denen man ausschließlich auf Arabisch unterrichtete. Die Kolonialregierung behinderte jedoch deren Arbeit durch immer neue Beschränkungen, und noch 1938 erklärte sie das Arabische per Dekret zur Fremdsprache! So herrschte zunächst das Französische weiterhin fast uneingeschränkt.

Nach der Unabhängigkeit 1962 kehrte die neue Regierung die Verhältnisse um. Der arabische Nationalismus befand sich auf seinem Höhepunkt, und es gab keinen Zweifel, dass das Arabische die Nationalsprache des neuen Algerien sein musste, getreu dem Ausspruch von Ben Bādīs: *Der Islam ist unsere Religion, Arabisch unsere Sprache, Algerien unser Land.* Es wurde nun das Französische, bis dahin die Schriftsprache der Algerier, zur Fremdsprache erklärt und eine massive Arabisierung in Gang gesetzt. Die Umsetzung dieses Beschlusses bereitete in der Praxis allerdings große Schwierigkeiten. Es hatte bisher eine Mehrsprachigkeit geherrscht, bei der der algerisch-arabische Dialekt bzw. das Tamazight als Umgangssprache und das Französische sowohl als Schriftsprache als auch als Umgangssprache diente. Kaum ein Algerier hatte dagegen eine Beziehung zum Hocharabischen, am allerwenigsten die Berber.

Eine der ersten Maßnahmen war die Umstellung des Bildungswesens, doch standen hierfür anfangs weder Unterrichtsmaterialien noch ausreichend Lehrer zur Verfügung. Um den Bedarf zu decken, heuerte man in großer Zahl mittelmäßig qualifizierte Ägypter, Syrer und Iraker an, die kaum mehr als gute Kenntnis des Hocharabischen nachzuweisen brauchten. So gelang es tatsächlich, dieses auf breiter Ebene zu vermitteln und schrittweise Schulen und öffentliches Leben auf Arabisch umzustellen. Dennoch blieb das Französische in vielen Bereichen vorherrschend: in der höheren Bildung, vor allem in den Natur- und Ingenieurwissenschaften, im internationalen Handel und als Prestigesprache der höheren Schichten. Ja sogar ein Teil der modernen algerischen Literatur ist auf Französisch geschrieben.

Anstatt eines einheitlichen arabischen Algerien herrscht nun trotz aller Anstrengungen de facto weiterhin Mehrsprachigkeit. Das Arabische konnte als Nationalsprache gefestigt werden, während zugleich das Französische auf vielen entscheidenden Gebieten weiter den Ton angibt und Sprache der Elite ist. Noch heute hat nach dem Gesetz Französisch keinen offiziellen Status, obwohl es im privaten und beruflichen Leben allgegenwärtig ist. Eine Umfrage unter Studierenden in Oran 2006 ergab, dass 80 % der Befragten täglich Französisch gebrauchen. Auf die Frage, welche Sprache man am besten beherrsche, gaben 60 % Französisch und nur 25 % Hocharabisch an. Seitdem kamen die sozialen Medien und das Internet hinzu, wo das Französische in Algerien ebenfalls vorherrscht. Das Hocharabische wird dagegen vor allem mit der Religion in Verbindung gebracht, was angesichts der andauernden Spannungen zwischen dem Staat und der islamistischen Bewegung nicht nur positive Assoziationen weckt.

Seit 2016 ist das Tamazight dem Arabischen als Nationalsprache verfassungsmäßig gleichgestellt. Da nun die berberische Bevölkerung weniger dem Zwang der Arabisierung unterliegt, das Tamazight aber als Sprache von Wissenschaft und Bildung keine Rolle spielt, dürfte die Bedeutung des Französischen in diesen Bereichen weiter zunehmen.

Einzelthemen: Ch. S. Le Roux, „Language in Education in Algeria. A Historical Vignette of a 'Most Severe' Sociolinguistic Problem", in: *Language and*

History, vol. 6, no. 2 (2017), S. 112–128; M. Daoud, „The Language Situation in Tunisia", in: *Current Issues in Language Planning*, vol. 2, no. 1 (2001), S. 1–52.

3.2 Englisch als Karrieresprache

Auch in anderen Ländern hat die Herrschaft europäischer Staaten sprachliche Spuren hinterlassen, wenn auch nirgendwo eine Sprachpolitik betrieben wurde, die mit der französischen im Maghreb vergleichbar ist. Der Einfluss ist u. a. im Wortschatz der jeweiligen Dialekte zu sehen. So heißt in Bahrain das elektrische Licht *lēt* (< engl. light), der Fahrer *drēwel* (< engl. driver), der Blinker am Auto *siknēr* (< engl. signal), der Orangensaft *ʿaranǧūš* (< engl. orange juice), das Eis *ʿaskarīm* (< engl. icecream) und das Fahrrad *sēkal* (< engl. (bi)cycle), in Syrien die Gangschaltung *fītēs* (< frz. vitesse), die Bremse *frām* (< frz. frein), der Fahrer *šōfēr* (< frz. chauffeur) und das Fahrrad *bsēklēt* (< frz. bicyclette) sowie in Libyen der Bürgersteig *maṛšābēdi* (< ital. marciapiede) und das Fahrrad *bəšklēṭa* (< ital. bicicletta).

Als Schriftsprache konnte sich in diesen Ländern das Hocharabische im Gegensatz zum Maghreb auf breiter Ebene durchsetzen. Allerdings ist in entscheidenden Bereichen, nämlich Wirtschaft, Technik und Naturwissenschaften in letzter Zeit das Englische so stark geworden, dass Arabisch abgehängt zu werden droht. Die regionalen Unterschiede sind dabei groß: Je wohlhabender ein Land ist, desto größer die Affinität seiner Bewohner zum Englischen, je ärmer es ist, je mehr herrscht das Arabische vor. So erstaunt es wenig, dass die Golfstaaten, und hier allen voran Qatar und die Vereinigten Arabischen Emirate beim Gebrauch des Englischen die ersten Plätze belegen. Zu der Tatsache, dass die Verbindung der Golfstaaten zu Großbritannien seit der Kolonialzeit eng und das Verhältnis zur englischen Sprache schon immer positiv war, kommt in diesen Ländern der enorme Zuzug ausländischer Arbeitskräfte in allen Sektoren. Sowohl in vielen großen Firmen als auch an Universitäten ist Englisch als Arbeitssprache verbreitet.

Abb. 45: Packung mit Frühstücksflocken, Bahrain 2020

In der gesamten arabischen Welt stehen englischsprachige Ausbildungen hoch im Kurs. Es gibt zusammengenommen an die 300 private, oft an internationale Universitäten angegliederte Hochschulen, und wer es sich finanziell leisten kann, versucht hier zu studieren. In den Golfstaaten wird auch an staatlichen Universitäten vor allem in den Naturwissenschaften z. T. auf Englisch unterrichtet, und Stipendien für Aufenthalte an ausländischen Universitäten sind heiß begehrt.

Das Prestige, das mit der englischen Sprache verbunden ist, schlägt auf das Verhältnis der jungen Menschen zum Hocharabischen zurück: Während Englisch für den Erfolg in Studium und Beruf unabdingbar zu sein scheint, empfinden die meisten das Hocharabische hierfür kaum als hilfreich. Dies senkt die Motiva-

Abb. 46: Nationalbibliothek in Qatar, eröffnet 2018

tion, dem trockenen arabischen Grammatikunterricht zu folgen, erheblich. In den Golfstaaten und auch anderswo hat dies in wohlhabenderen Kreisen in den letzten Jahren dazu geführt, dass die Arabischkenntnisse unter jungen Menschen teilweise erheblich zurückgegangen sind. Dies kann so weit gehen, dass sie die Hochsprache kaum noch praktisch gebrauchen können und dies auch nicht anstreben. Sie nehmen den Arabischunterricht als Traditionspflege hin, haben aber aufgrund seiner praktischen Irrelevanz kaum Interesse daran. Englisch ist dagegen nützlicher und cooler. Es steht für westlichen Lebensstil, Modernität und die Aussicht auf wirtschaftlichen und sozialen Erfolg.

Dass das Hocharabische so weit an den Rand gedrängt wird, ist ein Extremfall, der sich auf bestimmte Länder und Gesellschaftsschichten beschränkt. Dennoch ist das Englische in der Alltagskultur angekommen, wie ein Blick auf die Statistik der Facebook-Nutzer in verschiedenen Ländern zeigt: Während in Ägypten, Jordanien und Palästina rund 90 % die arabische Version nutzen, sind es in den Emiraten und Qatar um 12 % und in Saudi-Arabien 40 % (siehe *Arab Social Media Report 2017*, S. 41). Der übrige Anteil entfällt größtenteils auf das Englische. Die Zahlen sind nicht leicht zu deuten, da in den letztgenannten Ländern der Anteil nichtarabischer Einwohner erheblich ist. Sie zeigen aber, wie fest das Englische in die Sprachlandschaft der Golfstaaten integriert ist.

In quasi allen Golfstaaten haben indes die Regierungen begonnen gegenzusteuern. Sie finanzieren umfangreiche Programme zur Pflege des arabischen Kulturerbes, innerhalb dessen die Hochsprache einen wichtigen Platz einnimmt. Hierfür werden in großem Stil Museen, Bibliotheken, Digitalisierungsprojekte und Forschungsvorhaben gefördert. Auch das von der *Qatar Foundation* getragene *Doha Historical Dictionary of Arabic* gehört hierzu. Welche Auswirkungen solche staatlichen Kulturmaßnahmen auf die breite Bevölkerung haben werden, ist abzuwarten. Im Bereich von Wirtschaft, Technik und Forschung, wo ökonomische Interessen die Entscheidungen bestimmen, wird sich der Sprachtrend derzeit kaum umkehren lassen.

*

Diese Entwicklung stellt nur einen kleinen Ausschnitt aus der gegenwärtigen Welt der arabischen Sprache dar. Sie ist für die kulturelle Identität der betroffenen Länder eine Herausforderung, denn hier steht die Hochsprache tatsächlich in der Gefahr, wichtige Funktionen zu verlieren. Dennoch ist weder hier noch in der arabischen Welt insgesamt das Verschwinden oder die Verderbnis der Hochsprache zu befürchten. Möglicherweise ist aber – nach Regionen getrennt – ein neues Nachdenken über ihre Position innerhalb der Gesellschaft und über ihre Rolle für die arabische Identität nötig. Auch wenn man dabei eingestehen muss, dass sie bereits einen Teil ihrer Aufgaben an die Dialekte und an die Fremdsprachen abgegeben hat, wird sie als *das* Identifikationsmoment der arabischen Kultur Bestand haben. Hierzu gehören ihre unverrückbaren Regeln ebenso wie die Bewunderung ihrer Vollkommenheit und die Hochachtung vor ihrer literarischen und religiösen Tradition.

Abbildungsverzeichnis

Alle Karten wurden gezeichnet von Gerd Gauglitz (Berlin). Karte 4 (S. 177) nach P. Behnstedt, *Arabische Dialektgeographie. Eine Einführung,* Wiesbaden 2005, S. 27. Karte 5 (S. 183) nach einer Vorlage von Peter Behnstedt.

Sach- und Namensregister